李支舜 主编

批判性思维
与古诗文教学

上海交通大学出版社
SHANGHAI JIAO TONG UNIVERSITY PRESS

内容提要

本书以教育部颁布的《普通高中语文课程标准(2017年版2020年修订)》为指导,以培育学生核心素养作为学科教学的基本目标,认为在核心素养的落实过程中,思维发展与提升是关键。本书以中学古诗文教学为例,主要分教学设计、实践案例、研究文论三部分,展示了中学语文教师在教学中融入批判性思维的实践与研究,为批判性思维在阅读教学实践中的运用提供了可资借鉴的案例。

本书适合中学生、中学语文教师及中学语文教学研究者阅读。

图书在版编目(CIP)数据

批判性思维与古诗文教学/李支舜主编. —上海:
上海交通大学出版社,2023.1
ISBN 978 - 7 - 313 - 27679 - 7

Ⅰ.①批⋯　Ⅱ.①李⋯　Ⅲ.①古典诗歌-中国-教学研究-高中②文言文-高中-教学研究-高中　Ⅳ.①G633.302

中国版本图书馆 CIP 数据核字(2022)第 201201 号

批判性思维与古诗文教学
PIPAN XING SIWEI YU GUSHIWEN JIAOXUE

主　　编: 李支舜
出版发行: 上海交通大学出版社　　　　地　　址: 上海市番禺路 951 号
邮政编码: 200030　　　　　　　　　　电　　话: 021 - 64071208
印　　制: 上海新艺印刷有限公司　　　经　　销: 全国新华书店
开　　本: 710mm×1000mm　1/16　　印　　张: 18
字　　数: 310 千字
版　　次: 2023 年 1 月第 1 版　　　　印　　次: 2023 年 1 月第 1 次印刷
书　　号: ISBN 978 - 7 - 313 - 27679 - 7
定　　价: 78.00 元

序　一

何谓教师专业发展,这个曾经被视为非常简单的问题,近些年变得复杂起来。教师的专业发展是教师在教育教学活动中不断积累经验、提高能力、调节心理,革新教学行为的过程,在此过程中,教师的专业观念、专业知识、专业技能及职业道德不断发生着积极的变化。

从教师专业化的教育学科向度思考,教师职业具有"双专业性"。从理论上说,教师既应成为教学专家,也应成为教育专家。作为教学专家的教师要向学生传授知识和智慧,学科整合与构建重心应该是"教什么"和"如何教"两个部分;作为教育专家的教师要培养学生的品性和德行,学科整合与构建重心应该是"育什么"和"如何育"两个部分。

众所周知,要打官司,得找律师;生了毛病,就看医生;人们对律师、医师的专业认可度很高;而对教师则不然,远没有达到"学知识非找老师不可"的地步。形成这一现象的原因很多,既有教育外部环境的影响,也有教师职业自身的懈怠,更有教育内部发展的制约。

社会对教育的期望值很高,对教师的要求也高。许多教师感到,教师这碗饭不好吃。随着全社会受教育程度的普遍提高,学生家庭文化更趋复杂多元。很多家长的文化程度已不低于甚至高于教师;开放的教育使学生接受到许多教师无法控制的多元思潮,有时信息总量可能会超过教师,教师也面临家长和学生的挑战。

面对如此困境,如何解困? 唯有坚持走教师专业内涵发展之路,方可破局前行。

华东师范大学第一附属中学(简称华东师大一附中)自 1925 年建校以来,承继光华大学、大夏大学和圣约翰大学及其附中注重教师科研的学术传统,走出了一条"造就研究型教师"的发展之路。首任校长廖世承,是中国近现代著名的心理学家和教育家,提出了"积极研究,勇于尝试,艰苦卓绝"的办学思想;20 世纪八九十年代,学校针对课程教学改革,持续不断地开展课题研究并取得成果。在此过程中,学校逐步形成了"培养研究型学生,造就研究型教师,建设研究型学校文化"的"三个研究"的办学理念,并进行了卓有成效的探索。一批研究型教师在教学上,从教材到教法都进行了改革试验,并在全国产生影响:语文特级教师陆继椿,探索语文教学科学化道路,创立了"分类集中分阶段进行语言训练"教学体系,创导的"一课有一得,得得相联系"的教学思想,得到广泛传播;俄语特级教师张思中,总结了学生学好外语的特点,提出了"适当集中,反复循环,阅读原著,因材施教"的教学法,组织有经验的老师编写了一批强化训练丛书,推广至全国;数学特级教师刘定一,打破学科研究传统,开展"跨学科"课程研究,其研究成果获教学科研成果评比上海市一等奖、全国二等奖;数学特级教师吴传发,心理教师崔乐美都在自己的学科领域形成了独有的特色。他们被人们称为"五朵金花"。在一个学校里,接连涌现出多个在全市乃至全国有影响的教科研名师,这在上海是少有的,当时被称为"一附中现象"。

教育,是传承的事业;一所学校的发展,也源于其文化根基。回眸历史,可以清晰地看到华东师大一附中开拓前行的轨迹:倡导"研究"之风,践行"研究"之事,造就"研究"之师。在"新课程、新教材"实验的今天,弘扬和发展"研究型"学校文化,我们明确把教师专业发展作为学校发展的重点、突破点、增长点。

强校必须重教,重教必先强师。鼓励教师著书立说,就是要求教师加强学习和研究,加强反思和总结,造就一批"研究型"的学科"领头雁"和优秀教师。

苏霍姆林斯基说:"教育——这首先是活生生的、寻根究底的、探索性的思考。没有思考就没有发现,而没有发现就谈不上教育工作的创造性。"教师要把"思考""研究"当成一种自觉行为,养成一种习惯。对自己教学工作的思考,是他人所不能代替的,同时要广泛吸收前人的经验,形成自己的教学风格。促使教师由"经验型"转向"研究型",由"研究型"转向"专家型",从而实现由"经师"向"人师"的渐变。

本书是华东师大一附中开展"研究型"教师学术交流与研究的代表成果之一,期待这些浸润教师心血的创作能为广大教师所喜爱,也期盼教育界同仁批评指正!

华东师范大学第一附属中学学术委员会

2022 年 5 月

序　二

提升思维品质是核心素养的关键

　　语文学科核心素养之重要,已形成普遍共识。在核心素养的落实过程中,语言建构与运用是基础,思维发展与提升是关键。思维品质乃是核心素养的"牛鼻子",如果能够紧紧抓住它,也就抓住了核心、抓住了关键。提高学生的思维品质,即提高其思维的流畅性、灵活性、深刻性、独立性、新颖性、批判性等,而批判性思维则是思维品质的重中之重。

　　以往的语文教学,存在学生的主体地位被忽视、过度重视语文教材、过于依赖教师的不足,制约了学生批判性思维能力的提升,限制了学生空间想象力以及创新能力的发展。在"新课程、新教材"改革的背景下,越来越多的教师意识到学生批判性思维的培养已显得刻不容缓了。

　　批判性思维来源于逻辑学,始于大约2500年前亚里士多德创建的形式逻辑。批判性思维的核心是客观性、依据性和逻辑性。1978年,哈佛大学为大学通识教育制定的五项衡量标准中,最核心的就是批判性思维和系统性推理能力的构建。

　　什么是批判性思维? 批判性思维是一种评估、比较、分析、批判和综合信息的能力。批判性思维者愿意探索艰难的问题,包括向流行的看法挑战。某种意义上,它是跳出自我、反思自身思维的能力。美国索诺马州立大学批判性思维与道德批判中心(The Center for Critical Thinking and Moral Critique)所长 R. 保尔(R. Paul)先生将人分为"无批判性的人"和"批判性的人"。"无批判性的人"不懂得推敲某种事物与他人的主张,是全盘接纳者。受传统文化和现行教育体制的影响,一些学生一方面迷信权威,不善于发现问题,另一方面缺乏自主,没有独立精神。同时,他们不懂如何批判,缺乏批判性思维技能。他们或者"不批判",或者有很强的批判性意识,却没有掌握理性、合理的批判技能。那么,我们该如何培养学生的批判性思维品质和技能呢?

一、鼓励大胆质疑，在不同声音里培养批判性思维习惯

有位教师在教学 20 年之后，学校派她赴哈佛大学进修一年。她说："这一年让我觉醒，它颠覆了我对'当一名教师究竟意味着什么'的理解。进修时，我的同学，有些是老教师，有些是第一年入行的。"进修期间大家被要求完成一项作业：用整个学期观察月亮。起先大家对这项作业颇有怨言，有谁来哈佛是纯粹看月亮的？之后，大家开始每天记录所观察到的场景并构思问题。多数人惊讶地发现，自己对月亮所知甚少。起初的问题很简单：月亮什么时候升起？在哪里升起？为什么它今天 8:45 还挂在天上？这是怎么回事？在日志上画下月亮的样子，记录下所看到的，并不断思考。然后把自己涂画下的记录带到课堂，分享观察结果，分享信息，也分享困惑。这种学习方式，就是通过观察，让学生自己提出问题。随着对月亮了解的渐渐深入，对自己学习方式的领悟也渐渐深化，提出的问题也越发复杂，这说明大家的认知在逐步提高。

我们的语文课堂教学，也应该鼓励学生善于提问、大胆质疑，遇到"问题"，应该多问"为什么"？具体到语文阅读教学上，要努力完成三个根本转变，即以教师为中心到以学生为中心的转变；以讲析为中心到以语言实践为中心的转变；以形式为中心到以内容为中心的转变。并且这三个根本转变应当经由"激疑→质疑→释疑"的路径来逐步实现。在阅读教学中我们应关注学生批判性思维培养，引导学生善于生疑质疑，发现问题；展开对话，进行批判性推理，分析问题，去伪求真。

学习文言文时，教师要能够巧妙延伸，拓展学生思考的广度和深度，使他们不但知其然，而且知其所以然。例如在讲授《过秦论》时，有个学生对"追亡逐北，伏尸百万，流血漂橹"中的"北"在文中的解释提出了质疑："北"在句中为什么不解释为北方的军队，而要解释为逃亡的军队呢？书上的解释一定弄错了。对此，教师并没有简单地回答："北就是败兵的意思，课文下面也是这么注释的。"而是把问题交给了学生："这位同学提的问题很有见地，但既然课文的注释这样解释就肯定有它的理由。喜欢看体育比赛的同学都熟悉'败北'这个词，'北'与'败'有何关系？希望大家课后查一下工具书把这个理由找出来。"第二天，一位学生通过查阅《说文解字》找到了满意的答案："北"是一个象形字，像两个人双膝跪着，背靠背，这是古代的一种受降仪式，失败的战俘双膝跪着，背靠背表示臣服。这个解释令学生茅塞顿开，不仅明白了"北"与"败"的关联，还体会到了探究问题的成就感。

学习《师说》一文时，一位教师带领学生读完文章以后，让同学们去思考

"师者,所以传道授业解惑也"中,作者对"师"的定义是否合理,以及在当今社会该如何定位老师的角色作用。读到"巫医乐师百工之人,君子不齿,今其智乃反不能及,岂可怪也欤!"学生发出自己的质疑:韩愈竟然如此鄙视巫医乐师百工之人!巫医乐师百工之人的智慧就一定不及士大夫之族吗?难道在韩愈眼里,聪明才智还依据等级高低来划分?由此,学生由这篇短小精悍的文言文发现了文学家韩愈因其所属阶级和思想的局限,作品中不可避免地带有主观性的阶级色彩。或许刚开始学生会不敢说,提不出问题,这时,老师应鼓励学生,需要时可以与学生一起收集分析资料、调查、访问等,与学生共同解决问题。把主动探究的权利还给学生,因为只有他们自己亲身体会,印象才会深刻,才可以在主动探究中不断收获。

二、立足阅读教学,在阅读过程中培养批判性思维方法

批判性思维与批判性阅读是两个密切关联的概念,阅读是培养批判性思维的重要途径,而思维是批判性阅读的重要条件。在阅读中纳入批判性思维能力的培养就称为批判性阅读。所谓批判性阅读,是指对文本的高层次理解,它包括解释意义和评价两个层面。批判性阅读可以使读者分辨重要和非重要信息,把事实与观点区分开,并且确定作者的目的和语气。同时,读者需要通过推理推导出言外之意,填补信息上的空白,得出符合逻辑的结论。有人将批判性阅读定义为读者在理解文本的基础上根据一定的原则和标准对读物的真实性、有效性及其价值进行判断并作出评价的一种阅读活动,一般包含理解文本、评价文本和作出反应三个步骤。批判性阅读不是读者对文本进行粗略浏览,被动地接受和记忆其中内容的阅读方式,而是对作者的观点、倾向、假设进行分析、整合和评析的阅读策略。

因此,批判性阅读基本上可以分两个层次。第一个层次是对文本的理解,即了解作者想要表达的意思;第二个层次则是对文本所传递的观点、态度等进行评价,表达读者自己的观点和态度。批判性思维技能里的诠释、分析、评价、推理、解释、自我调节等在批判性阅读中能够得到充分的应用和训练。

有人认为,教师可以从批评话语分析的角度,基于以下三个视角来设计批判性阅读教学。

第一,基于"作者"概念的批判性阅读视角。教师可以带领学生讨论:文本的作者是谁?代表了谁的声音?体现了谁的利益?有何目的和功能?这些问题可以有效帮助学生从"作品声音"的角度去挑战自己的思维。

第二,基于对话性的批判性阅读视角。文本不是作者自身的独白而是潜

在的对话,每个文本都在以明示或暗示的方式邀请潜在的读者进行回应和反馈。教师应引导学生投入批判性的阅读、思考和评判中,形成独到的见解,凸显出学习者的主体性。

第三,基于体裁互文性的批判性视角。教师可以引导学生探寻课文的出处,如能找出原文,则可以对比原文和课文之间的区别等,考虑为什么这里选择此文本,是否做了修改?意义何在?如无法找到原文,则找一些相同话题的文章,探寻这些文章之间的交错互文关系。

三、注重分析推理,在理性反思中培养批判性思维能力

从批判性思维能力的界定可知,批判性思维由以下基本能力构成:解释(归类、理解意义、澄清含义),分析(审查观念、识别论证、分析论证),评价(评价主张、评价论证),推论(寻找论据、推论不同可能、得出结论),说明(陈述结果、证明程序的正当性、表达论证),以及自我校准(自我审检、自我校正)。

批判性思维和一般性思维不同,具有较为显著的批判性特征,其思维倾向主要包括:求真(渴望探求真相,勇于提问,诚实客观地探究);思想开放(容忍不同意见,理解他人的见解,考虑自己可能有的偏见);分析性(对潜在问题的机敏,预见后果,重视利用理由和证据);系统性(有序处理复杂问题,勤于寻找相关信息,注意力集中于当下问题);好奇性(广泛的好奇心,消息灵通);明智(评价推理的公正性,改变判断的审慎性,达到所允许的精确性)。我们亦可根据研究需要,从更广域的视野、更多的学科、不同的思维实践活动中,对批判性思维进行更多分析。一般来说,批判性阅读的分析推理要看以下四个方面:①分析事实是否全面、真实;②分析是否符合逻辑;③发现其价值判断;④注意从差异性、多样性视角进行分析。

如"完璧归赵"这个历史事件,出自《史记·廉颇蔺相如列传》,后人对蔺相如赞同也好,批评也罢,证据材料都出自这篇文本。对于蔺相如完璧归赵的表现,赞许最盛的是司马迁,批判最厉害的是明代嘉靖年间"后七子"领袖王世贞。他在《蔺相如完璧归赵论》中对蔺相如的做法全盘否定:"蔺相如之完璧,人皆称之,予未敢以为信也。"概括来说,王世贞认为蔺相如这么做有三个问题:不智、失信、冒险。

所谓不智,是说事情本来很简单,却搞复杂了,完全没这个必要。所谓失信,是从两个方面来说。一方面秦国"既按图以予城,又设九宾,斋而受璧:其势不得不予城";另一方面,退一万步讲,就算秦国脸憨皮厚,蔺相如也可以问

责秦王。王世贞还拟了一个发言稿,意思是你照我这么讲,秦王未必不会把和氏璧还给你啊。现在好了,秦王按约定的办,你自己先失信于人,你的行为还有正义性吗?"今奈何使舍人怀而逃之,而归直于秦?"所谓冒险,是说蔺相如这么干,后果很严重。"令秦王怒,而僇相如于市,武安君十万众压邯郸,而责璧与信,一胜而相如族,再胜而璧终入秦矣!"搞不好人死国灭,和氏璧早晚也是人家的。基于以上观点,王世贞得出一个结论:"蔺相如之获全於璧也,天也。"换句话说,蔺相如冒着生命危险,费尽心机,做了一件既没必要也不光彩,对赵国还非常不利的事情,要不是老天保佑,蔺相如就惨了。

如果王世贞的结论成立,那么蔺相如的动机和人品就很堪忧。他利用秦赵矛盾,作为进身之阶,冒险于秦廷,邀功于赵王,纯粹是一个投机主义者,充其量也就是春秋战国时期纵横家一类的人物,还谈什么无双国士呢? 对此,北京师大二附中李煜晖老师查找大量史料,对比分析蔺相如、王世贞和司马迁各自的用意,写了一篇驳论文《驳王世贞〈完璧归赵论〉》,具有很强的批判性。他认为:《史记》在塑造蔺相如这一历史形象时是经过深思熟虑的。蔺相如正是靠着"勇""智""谋"完成使命的。勇,敢于担当,威武不屈,临危不惧。智,通观大局,掌握主动,料敌先机。作为一个政治家,蔺相如在处理缪贤的私人问题时,开口就是:赵强而燕弱。同样在面对赵王时,开口就是:秦强而赵弱。强与弱,就是形势,就是大局,这种大局观和形势意识,是政治家最应该具备的素质。谋,谋定后动,运筹帷幄,步步为营。这一点在他的实操策略中表现得淋漓尽致。渑池之会和处理与廉颇的关系上,即便是王世贞也佩服之至,试想一个成年人,怎么可能忽然聪明忽然傻呢? 这一切只能说明一个问题,蔺相如本来就有"国士之风",他的智、勇、谋一直都在。

王世贞的文章写得很好,文以气使,纵横捭阖,读起来很过瘾。笔者认为,要真的按照王世贞的意见办,和氏璧肯定是要丢的,赵国的面子也没了,蔺相如即使不死在秦王手里,也得死在赵王手里。他在认识论、方法论和实践论上都存在问题:①分析问题简单化——脱离实际,不合国情:无视强弱对比,认识肤浅;②处理问题机械化——倒持干戈,授人以柄:死守诚信教条,丧失主动;③对待敌人理想化——秀才造反,十年不成:轻信秦王谎言,一厢情愿。如果非要在这件事上给王世贞一个评价,那就是:书生之见。

同样是读书人,他认为司马迁是独具慧眼。司马迁没有"论成败",他说的只是"人生豪迈"。赵国亡了,六国亡了,甚至兼并天下的秦国也亡了。当成败转瞬,兴亡过手,历史究竟为人类留下了什么? 在蔺相如身上,他看到了威武不屈的勇气和以弱胜强的抗暴精神。

因此,语文的阅读教学,教师带着学生分析、评价历史人物,不是替历史老师在上课,而是一个分析、论证、讲理的过程。

李支舜

2022 年 5 月

目 录

教 学 设 计

实践案例

— 下编 —
研 究 文 论

上编

教学设计

怎一个"悲"字了得

——杜甫《登高》教学设计

华东师范大学第一附属中学　王贝宁

● 教学目标

（1）知人论世，由作者生平、创作背景等角度入手，深入理解作品。

（2）诵读作品，体会作者情感。

（3）赏析作品，掌握诗词鉴赏的基本方法与技巧，完成文学短评。

▶ 附　单元说明

（1）第三单元为古诗词鉴赏。阅读古诗词作品，体味其中丰富的情感与深邃的思想。

（2）本单元有8篇作品，掌握古诗词的基本知识，学会鉴赏其中的手（技）法，增强对传统文化的传承意识。

（3）学写文学短评。

● 教学重点、难点

（1）意象的把握。

（2）体会作品中多层情感的呈现。

● 教学过程

第一课时

一、教学准备，布置预习作业

（一）知人论世

（1）诵读《登高》，录音频，课堂展示。

（2）查找杜甫生平经历及《登高》的创作背景。

（二）熟悉诗词

查阅《唐诗鉴赏辞典》关于本作品的赏析，疏通字词。

二、介绍诗词相关知识，解析作品

（一）基本知识

（1）关于古体和近体。古体：也称古风，形式自由，诗无定句，句无定字，不讲平仄对仗，用韵自由。近体：也称今体，格律诗，唐以后形成，包括律诗、绝句和排律。律诗通常为八句，五言或七言，中间两联对仗，偶数句末尾押韵，首句可押韵也可不押韵。排律以五言为主，一般超过八句。绝句通常为四句，五言或七言。声律要求和律诗一样。

（2）区别古体和近体的基本方法。第一，看朝代，唐以前的必定是古体，唐以后的基本是近体。第二，看句数，八句多为律诗，四句一般为绝句。第三，看字数，古体不限字数，近体为五言或七言。第四，看押韵。

（二）学生交流作业，教师点评

（1）杜甫生平。杜甫，字子美，自号少陵野老，唐代伟大的现实主义诗人，被后人称为"诗圣"，与李白合称"李杜"。他的诗歌在中国古典诗歌中的影响非常深远，被称为"诗史"。后世称其杜拾遗、杜工部，也称他杜少陵。天宝十四载（755 年），安史之乱爆发，潼关失守，杜甫先后辗转多地。乾元二年（759年）杜甫弃官入川，虽然躲避了战乱，生活相对安定，但仍然心系苍生，胸怀国事。杜甫创作了《登高》《春望》《北征》以及"三吏""三别"等名作。

（2）创作背景。《登高》作于唐代宗大历二年（767 年）秋天的重阳节，杜甫时在夔州，这一年他五十六岁。一天，他独自登上夔州白帝城外的高台，眺望远方，萧瑟的秋江景色，引发了他身世飘零的感慨，渗入了他老病孤愁的悲哀。于是，就有了这首被誉为"七律之冠"的《登高》。

（3）交流诵读作业，教师点评。

（4）疏通字词，解析《登高》。

登　高

杜　甫

风急天高猿啸哀，渚清沙白鸟飞回。

无边落木萧萧下，不尽长江滚滚来。

万里悲秋常作客，百年多病独登台。

艰难苦恨繁霜鬓，潦倒新停浊酒杯。

解析 秋风呼啸,天高地远,传来了猿凄厉的叫声。水清沙白的河洲上有鸟儿在盘旋。无穷无尽的树叶在空中飞舞、飘落;眼前无边无际的长江浩浩荡荡,奔涌而来。长年客居他乡,面对秋景感慨万分,年迈老弱在重阳节独自登上高楼。人世坎坷,鬓边不知不觉又添了白发,想借酒浇愁,但早已戒了酒,刚端起酒杯又无可奈何地放下。

三、引发思考

思考:这首诗歌有多重"悲",结合整首诗,谈谈你的理解。

说明:对这首诗歌"悲"的解读因版本而异,课堂不必纠结于"悲"到底有几层,而是要通过整首诗的阅读沉浸到作品内容中,从而体会作者的情感。

第二课时

一、赏析诗歌

(一)知人论世
根据第一课时对杜甫及其作品创作背景的介绍深刻理解诗歌中蕴含的作者的情感。

(二)抓景物,概括意境特点
学生活动:在反复诵读中找到主要景物,并分析其特征,总结如下。

景	意境特点	表达方式
风、天、猿、沙、渚、鸟、落叶、长江	凄凉、萧索	视觉、听觉、触觉、动静结合

(三)由景入情,分析作者所表达的情感
古诗词的赏析,绝不是简单回答写了什么,表达什么。需要我们发挥合理的想象,对作者描绘的画面"情景再现"。所以,要求学生交流时,应该尽量"描写"画面,再现诗歌呈现出的意境特征,从中揣摩作者的情感。

作品首联写景,开门见山,渲染了悲凉的氛围。这两句都是动静结合,风看不见摸不着,作者却能看见其"急",化无形为有形,结合颔联的"无边落木"来看,此风甚急。秋日天空高阔辽远,从远处传来的猿的哀鸣则更显哀颓,"哀"是人的主观感受,却以"猿哀"来表现,曲折委婉。人的忧愁苦闷无处排遣,看着眼前的鸟儿低回盘旋,久久不落,有种苏轼般的"拣尽寒枝不肯栖,寂

寞沙洲冷"之意味。再加上背景的"清""白"都是冷色调,冷淡而惨白。在一片萧瑟肃杀、荒无人烟的"渚沙"之中飞舞盘旋,可见其孤独。作品让人陷入作者所营造的忧伤情境里不能自拔,悲哀之情油然而生。

颔联集中表现了夔州秋天的典型特征。先由仰视角度,写苍茫无边际的天空下萧萧而下的树叶。"萧萧"模拟草木飘零的声音,似乎眼前不仅能看见,也能听见树叶纷纷而下的情景,也预示着一年将尽。古诗文中有"伤春悲秋"一说,而悲秋的"悲"也是人的主观感受,既是对美好事物消逝的无奈,也是对自己大好年华逝去的感慨。作者看着飘落的树叶,想起自身仕途不顺,背井离乡,顿生凄凉之感。这里的"无边"指无穷无尽,描写整个空间弥漫着凋零的落叶。接着从俯视角度描写奔流不息、滚滚而来的江水,孔子曾感叹"逝者如斯夫","水"这一意象多表现时光流逝,也暗示人生苦短。

前两联写景,后两联以抒情为主。"万里悲秋常作客"中"万里"是万里迢迢,远离家乡和亲人,"作客"非杜甫本意,是时局所迫的无奈之举。多事之秋又逢气候之秋,怎一个"悲"字了得。"百年多病独登台",他拖着老迈之躯,独自登上高台,那种异乡怀人的情感喷薄而出,心中苦闷跃然纸上。

尾联"艰难苦恨繁霜鬓"中的"艰难",是个人仕途艰难,人生艰难,也是国家命运"艰难"。家国天下,国家沦陷,个人何以安生?"艰难苦恨"四字连用,把内心的痛苦、痛恨、苦闷、郁闷之情刻画得淋漓尽致。"繁"说明不止一次,而是多次、经常对镜看到自己鬓角泛起霜花,极写人的衰老速度之快。"潦倒新停浊酒杯",此句极尽笔墨表现了诗人内心的郁闷无比。备受困苦潦倒之苦,欲借酒消愁,可是杜甫早已因病戒酒,连浇愁之路都行不通,因而悲愁更难排遣。

(四)重点赏析颈联,解读"悲"的多重性

一层:由秋季引发,感时伤事。

二层:远离家乡和亲人,又逢重阳节。

三层:这样的远离不是头一回,而是"常作客"。

四层:在清冷萧索的秋季与亲人天各一方。

五层:年老体弱,疾病缠身。

六层:"百年",即长年疾病。

七层:重阳节本是举家登高望远,现如今"独自"一人。

八层:个人身世的艰难,生活的艰难,国事艰难。

九层:所有苦闷不能借酒浇愁。

凡此种种,悲不胜悲。《登高》是一首无奈至极的咏叹。其中包含了壮志难酬,国事难为,韶华易逝,背井离乡的复杂情感。

全诗以"风急"起句,抓住了夔州峡口高秋之际的自然气象,更直接衬托出诗人心绪起伏、波澜跌宕的主观情景。整首诗对仗工整,韵律顿挫,审美意境开阔,增加了诗句的情感张力。

二、写短评

根据短评写作的要求,从自己的感受出发,把自己对作品的理解、分析和评价写出来。角度不妨"小"一点,聚焦一个方面,景物、情感、手法等都可以。有叙有议,叙述简洁精当,为议论服务,议论有理有据,紧扣叙述展开。

（1）根据学生对《登高》中九层"悲"的赏析,要求其当场写一段短评并交流,教师点评。

（2）作业:借助工具书,学习李清照《声声慢》,任选一个角度写短评。

说明:①《声声慢》为自读课文,教师可以先对有关文化常识、作者李清照及其作品创作背景进行介绍,然后从学生作业中选出优秀作业在课堂交流点评,最后归纳总结。②《声声慢》短评的角度有叠词运用、意象等。因为是自读课文,所以教师不一定要用两课时讲读。可借鉴《登高》,将短评方法移用到《声声慢》,有的放矢,让学生自行赏析,学以致用。

缘情溯理，吟咏诗韵

——李白《将进酒》教学设计

华东师范大学第一附属中学　史馨彦

◎ 教学目标

（1）吟咏诵读，体会诗歌的音韵变化。

（2）把握诗歌的情感基调，理解其思想情感的复杂性。

（3）初步鉴赏与评价诗歌，进一步体悟李白的愤激之情。

▶ 附　设计说明

李白的《将进酒》约作于唐天宝 11 年（752 年）。公元 744 年，曾自比大鹏，立志"奋其智能，愿为辅弼。使寰区大定，海县清一"的诗人被"赐金放还"，被迫离开长安，开始他人生的第二段游历时期。然而，虽然离开长安已经八年，但现实与理想的巨大落差，却还始终剧烈地冲击着这位天才的内心。于是，信心与痛苦、希望与失望、昂扬与低沉、诗与酒、天才的个体与伟大的时代，在种种互相交织、包孕中，《将进酒》出世，敲击震撼人心。

确实，诗歌是性灵的抒发，具有兴发的力量。自然，诗人期待与读者心有灵犀的交汇。这样美好的体验依赖读者的直觉，依赖过往的经验，更依赖长久浸润后所获得的语言的敏感。然而，我们学生恐怕少有这样的敏锐与文学底蕴。因此，诗歌的理解有时需要条分缕析，需要披文入情。

当然这解读并非外科手术式的肢解，冰冷的术语不是正确的途径。诗歌不必精准地解剖，诗歌首先需要诵读，更需要理解基础上的诵读，摇曳生姿的不单是强弱、音调、节奏、缓急，更是学生的心灵。诗歌解读需要遵循科学的思维逻辑，教师应给学生提供诗歌解读的思维路径与台阶。

这首《将进酒》是选择性必修上册"古诗词诵读"单元中的一篇。这是一个活动单元，因此，教师首先要组织学生进行诵读活动，指导学生在关注抑扬、缓急这些诵读技巧之外，如何"入乎其内""情动于中"。这不仅需要情感的渗透，也需要理性的引导。通过理解性诵读,在个性化的参与和实践中提升学生的语文核心素养,让其真正去感受中华传统诗词的魅力,在潜移默化中增强他们的民族自信心、自尊心,最终使社会主义核心价值观内化为精神追求,外化为自觉行动。

◉ 教学重点、难点

领悟诗人"狂歌痛饮"豪放外表下的愤激之情。

◉ 教学过程

一、导入

题解"将进酒"是汉乐府旧题,李白拿来借他人之酒杯浇自己心中之块垒,"借题发挥"、借酒浇愁,抒发愤激情绪。"将"读作 qiang,为"请"之意,"将进酒"就是"请喝酒",《将进酒》是一首劝酒歌。

美学大家李泽厚先生曾在《美的历程》中这样讲道:"盛唐艺术在这里(李白这里)奏出了最强音。痛快淋漓,天才极致,似乎没有任何约束,似乎毫无规范可循,一切都是冲口而出,随意创造,却都是这样的美妙奇异、层出不穷和不可思议。这是不可预计的情感抒发,不可模仿的节奏音调⋯⋯"今天,我们就一起走进李白的《将进酒》。

二、学生初读,体会诗意

主问题:诗人想表达什么?

(一) 学生自读,教师纠正字音,提醒注意韵脚变化,体会音韵之美

(1) 提示字音:将(qiāng)进酒

莫使金樽(zūn)空对月

钟鼓馔(zhuàn)玉不足贵

陈王昔时宴平乐(lè),斗酒十千恣(zì)欢谑(xuè)

径须沽(gū)取对君酌(zhuó)

呼儿将(jiāng)出换美酒

(2) 提示韵脚:来、回、发、雪、月、来、杯、生、停、听、醒、名、乐、谑、酌、裘、愁。

(二) 教师范读,把握情感脉络

情感脉络的四个层次:感伤→欢乐→愤激→狂放。

(1) 开篇："君不见黄河之水天上来,奔流到海不复回。君不见高堂明镜悲白发,朝如青丝暮成雪。"

落笔即从黄河景象而来,有纵览万里山河之气魄。李白要表达人生短暂之感,却从壮阔的自然入手。较之《论语》"子在川上曰:逝者如斯夫,不舍昼夜"的克制,汉乐府《长歌行》中"百川东入海,何日复西归;少壮不努力,老大徒伤悲"的直白,《将进酒》的开篇以反问语气显然更掷地有声,更具视觉冲击,进而有种振聋发聩之感。这两联将天地人生纳入一体,宇宙的浩茫永恒与个体人生的短促融为一体。明亮、富丽意象的渲染、夸张,空间的延展,瞬时的变化,大开大合,跌宕起伏。

(2)"人生得意须尽欢,莫使金樽空对月。"

得意:有兴致。《王子猷雪夜访戴》"王子猷居山阴,夜大雪,眠觉,开室,命酌酒,四望皎然。因起彷徨,咏左思《招隐》诗。忽忆戴安道。时戴在剡,即便夜乘小舟就之。经宿方至,造门不前而返。人问其故,王曰:'吾本乘兴而行,兴尽而返,何必见戴!'"——魏晋风流,潇洒率真。

(3)"天生我材必有用,千金散尽还复来。"

自我安慰,虽有黯然,但极度自信,在乎的是此时此刻的挥洒,不为金钱等外物所驱使,人的自觉能动性得到了极大发扬。"长风破浪会有时,直挂云帆济沧海",充满了洒脱自由的精神,这就是我们熟悉的李白,是那个"天子呼来不上船,自称臣是酒中仙"的李白;是"吾观摩天飞,九万方未已"的李白;是"安能摧眉折腰事权贵,使我不得开心颜"的李白,就是睥睨一切,就是舍我其谁。

(4)"烹羊宰牛且为乐,会须一饮三百杯。""陈王昔时宴平乐,斗酒十千恣欢谑。"

语出曹植《箜篌引》"中厨办丰膳,烹羊宰肥牛"与其《名都篇》"归来宴平乐,美酒斗十千"。曹植"戮力上国,流惠下民。建永世之业,流金石之功",惜空有满腹才华,却终究受制于权力斗争。一方面,李白反复引用曹植典故表达酣畅宴饮之意;另一方面,也表达与之惺惺相惜的、抑郁不得志之感。

(5)"钟鼓馔玉不足贵,但愿长醉不复醒。"

有人说,这两句反映了李白的人生观和价值观。"钟鼓""馔玉"是乐器与美食,象征声色犬马的富贵生活。这一切李白说:不足贵。那贵的是什么? 显然是"奋其智能,愿为辅弼"以期"寰区大定,海县清一"的经世致用之志。然而,前一句李白还蔑视权贵、傲然不羁,后一句就隐隐露出一种难言的惆怅。酒入愁肠愁更愁,"但愿长醉不复醒"的背后是何等落寞无奈,却还以豪迈之言出之。

（6）"主人何为言少钱，径须沽取对君酌。五花马，千金裘，呼儿将出换美酒，与尔同销万古愁。"

反客为主，提议主人将五花马、千金裘来换酒；又意欲以此豪饮来销"万古愁"。醉态毕现又夸张的表达，表现其愁苦愤懑郁积之深切。

三、学生再读，赏析诗意

注意多种艺术手法的运用。

主问题：作者如何表达情感？

（1）奇特的想象。开篇便是空间与时间的大开大合，急剧变化。黄河自西而来，如从天而降，一泻千里，直奔东海。上句写大河之来，下句写大河之去，形成咏叹。接着四句向人们喻示时光流逝迅疾，一去不返，人生由青春至衰老不过"朝""暮"间。

（2）富丽的意象："高堂明镜""金樽""千金""五花马""千金裘"。

（3）大胆的夸张。夸张的语言表达，无限扩张的时间、空间、数量的运用，拓宽想象空间，更增添豪迈气势。

四、学生三读，教师指导，吟咏诗意

（1）"君不见黄河之水天上来，奔流到海不复回。君不见高堂明镜悲白发，朝如青丝暮成雪。"

起兴。慷慨激昂。"黄河之水天上来，奔流到海不复回"："天上来""不复回"重音，空间的无限延展，"君不见"领出浓烈的抒情，读出豪迈。"高堂明镜"皆是富丽之景，应读出明亮堂皇之感，"悲白发"叹息意味极浓，"悲"字应重读。

（2）"人生得意须尽欢，莫使金樽空对月。"

入题，节奏加快，潇洒风流。"须尽欢""空对月"音节加重。

（3）"天生我材必有用，千金散尽还复来。"

要突出"我"，"必有用"应当声韵铿锵有力，"还复来"肆意洒脱的背后应当带着一丝黯然惆怅，所以音调稍稍拉长。

（4）"烹羊宰牛且为乐，会须一饮三百杯。"

读出一饮须尽三百杯的豪情。

（5）"钟鼓馔玉不足贵，但愿长醉不复醒。""五花马，千金裘，呼儿将出换美酒，与尔同销万古愁。"——呼应"钟鼓馔玉不足贵"。

劝酒词：节奏加快，一气呵成，酣畅淋漓。"不足贵""不复醒"用极强音读。"古来"两句以抒情方式说明"不复醒"的理由，上句宜轻读，下句宜重读。"陈

王"两句援引古人饮酒情形,用叙述语调读,重音落在"恣欢谑"上。"主人"两句,前句宜轻读,后句诗人反客为主,直命沽酒,宜重读。"五花马"三句当快读,"与尔同销"可两字一顿并放慢速度,"万古愁"三字要用夸张语调读。

五、小结

清人徐增评价道:"太白此歌,最为豪放,才气千古无双。"确实,豪放是主调,但同时悲、喜两种情绪在《将进酒》中构成了一种丰富而持久的情感抗衡。豪放是表,激愤为里。整首诗表现出诗人鲜活而真实的内心矛盾过程,展现了强大的艺术魅力。

六、作业

请从形式和内容两方面比较《将进酒》和《梦游天姥吟留别》。

七、教学反思

严格地说,这堂课其实是学生的一次诵读活动。既然是活动,就重在体验的过程,也就是期望学生通过对李白《将进酒》或个人或集体的诵读,感受诗情诗意,重点在于感受。

然而,不求甚解的单纯诵读显然是没有办法使"感受"深入人心的。学生既缺乏生活经验,同时也受限于阅读积淀,是难以与一千多年前的诗人产生共情的。既然如此,这样的诵读必然是流于浅表,"作秀"的成分多于实际的感动。课堂只可能沦为表演的舞台,反而诵读效果越佳,越容易感动自己,而离文本越远。

因此,诵读的前提一定是理解,而理解是将思维能力导向更高级的基础。只有对诗情诗意有了基本的理解,在本篇中意指能较为清晰地把握李白悲喜交织、慷慨与低回共生的情感脉络,以及背后触发情感反应的思想内涵,才能在诵读的过程中投射情感,从接受美学的角度进行审美层面的再创造。而在这一过程中,学生的思维能力也将由"低阶"向"高阶"发展。

这堂课的思维阶梯由以下三个问题构成:①作者想向读者表达什么?②作者以何种方式向读者表达? ③作者表达的形式和内容与其他作品有何异同? 第一个问题指向理解基础上的分析能力,第二个问题涉及鉴赏审美能力,而第三个问题更进一步上升至评价,培养的是学生的比较思维能力。在本课中,这三级阶梯分别对应三个教学环节。

第一个教学环节是一个破—立的过程。一般而言,当我们说到李白,脑海中浮现的多半是"飘逸潇洒"。这其实是一种思维定式,打破这种简单粗暴、浅薄"贴标签式"的认知模式,就要从深入研究本文开始。《将进酒》自然是豪放的,无论从情感基调还是从技法表达上皆是如此。然而,《将进酒》又不单单是豪放的,或者说它的内核是抑郁、苦闷甚至激愤的。只不过由于出自李白——天才诗人无拘束的性灵抒发,也由于那是一个以"青春"为主题的蓬勃的盛唐,总而言之,时不我待的苦涩被潜藏起来,而以一种更为放达乐观恣肆,甚至类似于西方哲学范畴的"酒神精神"的形式表现出来。只有理解到这里,通过对固有思维模式的突破,才能在理性指导下构建起新的、细致的、更接近于诗人本心的认知。

第二个教学环节是进一步的审美活动。其实,诵读本身即是一种审美活动的延伸,它是诗歌的再创作。在对《将进酒》诗情充分理解的基础之上,我们去咂摸品味诗人的语言,感受形式的美感。比如本诗中"夸张"手法的运用。李白是惯用夸张的,无论是"飞流直下三千尺",还是"蜀道之难难于上青天",我们能脱口而出他的这些极致的表达。仿佛不如此,就不足以抒发,仿佛这就是李白该有的皮相,是与他仗剑天涯的豪情相适配的。鉴赏一旦完成,美感建立,诵读活动就有了进一步的支撑。

第三个教学环节是拓展和比较,相较于之前课堂教学中的理解、分析、鉴赏的思维能力,比较法培养学生从已知的知识出发,探究未知的问题,进而形成一种思维的连续活动。如果说课堂教学是一种纵向的思维训练,是不断探究《将进酒》中复杂的情感以及情感的表达方式,那么将《将进酒》与《梦游天姥吟留别》作比较阅读,就是一种横向的思维训练。借此活动,学生将对李白以及其作品产生更为深入系统的体悟。

相信通过上述三个环节的探究,学生的诵读活动定能有效落地,这是真正"情动于中"的,而唯有如此中国传统诗词的魅力也才有可能为学生所感受,并且主动地传承。

遥相呼应，意景浑融

——杜甫《登高》教学设计

华东师范大学第一附属中学　阮静

◉ 教学目标

（1）诵读课文，感受本诗谨严格律中的音韵节奏之美。

（2）通过"知人论世"，感受诗人将悲秋之情、生命感慨和忧国之情融为一体的"意景浑融"的境界。

（3）通过细品语言和诗歌，感受语言和意脉的遥相呼应，在思维品质上提升学生的诗歌阅读和鉴赏能力。

◉ 教学重点、难点

重点：通过"知人论世"，感受诗人将悲秋之情、生命感慨和忧国之情融为一体的"意景浑融"的境界。

难点：通过引导学生感受诗歌语言和意脉的遥相呼应，提升学生的思维品质。

▶ **附　教学和学习建议**

（1）教师要注意学习情境和任务的创设，课堂主问题要清晰、明确。

（2）教学中以学生的自主学习为核心，使学生在实践性学习中达到鉴赏能力和思维品质的真实提升。

（3）学生在进入本课学习之前已知晓本单元人文主题和单元整体的学习任务目标，以及本单元三首唐诗的大致内容和不同特点。

（4）学生课前要通过网络或书籍了解诗人生平和创作背景，做到初步"知人论世"。

◆ 教学过程

一、预习作业

（1）结合课下注释熟读课文，然后试着有感情地朗诵并上传音频至"作业笔记"（开放"提交后全班可见"，让同学们互听互评共赏）。

（2）了解杜甫生平和代表作品，了解"安史之乱"以及杜甫在其间的经历。

二、导入

播放部分同学的诵读音频，完成初读——读准字音，正确断句，并交流诵读感受和听读感受。

三、提出主问题

整首诗中诗人是如何将自然之秋和人生之秋融为一体的？

四、开展教学活动

活动1：再读诗歌（个人），划出节奏，将对诗句的理解和语音的高低、停连、快慢结合起来，并注意节奏语调的变化

整首诗四联全部对仗，在唐诗中实属罕见。而且在朗读时并无板滞之感，这是因为诗歌内部节奏上有声律和节奏的变化。

明朝诗评家胡应麟对杜甫的《登高》有如下评价："通章句法字法。前无昔人，后无来学。此当为古今七言律诗第一，不必为唐人七言律诗第一也……一篇之中，句句皆律；一句之中，字字皆律。而实一意贯串，一气呵成。骤读之，首尾若未尝有对者，胸臆若无意于对者；细绎之，则锱铢钧两毫发不差，而建瓴走坂之势，如百川东注于尾闾之窟。至用句用字，又皆古今之不敢道、决不能道者。真旷代之作也！"

● 补充信息一

登　高

风急/天高/猿啸/哀，渚清/沙白/鸟飞/回。

平仄/平平/平仄/平仄平/平仄/仄平/平

无边/落木/萧萧/下，不尽/长江/滚滚/来。

平平/仄仄/平平/仄仄仄/平平/仄仄/平

万里/悲秋/常/作客，百年/多病/独/登台。

仄仄/平平/平/仄仄仄平/平仄/仄/平仄平

艰难/苦恨/繁霜鬓,潦倒/新停/浊酒杯。

平平/仄仄/平平平平仄/平平/仄仄平

活动2:文本研读——感受情感基调,梳理诗歌整体意脉

"哀"字奠定全诗感情基调,全诗由"自然之秋"感"人生之秋",境界高远阔大,雄浑悲壮。

活动3:文本研读——品"自然之秋"内容及诗句间的相互关系

基于学生是从高一开始接触古代诗歌鉴赏的学情,在开始诗歌鉴赏的教学之前开展"读诗须懂诗家语"的研学活动。通过研学,学生对诗歌的韵律感、节奏感以及含蓄性、情感性、跳跃性、省略性等独特特点有了一定感知和认识。同时,借助"想象"把握意象和意境的特点,对学生初中时期接触过的诗歌进行回顾和强调。

● 补充信息二

(1)"回":书下注解"盘旋""风急",故鸟只能在低空盘旋,无所归依。

(2)"清""白":联系上句这两个字也不再仅仅是清朗明净,而有了凄清空旷之感和凄凉之意。

● 补充信息三

(1)夔州。夔州在长江之滨,向以猿多著称,夔峡口更以风大闻名。

(2)杜甫与夔州。公元766年,55岁的杜甫告别成都的草堂,来到夔州(今重庆奉节)。暮年杜甫在夔州不到两年的时间里,爆发出惊人的诗歌创造力,共作诗430余首。《秋兴》八首、《咏怀古迹》五首等都作于夔州。从内容到形式,杜甫的夔州诗都创造了一个新的艺术高峰,诗歌写作更自由,却妙笔天成,难以匹敌。葛晓音在《杜甫诗选评》中评价:"率意成章的作品和逞其才力的作品各见增多。它们一般都是抒写日常生活的闲情琐事,或与朋友酬唱赠答、谈艺论文等。前者长短不拘,如陈贻焮先生所说,是当文章随便写,在特定的情境中表达他的心情,有的苦涩,有的古拙,有的粗放,也很有诗意。后者以长达千言或数百字的五言排律为代表,排比铺张而又对仗工整、一韵到底,难度极大。无论难易,都标志着杜甫在艺术上的老境,可见其自由运用诗歌艺术的功力。这两类诗对于中唐两大诗派的形成具有启导先路的作用。"夔州也因为杜甫成为中国诗歌史上的重要地标。

在夔州,杜甫的生活虽然有一定的保障,但老来多病、知音稀少也让其心境凄凉,内心寂寞。闻一多先生的《少陵先生年谱会笺》中这样描述杜甫来夔的第二年:"本年仍复多病;秋,左耳始聋。"在夔州,杜甫不仅关心民生疾苦、忧

国忧君,还表达了对人生的终极思考。

活动4:品读颔联,赏"千古绝唱"中跨越时空的生命告别。颔联被誉为"千古绝唱",你认为"绝"在何处?

① 对仗极工之绝。②跨越时空之绝:"无边"给人一种广阔的空间感,充分展示了境界的辽阔。在诗人笔下,普天之下,率土之滨,似乎纷纷扬扬的都是潇潇而下的落叶。"不尽"又有悠远的时间感,唤起读者对悠远的历史长河中随时间流逝而消亡的生命的联想。③叠词运用之绝:"潇潇""滚滚"和"无边""不尽"搭配,形成节奏和韵律之美的同时,更加强了境界的阔大和对生命消逝的悲凉之感。④既借自然界落木的陨落写人生的告别,又借自然的永恒写人生短暂之绝。如苏轼的"哀吾生之须臾,羡长江之无穷";阮籍的"人生若晨露,天道邈悠悠";又如刘禹锡的"人世几回伤往事,山形依旧枕寒流",引发人的无尽联想。

活动5:品读颈联,"知人论世",理解诗人的"人生之秋"。并结合在自主研习中所了解的杜甫生平和时代背景,结合杜甫其他诗歌进行交流分享。

诗的颈联,宋代学者罗大经在《鹤林玉露》析云:"万里,地之远也;悲秋,时之惨凄也;作客,羁旅也;常作客,久旅也;百年,暮齿也;多病,衰疾也;台,高迥处也;独登台,无亲朋也。十四字之间含有八意,而对偶又极精确。"

● 补充信息四

(1)"杜甫,字子美,本襄阳人,后徙河南巩县。曾祖依艺,位终巩令。"——《旧唐书·杜甫传》

(2)葛晓音追踪伟大诗人杜甫一生的心路历程,在《杜甫诗选评》中把杜甫的一生分为以下几个主要阶段:少壮漫游(731—745年),旅食京华(746—755年),奔赴行在(756—759年),度陇入蜀(759年),定居草堂(760—765年),滞留夔州(765—767年),漂泊荆湘(768—770年)。诗人可谓一生漂泊,历经生死,说"万里悲秋"所言非虚。

(3)天宝十四年(755年),诗人44岁,安禄山反。从公元755年12月开始,一直到公元763年初结束,这场变乱一共持续了八年之久。唐王朝的人口一度从原来的5 300多万,减到了1 700多万,八年战乱,人口竟然锐减了60%。唐王朝经历战乱之后,亦由繁华进入衰落。诗人亲历目睹,浓重悲哀可想而知。

(4)"岁暮,丧幼子。"

"甫寓时关畿乱离,谷食踊贵,甫寓居成州同谷县,自负薪采梠,儿女饿殍者数人。"——《旧唐书·杜甫传》

"有弟皆分散,无家问死生。"——《月夜忆舍弟》

诗人可谓兄弟分离,家破人亡,独登台,无亲朋之悲怎不油然而生。

(5)"奉儒守官,未坠素业"的家族传统在诗人幼时就激发起他建功立业的雄心壮志,祖父杜审言的诗名给杜甫带来的是"吾家诗"的自豪感。

"致君尧舜上,再使风俗淳。"——《奉赠韦左丞丈二十二韵》

《兵车行》《自京赴奉先县咏怀五百字》等许多诗表达了对国家前途的担忧、对百姓命运的悲悯。可是终其一生,诗人只担任过右卫率府胄曹参军、左拾遗、司功参军、检校工部员外郎等一些小官职。已至暮年,功业未竟,并将永为遗憾,诗人内心之悲可以想见。

(6)其余如多病等个人境况,更将诗人生命的悲哀和绝望表现到了极致。

活动6:全诗内容如何遥相呼应,使自然之秋和人生之秋达到意景浑融?

颈联是外界之景和诗人内心之情的连接点。"万里"上接"不尽","悲秋"是前两联的秋景带给诗人的情感体验,"常作客"写出了诗人内心毫无归属感的感受,如首联所写无枝可依的飞鸟一般只能四处漂泊。"百年多病独登台"的"独"字也传达出了"不尽长江滚滚来"带来的生命无所归依的苍凉感受。

诗中诗人生命悲凉的体验和生命告别的凄楚与绝望,如猿的哀鸣声、盘旋的鸟儿、潇潇而下的落叶、滚滚向东的长江般,在耳,在目,在心,绵延不绝,驱赶不走,挥之不尽。

活动7:拓展延伸——对于本诗的尾联,历来评论家有不同的评价,也有不同的理解。请参看下列不同评价,再深入研读和体会诗歌,并和本小组同学交流探讨。

胡应麟:此篇结句似微弱者,……只如此软冷收之,而无限悲凉之意溢于言外,似未为不称也。——《诗薮·内篇·近体中·七言》

朱翰:"潦倒"应"多病",止酒倍加寂寞,何以解忧消愁!此进步法。胡元瑞谓结联为软冷,此隔靴之见。——《杜诗七言律解意》

赵辰瑗:发无可白,酒不能倾,当此凭高极目之时,真有不觉百端之交集者。诸家独赏"万里""百年"之精确,而反嫌结语卑弱,其又足为定论乎哉!——《山满楼笺注唐诗七言律》卷二

何满子:反复讽诵全诗,结句终究给人一种气力不足之感。但此句之不足以为全诗病者,在于它和前七句气脉贯穿,前面三联一气排闼之势犹有充沛的余力足以济穷,足以包容其佳弱,足以维持其全诗的雄浑苍凉之气于不坠。这样,末句在全诗完整的意象上还能尽其构成上的一份功能;它融入整体,然后显得它的存在具有意义。……至于末联之于全诗,等于两句补语,或如高潮之

后的下降,主体既佳,全诗自美。艺术作品也正如人体一样,不能苛求十个指头一般长的。——《历代名篇赏析集成》

活动8:迁移思考——英国BBC四台推出的单集58分钟的纪录片《杜甫:中国最伟大的诗人》引起了广泛关注和思考。哈佛大学教授斯蒂芬·欧文在片中这样说:"杜甫的作品定义了诗歌的审美标准。他拥有敏感的思维,能读到这样的作品,是一种幸运。"也有人说:诗人生活的时代早已离我们相去甚远,但终年熙攘的杜甫草堂、孩童张嘴都能背诵的经典名句、搭配古琴演唱杜诗的大学诗社都昭示着这份深沉和执着从未远去。对此,你有怎样的思考?请写下来并和同学分享。

五、课后巩固

(1) 课后作业:完成《练习册》相关练习。
(2) 拓展延伸:批判性思维训练一,小组交流探讨。
(3) 迁移思考:批判性思维训练二,读写一体。

六、拓展学习

(1) 葛晓音.杜甫诗选评[M].上海:上海古籍出版社,2002.
(2) 刘学锴.唐诗选注评鉴(上)[M].郑州:中州古籍出版社,2013.
(3) BBC纪录片《杜甫:中国最伟大的诗人》赏析。

发掘文本价值，提升思维品质

——李白《梦游天姥吟留别》教学设计

华东师范大学第一附属中学　吴莹珩

教学目标

（1）采用诵读、知人论世等方式学习、品味唐诗气象，初步认识不同诗歌体式的音韵、节奏及句式特点，了解李白诗歌浪漫主义的基本特点。

（2）初步掌握虚实结合这一常见表达技巧的基本特征，借此体会诗歌中奇谲瑰丽的意境，感受盛唐气象。

（3）为本单元对比杜甫与白居易的作品打好基础。

▶附　学情分析

学生在初中时期已大量接触李白、杜甫的诗歌，本学期已完成必修第一单元现代诗的学习，并且之前也已完成《短歌行》和《归园田居（其一）》等魏晋诗歌的学习。但大部分处于高一年级的学生对古诗的理解还停留于文字翻译的表面，对诗歌的鉴赏流于形式套话，无法形成个性化的阅读体验，更不用说落实在笔头上，写出文学短评。

教学重点、难点

（1）理解诗歌的表现手法。

（2）学习鉴赏诗歌，形成个性化的阅读体验。

◎ 教学过程

第 一 课 时

一、导语

从学习诗歌的体会来说，你认为怎样才算真正意义上的"读懂"？可以从字面、作者生平、写作背景来正确理解诗歌的情感。教师补充并明确"知人论世"的读诗方式。

1. 知其人

考察作者的身世、经历、性格、志趣以及创作动机。

2. 论其世

（1）联系作品，考察作者生活的社会环境，明确作品所描写的人情世态是否具有时代特征；

（2）思考作品所流露的思想感情跟社会的变迁、时代的风云有怎样的联系；

（3）思考作品的表现手法和风格跟当时的文学潮流有什么渊源。

3. 以评论解诗

从古人杜甫与今人余光中的评论中认识李白。

李白斗酒诗百篇，长安市上酒家眠。天子呼来不上船，自称臣是酒中仙。

——杜甫《饮中八仙歌》

酒入豪肠，七分酿成了月光，余下的三分，啸成剑气，绣口一吐，就半个盛唐。

——余光中《寻李白》

教师根据学生回答，在黑板上写下关键词，如：嗜酒、侠气、诗仙、盛唐之音、豪放、浪漫主义、生平经历（遭受的两次政治挫折）、代表作品等。这位集诗仙、文人、酒徒、道士、侠客为一身的大诗人，用他自己的四句诗可以高度概括："仰天大笑出门去，我辈岂是蓬蒿人""长风破浪会有时，直挂云帆济沧海""人生得意须尽欢，莫使金樽空对月""人生在世不称意，明朝散发弄扁舟"。

二、初读课文

教师读全诗，学生根据注解进行理解，并思考本诗与以前所读过的李白诗在艺术手法上有何独特之处？（提示：全诗用想象、夸张手法来构筑一个梦境。点拨学生这是"虚笔"，为下节课作铺垫）

● **补充信息**

"虚"与"实":"虚"原指绘画艺术中笔画稀疏的部分或空白部分,给人以想象空间,让人回味无穷。诗歌中的"虚",是指直觉中看不见摸不着,却又能从字里行间体味出那些虚象和空灵的境界。"实"原指图画中笔画细致丰富的地方。诗歌中的"实",指客观世界中存在的实象、实事、实境、实情等。

对《梦游天姥吟留别》的题解。

(1)"梦游":借梦境寄托自己的思想感情。(题材、想象、虚境)

(2)"留别":自己要走了,写诗赠给留在此地的朋友,与"送别"不同。(题材)

(3)"吟":一种古诗体名称,形式为"歌行体",如《秦中吟》等。(体裁)

三、再读课文

1. 试给整个梦游过程划分层次

(1) 现实天姥(游前):神奇、雄峻。

(2) 梦游幻境(游中):①梦到剡溪:心喜兴浓;②登山途中:见奇闻异;③山顶所见:白天,景象万千,夜晚,惊心动魄,洞外,雷轰电击,洞内,壮丽奇特;④醒来:冷冷清清。

(3) 抒情言志:蔑视权贵,反抗现实。

2. 初步理解本诗主旨

"安能摧眉折腰事权贵,使我不得开心颜"两句是全诗的诗眼,表现了李白蔑视权贵、不满黑暗现实、不卑不亢的叛逆精神。

第 二 课 时

一、导言

上节课学习《梦游天姥吟留别》,我们都为李白笔下那虚幻奇异的世界而叹服。其实每个人都会做梦,"如果你连梦都没有了,那你什么都没有了"。所以在诗词中常常出现梦境。

试回忆与梦有关的诗句,如:

梦里不知身是客,一晌贪欢。(李煜)

夜来幽梦忽还乡,小轩窗,正梳妆。(苏轼)

醉里挑灯看剑,梦回吹角连营。(辛弃疾)

夜阑卧听风吹雨,铁马冰河入梦来。(陆游)

诗人写梦,是否仅仅为了增添梦幻色彩?

梦境因人而异，俗话说"梦是现实曲折的反映"，以上几句反映了对往昔美好生活的回忆。同时在与现实强烈的对比下，表露出忧伤、无奈、矛盾、悲愤之情。这样的梦，显得真切、发人深省。

二、深入理解

（1）齐读本诗，注意诗歌节奏的起伏变化，仔细体会本诗整个虚幻的梦游过程，说说你读到了什么？

从以上对梦境的分析，我们知道文学作品源于生活而又高于生活。李白用梦游形式，创造了一个神仙世界，把这种"虚幻"发挥到了极致，创设了一个虚幻与现实相交融的艺术情境。

（2）为了更好地体会这种虚幻背后的现实，指导学生有感情地朗读部分段落。

（3）思考课后练习二（以诗解诗）辨析诗句，比较两首诗思想感情的异同。

结庐在人境，而无车马喧。问君何能尔？心远地自偏。——陶渊明《饮酒》

且放白鹿青崖间，须行即骑访名山。安能摧眉折腰事权贵，使我不得开心颜！——李白《梦游天姥吟留别》

两首诗显示诗人对现实不同的生活态度。陶渊明注重日常"暖暖远人村，依依墟里烟；狗吠深巷中，鸡鸣桑树颠"与现实的"心远地偏"，展现自己对人生质朴的理解。而李白用瑰丽的想象，造就了一个奇幻的仙境，其目的是在"虚"与"实"中游走，导致虚境与现实造成强烈的对比与落差，以此为最后一吐胸中之块垒蓄足气势："安能摧眉折腰事权贵，使我不得开心颜！"

尽管李白是陶渊明的拥趸，把"狂歌五柳前"作为追求。然而从诗篇上看，在艺术风格、思想感情、人生哲学等方面两者存在较大差异。

（4）背景讨论（以时代解诗）。

第一，结合本诗的时代背景，想一想李白笔下的这个神仙世界是完全虚构的，还是带有现实的影子？

根据教科书的注释，本诗写于唐玄宗天宝三年，即李白被赐金放还的第二年，对于长安的印象，李白多少还是有些留恋的。有研究表明，《梦游天姥吟留别》中的神仙世界其实有着很浓重的长安宫廷生活的影子，你是否同意？

第二，从李白对"梦境"的独特表现，结合前人评价，你是否能感受到"盛唐气象"？

清代诗人贺贻孙曾言："盛唐人诗，有血痕无墨痕；今之学盛唐者，有墨痕无血痕。看盛唐诗,当从其气格浑老、神韵生动处赏之,字句之奇,特其余耳。"

三、拓展

通过课堂交流,我们对《梦游天姥吟留别》有了更深层次的理解。更重要的是,之前所有对"梦境"的解读,都在让我们逐渐走进李白这样一位独特的诗人,感受他的那份不羁和傲骨,也走进他所生活的时代。

不仅诗歌中有梦境,其他文学体裁如小说等也有。《促织》中成子"魂化促织",就是"天子偶用一物"而造成的悲剧。蒲松龄借"梦"反映残酷的社会现实,对当时统治阶级层层压榨百姓提出强烈控诉。无独有偶,这种虚实结合的笔法在诸如《红楼梦》《变形记》等作品中也都有所体现。

有人说过这样一句话:"如果你解释不了一个世界,那就创造一个世界吧。"其实,许多文艺作品就是用亦真亦幻的梦境来创造一个世界,要么逃避人生,要么呼唤自我,要么批判现实。

四、教学反思

《梦游天姥吟留别》是一篇传统课文,每位教师对该诗的理解、教法,都有独特的见解。本堂课的设计思路是在第一课时作了初步、感性的理解基础上,提供一些读诗方法,试图让学生在沉浸文本的同时,感受到读诗有法可循。这样的思考也是秉承"发掘文本价值,提升课堂思索"的宗旨。

另外,有不少课文是用曲折、虚笔的方式呈现的,对高一学生来讲,有时理解起来确有难度。此处选了具有代表性的《梦游天姥吟留别》一文,通过虚幻梦境,去看诗人实实在在的感情、志向、人格、处境及时代等。而这种由虚入实的写法,对同类文本的阅读具有借鉴作用,如《促织》《变形记》等,都可以用这样的思路来深刻领会荒诞背后的现实。

在课堂设计上,首先"入得其中",即在大家查阅李白生平资料的基础上再读文本,理解梦境所起的作用;其次,"出乎其外",即在对诗歌有了进一步解读后,再来看李白、看时代,这是一个双向的过程。

当然,对高一学生来说,学习诗词还是主要以感悟为主,我们所做的所有的课堂实践和探索,都是为学生今后形成独具个性的鉴赏做准备。所以课上所提到的"以人解诗""以诗解诗""以时代解诗""以评论解诗"只是在学生的感悟基础上加以概括,并非强调概念。只是给学生一点抓手,一点方向,让他们知道如何筛选信息。同时,也为以后阅读杜甫及白居易的诗歌作铺垫。

锦心绣口，白骨梳妆

——杜牧《阿房宫赋》教学设计

华东师范大学第一附属中学　张婧婧

◎ 教学目标

（1）通过学生的朗读与仿写，体会本文铺陈的语言特点；读写结合，走进文本，感受中国古典诗文的精致，领悟母语的优雅和表现力。

（2）掌握本文借古讽今的艺术表现手法及其效果，启发学生运用历史的眼光来看待历史遗迹。

（3）掌握本文的基本词类活用现象。

◎ 教学重点、难点

（1）体会本文铺陈的语言特点，梳理文章结构。

（2）走进文本，搭建阶梯，引导学生品味和仿写。

◎ 教学过程

一、导入

（一）写作背景

本文写于唐敬宗宝历元年（825 年）。杜牧在《上知己文章启》中说："宝历大起宫室，广声色，故作《阿房宫赋》。"这篇赋借写阿房宫的兴建和毁灭，揭露了秦朝统治者的穷奢极欲，并借古讽今，阐述了天下兴亡的道理。

（二）提问

一句"秦时明月汉时关"，引起了无数人对这两个古老王朝的无限回忆和遐想。唐代的杜牧想起的是阿房宫，那么对于秦王朝，同学们会想起哪些人和事呢？如：

长城和孟姜女——长城的伟大,以及巨大代价,秦的苛政;

秦始皇陵兵马俑——其庞大与精美,震惊世界。财宝无数,令人遐想。

学完本文,也许同学们也能用一种历史的眼光来看长城和秦始皇陵,也能用杜牧一般的锦心绣口来描摹它们,并能说出自己的思考和感悟。

二、梳理结构,明确主旨

通过预习,同学们已经借助注释通读了全文。你觉得本文大致可以分为几个部分?作者这样写的目的是什么?

本文大致可以分为两个部分:一、二自然段是对阿房宫建筑之奇的极尽描摹;三、四自然段是诗人杜牧的思考。结构清晰,第一部分的描摹为第二部分的议论服务,展现秦王朝的穷奢极欲,然后顺理成章地提出作者的观点:借古讽今,即借六国和秦灭亡的历史,劝诫统治者要吸取教训。

理清了本文的结构,接下来我们就顺着作者的思路来领略这篇不同凡响的千古一赋,领略它极富文采的魅力。

三、走进文本,深刻领悟

顺着梳理清楚的结构,逐段抓住重点句。教师搭建阶梯,引导学生品味和仿写,走进文本,领略它的魅力。

(一)第一自然段

第一自然段中作者对阿房宫极尽描摹,展现它的庞大和奢华。请同学们根据自己的喜好,选取本段中的一至两句换上秦始皇陵或者长城的主题来仿写。可以采用这样的流程:先说说看你选的这句好在哪里?然后给大家读读你的仿写。

1. 仿写资料

始皇初即位,穿治郦山,及并天下,天下徒送诣七十余万人,穿三泉,下铜而致椁,宫观百官奇器珍怪徙臧满之。令匠作机弩矢,有所穿近者辄射之。以水银为百川江河大海,机相灌输,上具天文,下具地理。以人鱼膏为烛,度不灭者久之。——司马迁《史记》

君独不见长城下,死人骸骨相撑拄。——陈琳《饮马长城窟行》

2. 抓手句及仿写

本段中有一些较有特色的句子,教师应抓住这些核心的句子指导学生进行仿写。边仿写,边朗读,充分体会古典诗文的魅力。

"六王毕,四海一。蜀山兀,阿房出。"

1) 仿写指导

本文的开篇之句。"六王毕，四海一。"这是何等的精练，将秦三代君主的上下齐心，励精图治，金戈铁马一句囊括。四海平定之后，统治者却用自己的权力，大起宫室。四川向来以多山著称，境内层峦叠嶂，阿房宫建成时，居然连蜀山上的树木都被砍伐殆尽。以高度的概括和夸张的笔法，引出本文的话题，并为后文写秦的穷奢极欲定下基调。

赋又名四六文，顾名思义，多以四字、六字相间成句。开篇这句两两对偶，既高度概括，又因夸张的笔法而极具气势，是中华文明宝库中的经典名句，充分展示了汉语的精致和非凡的表现力。

下面请同学们根据你对长城或者秦始皇陵的了解，结合老师提供的材料仿写这一句，体会这种高度精致的表达。

2) 仿写展示（板书）

六王毕，四海一。男丁尽，长城成。

六王毕，四海一。长城未成，哭死孟姜。

六王毕，四海一。骊山穿，皇陵成。

六王毕，四海一。穿三泉，皇陵成。

六王毕，四海一。举国涂炭，陵中长明。

六王毕，四海一。皇陵既成，南海鲛泣。

"五步一楼，十步一阁；廊腰缦回，檐牙高啄；各抱地势，钩心斗角。盘盘焉，困困焉，蜂房水涡，矗不知其几千万落。"

1) 仿写指导

从结构上看，文中这句具备了文赋"整散结合"的特色，大大拓展了赋的表达内容，颇有驱赶万卷入文的气势。读起来有强烈的节奏感，使文章富于变化，请同学们散读课文体会。

从形式上看，前三个小分句两两对偶，工巧精致，任何一句单独来看，都是对得极为熨帖的对联，显得锦心绣口。用韵文的方式来表情达意也是中华民族特有的一种表达方式，极具特色，显得儒雅而精致，散发出一个古老民族独特的文化魅力。

从内容上看，这一句继续发挥了夸张之能事，将阿房宫建筑的奢华精美一步步铺叙开来，非常有气势，给人非常大的想象空间。

从中心来看，这样努力地展现其奢华，也正是为后文的议论作铺垫，堪称文质兼备。

本句的仿写,同学们可以根据自己的能力,不要求写满完整一句,可以作一联或作一句。结合老师提供的材料,加上自己的思考,酝酿成句。

2) 仿写展示(板书)

初穿骊山,复徙百万。

凿穿三泉,终达地幔。

奇器琳琅,满目珍怪。

精钢为矢,水银做江。

上具天文,下具地理。

巍巍乎,煌煌乎,人鱼膏烛,燃不知其几千万代。

(二) 第二自然段

第二自然段顺应作者在《上知己文章启》中"宝历大起宫室,广声色"的思路,写完"大起宫室"之后,开始写秦始皇的"广声色",描述阿房宫中的声色犬马。从这个思路也不难看出,杜牧虽然写的是历史,但也具有很强的现实针对性,他讽劝唐王的目的也就昭然若揭了。我们继续走近这一段的描写,请同学们根据自己的喜好,挑选中意的句子,继续来仿写。

1. 仿写资料

二世曰:"先帝后宫非有子者,出焉不宜。"皆令从死,死者甚众。葬既已下,或言工匠为机,臧皆知之,臧重即泄。大事毕,已臧,闭中羡,下外羡门,尽闭工匠臧者,无复出者。树草木以象山。——《史记》

2. 抓手句及仿写

"明星荧荧,开妆镜也;绿云扰扰,梳晓鬟也;渭流涨腻,弃脂水也;烟斜雾横,焚椒兰也。"

1) 仿写指导

作者用大胆的想象和夸张,描摹出秦始皇姬妾的人数众多。美人姿态千千万万,宫中生活亦各有特色。作者不选封后大典,不选佳节赏玩,不写丽人水畔,却特别挑选宫人梳妆这一独特的场景来写,写得非常有生活气息,画面感十足。梳妆乃是宫人日日重复的平常之事,因而即使是极尽夸张,也让人觉得有趣而具有一定的真实性,是一处匠心独运的细节描写。窥一斑见全豹,帝王的声色犬马自然可见可想,这就是好的表达言有尽而意无穷的境界了。对于本句的仿写,同学们也可以写一联,或写一句。

2) 仿写展示(板书)

阿房宫里,朝歌夜弦。始皇陵中,白骨梳妆。

一肌一容,归尘归土。绿云不再,何必梳鬟。

缦立远视,骨不胜衣。不得幸者,如何以三十六年计。

自古红颜变白骨,怎见白骨生红颜。

"鼎铛玉石,金块珠砾。"

1) 仿写指导

在上文洋洋洒洒的铺叙结束之后,有力收束,这两句在这里颇有"一夫当关,万夫莫开"的气势。文章在这里又一次展示了行文的节奏感,使得铺叙不显冗长,华丽而不绵软。真可谓字字珠玑,增一字则多,减一字则寡。同学们在仿写的时候,也很有必要学习这种对于铺叙的有力收束。能放能收,才能舒展自如,享受为文的乐趣。

2) 仿写展示(板书)

人山人海,车水马龙。

这两句已经精炼成为成语,后人很难模仿,但是我们可以学会运用这些成语来增添自己文章的文采和内涵。成语言简意赅、生动贴切,使用得当,往往能得到言有尽而意无穷的境界。运用成语,往往也能起到收束上文的作用。

经过前一阶段的热身,同学们已经渐入佳境,充分地享受到了其中的乐趣。对于什么是字字珠玑有了更为切身的感受。

(三) 第三自然段

在描绘了阿房宫中的声色犬马之后,作者似乎也被自己笔下的这种奢华所打动,所感所想,喷薄而出。第三自然段,对于帝王的骄奢淫逸,批评之意,不在话下。全段由描述转为抒情和议论。

1. 仿写资料

圆明园不仅汇集了江南若干名园胜景,还创造性地移植了西方园林建筑,集当时古今中外造园艺术之大成。……圆明园内还珍藏了无数的各种式样的无价之宝,极为罕见的历史典籍和丰富珍贵的历史文物,如历代书画、金银珠宝、宋元瓷器等,堪称人类文化的宝库之一,也可以说,它是世界上最大的博物馆之一。……在一处厢房里有堆积如山的高级绸缎,据说足够北京居民半数之用,都被士兵们用大车运走。……有几间房子充满绸缎服装,衣服被从箱子拖出来扔了一地,人走进屋里,几乎可遮没膝盖。……圆明园废墟凡能作建筑材料的东西,从方砖、屋瓦、墙砖、石条,到地下的木钉、木桩、铜管道等全被搜罗干净,断断续续拉了20多年!(圆明园——百度百科)

2. 抓手句及仿写

"使负栋之柱,多于南亩之农夫;架梁之椽,多于机上之工女;钉头磷磷,多

于在庾之粟粒;瓦缝参差,多于周身之帛缕;直栏横槛,多于九土之城郭;管弦呕哑,多于市人之言语。"

1) 仿写指导

本文以不容辩驳的口气,把六个比喻句用排比的方式串联在一起,每一联中又各是一组鲜明对比,将帝王放在与天下黎民针锋相对的位置。在排比上气势压倒一切,在对比上批判鲜明,在比喻上生动形象,将这三种修辞手法运用到了极致,具有很强的文学色彩。

同学们可以学用这种方式,增添文章文采的同时又增强了文章的说服力,一举两得。对于本句的仿写,同学们也请根据自己的能力,或写一联,联句成章。

2) 仿写展示(板书)

使陵中白骨,多于黎民之糟糠。

鱼膏之烛,多于宗祠之香烛。

精钢之矢,多于四方之猛士。

"戍卒叫,函谷举,楚人一炬,可怜焦土!"

1) 仿写指导

这也是一句收束有力的句子,将这个豪华宫殿的结局和盘托出,对于秦王朝的嘲讽之意也昭然若揭。历史总是在不断地重演,圆明园的被焚,既是对清王朝的嘲讽,也是插在国人心中的尖刀。

2) 仿写展示

列强叫,海疆举。万园之园,可怜焦土。

(四) 第四自然段

历史会不断地重演,也总是被不停地重演。唐代的杜牧看到六国的奢华在统一后的秦王朝重演,秦王朝的"大起宫室,广声色"在本朝本代又被上演了,一种历史的感慨自然油然而生,对于历史的思考也就酝酿成熟而述诸笔端,字字切中肯綮。

1. 仿写资料

黄巢造反的时候,部队没粮食了就吃人。但他偏说那不是人,是两脚羊,这样吃起来就心安理得了。——唐末黄巢起义

2. 抓手句及仿写

"使六国各爱其人,则足以拒秦;使秦复爱六国之人,则递三世可至万世而为君,谁得而族灭也?"

1）仿写指导

作者挑选了六国和秦国这样一对既对立更迭，又殊途同归的对象，很好地揭示了要善待人民的道理。

2）仿写展示（板书）

使唐爱其人，则足以拒巢；使巢复爱影从之人，则千秋功业万世功勋，亦指日可待也。

学到这里，同学们通过仿写，既体会到了本文作为文赋的独特魅力，感受到了中国古典诗文的精致，领悟了母语的华美优雅和惊人的表现力，同时又展现了自己的文采，还表达了对于中华民族诸多历史遗迹的人文思考。

四、作业布置

根据课堂所得，仿写"秦人不暇自哀，而后人哀之；后人哀之而不鉴之，亦使后人而复哀后人也"一句。

妙着一字,境界全出

——苏轼《江城子·密州出猎》和陆游《诉衷情》对比阅读

复旦大学第二附属学校　张隽

教学目标

(1) 交流宋词的自学感受,提升诵读能力。

(2) 运用诵读和合作探究的方法,体味宋词蕴含的炼字之美和情感之美。

(3) 在理解作者爱国情怀的基础上,思考理想追求与坎坷的矛盾,树立积极的人生观和价值观。

▶附一　教材分析

刘熙载在《艺概》一书中说:"无意不可入,无事不可言。"苏轼完全突破了"词为艳科"的藩篱,大大开拓了词的意境,通过词表达自己的人生抱负与理想。《江城子·密州出猎》就是一首里程碑式的作品,词中有很多字词值得玩味。比如"狂""卷""倾城""微霜""射天狼"等词语将作者的身世感慨与杀敌报国的壮志豪情交织在一起,韵调铿锵,气势雄浑,境界开阔宏大。陆游《诉衷情》从追忆往昔金戈铁马到迟暮感叹,典故的运用自然贴切,语言凝练晓畅,具有较强的艺术魅力。尤其词中"梦断""尘暗""鬓先秋""泪空流"等苍凉有力,表达了梦想与现实的差异,将一位饱含惆怅、沉郁孤愤的爱国志士形象展现在读者面前。两首词在表达方式、情感主题、艺术特色上有相似之处,将两首词对比阅读,有助于提高学生的理解和鉴赏能力。

▶附二　设计理念

"学会运用多种阅读方法,具有独立阅读能力。"——《义务教育语文课程标准(2022 年版)》

"激发创造潜能,丰富语言经验,培养语言直觉,提高语言表现力与创造力,提高形象思维能力。"——《义务教育语文课程标准(2022 年版)》

"感受语言文字的美,感悟作品的思想内涵和艺术价值,能结合自己的经

验,理解、欣赏和初步评价语言文字作品,丰富自己的情感体验和精神世界。"——《义务教育语文课程标准(2022年版)》

尊重和歌颂母语的诗性品质,立足于语言文字的学习之本,从而提高学生思想文化修养,促进其精神成长。推崇"积极语用",重视在传统的听说读写基础上的思维训练,由知识课堂转向思想课堂。

▶ **附三 方案解说**

(1)关注学情,降低难度。初一年级的学生没有进行过系统的宋词学习,但也有一定的阅读积累。部编版教材九年级下第三单元《江城子·密州出猎》和沪教版教材初二上《诉衷情》都是他们还没有学到的篇目,一节课同时讲解两篇文章容易形成浮光掠影的"浅阅读",所以鼓励学生先通过课外材料进行自读,将学习炼字艺术的目标转换成交流宋词的自学感受。

(2)课型创新,学生本位。从普通的鉴赏诗词艺术的学习课堂转换成包含四个环节的竞赛活动,彰显学生本位理念,让学生通过游戏竞赛的方式快乐学词。

(3)文本挖掘,拓宽思维。核心素养是学生不断学习后慢慢形成的价值观念以及正确的思维品质,通过"知人论世"的学习方法,拓宽学生的思维外延,运用批判的眼光全面看待文本的艺术特征,带领学生透过表象走进作者的内心世界,认识更真实的作家及作品,有助于培养学生思维的完整性。

教学重点、难点

重点:交流两首词的炼字之美,提升诵读能力。

难点:领会炼字手法的妙处,领会词中展示的两种人生观。

▶ **附一 教学方法**

教法:主问题法、点拨法、板块教学法。

学法:诵读法、合作探究法。

▶ **附二 教学准备**

(1)复习宋词相关知识。

(2)查阅并概述两位作者的生平。(从作品篇目、人物评价、重大事件概述等方面入手)

(3)独立梳理词中的重点字词,初步了解大意。

(4)对比两首词的异同点,用彩笔绘制思维导图。

(5)两人合作,对每首词提1~2个问题,并记录下来。

设计说明

培养学生的独立阅读和鉴赏能力,关注学生思维的逻辑性。本环节作为导学案,让学生从两位作家的生平出发,通过分析和评估作家的人生经历、气质个性,从而形成对作品艺术风格的初步鉴赏。运用对比分析的方法,条分缕析地归纳两首作品的异同点,对分析结果进行思维加工,为课堂小组合作学习做铺垫。

◎ 教学过程

一、深情导入,营造氛围

教师配乐导入

在北宋中期,有一位文化伟人,他代表着那个时代的审美精神和文学的最高成就,他就是苏轼。陆游生活在南宋中期,是整个宋代作品流传最多的诗人。苏轼《自题金山画像》说"问汝平生功业,黄州、惠州、儋州"。陆游《病起》说"壮士凄凉闲处老,名花零落雨中看"。两首诗写出了两位大家波澜起伏的人生际遇和无限心酸。那么,在他们的作品里又呈现了怎样的精神气象呢?今天就让我们通过对比阅读《江城子·密州出猎》和《诉衷情》去感知作品里的文字之美和情感之美。

设计说明

提纲挈领地点出这节课的教学目标。运用代表性的诗句展示诗人人生际遇和作品内涵之间的关联,触发学生思维的起点。

二、教学准备,解疑答惑

(1)教师宣布本节课分四个环节,以比赛方式进行,并介绍参赛队伍和评委。

(2)公布在第一环节中获奖的小队,并展示学生用彩笔绘制的思维导图,简单总结学生课前自主质疑的问题。

设计说明

鼓励学生通过自主质疑和合作质疑进行自学。优秀的思考者会从问题入手,延展问题的层次性。通过自主思维,保持思考的独立性,在自己的认知领域里设置独有的逻辑系统,便于后期和别人思维特质的交汇。

三、对比鉴赏，品评词境

（一）品析与鉴赏

1. 品析

（1）教师出示话题："在这首词中，我认为用得最妙的字词有……原因是……"

（2）学生分成两个小组找出两首词中自己认为最妙的一个字，并讲述妙在何处？（教师点拨）

设计说明

紧扣重点字词，引导学生用重锤敲打，使其中包含的思想感情溅出耀眼的火花，照亮学生的心灵，引起共鸣。余党绪老师认为"鉴赏是一种重直觉、穿透形式，知内涵的手法，强调整体的感受"。学生先通过分析对文本做出评价，在大脑里形成积极或消极的情感，并通过自己的语言表达出来；再通过彼此之间的交流，对自己已有的认知进行控制和调整，联结成丰富的情感体验，由单一的情感倾向汇聚成多元丰富的体验，在交流中形成对同伴观点的认同。三个机制不停地互相作用，形成动态的相互关系。

2. 拓展

教师补充知识卡片"炼字趣话"（测试学生对诗词中炼字手法的品鉴能力，也作欣赏之用）。古人写诗作词，字斟句酌，常常"吟安一个字，捻断数茎须"（卢延让《苦吟》），这就是炼字。例如：

鸡声茅店月，人迹板桥霜。——温庭筠《商山早行》

枯藤老树昏鸦，小桥流水人家。——马致远《天净沙·秋思》

知否，知否？应是绿肥红瘦。——李清照《如梦令》

苏东坡：轻风摇细柳，淡月映梅花。

黄庭坚：轻风舞细柳，淡月隐梅花。

苏小妹：轻风（扶）细柳，淡月（失）梅花。

设计说明

思维品质的本源在于基础元素的丰富性。如果只在一个平面不停地机械重复，没有更多新鲜的相关概念的诱导，思维再创造功能会减弱，后续的深加工过程就会停滞。所以，要形成丰富的思维构架，分类和整合是必不可少的路径；围绕一个核心要素，让思维呈射线扇面式展开，从一级到多级，形成阶梯式思维模型。所以，要以大量相似概念的枚举，拓宽学生思维的视域。

3. 延伸

收束学生的品析。第一,你读出了一个怎样的苏轼? 第二,你认为陆游可怜吗? 从妙字到绘境,从绘境到抒情,从抒情到知人,把学生的思维引向深处。

设计说明

批判思维反对惰性与惯性,所以学生思维的深度是教学设计中的关键。如何利用问题的梯度,引导学生打破常规思维的藩篱,对文本和课程生成的问题进行解析,形成自己对文本及作者独到的见解非常重要。《江城子·密州出猎》作为宋词中里程碑式的作品,表现了苏轼对建功立业的渴望和为国效力的豪情壮志,"鬓微霜,又何妨! 持节云中,何日遣冯唐?"的发问是否能读出苏轼淡然的不甘和自嘲呢?《诉衷情》中陆游就仅仅是那只"折断羽翼的雄鹰"吗? 仅仅只有"心在天山,身老沧州"的苦痛吗? 未必,也有老骥伏枥的豪情和浪漫。作者的情感是多元的。

(二)经典诵读

教师提问:两首词都体现了诗人深深的爱国情,不一样在哪里呢? 让我们在朗读中去感知吧。

朗读指导:

江城子·密州出猎

老夫/聊发/少年/狂,左牵黄,右擎苍,锦帽/貂裘,千骑/卷/平冈。为报/倾城/随/太守,亲/射虎,看/孙郎。酒酣/胸胆/尚/开张。鬓/微霜,又/何妨! 持节/云中,何日/遣/冯唐? 会挽/雕弓/如/满月,西北/望,射/天狼。

教师提示:该词是东坡的得意之作。"近却颇作小词,虽无柳七郎风味,亦自是一家。数日前,猎于郊外,所获颇多,作得一阕,令东州壮士抵掌顿足而歌之,吹笛击鼓以为节,颇壮观也。"注意重读的字词、拖音、语速和包含的情感。其中上阕描写场面,朗读节奏要稍慢,声音要洪亮,读出出猎的浩大声势;下阕抒发豪情,朗读声调要高亢,显出气势的豪迈。

诉 衷 情

当年/万里/觅/封侯,匹马/戍/梁州。关河/梦断/何处? 尘暗/旧貂裘。

胡/未灭,鬓/先秋,泪/空流。此生/谁料,心在/天山,身老/沧洲。

配乐范读:注意重读字词、拖音、语速以及包含的情感。上阕描写场面,朗读节奏要稍快,读出作者的自信;下阕抒发悲情,朗读声调要低沉,气势豪迈但又因逃离不了的命运而不胜悲苦。

深情演读(最好能背诵):反复诵读名家作品,模仿典范语言。通过诵读培养语感,提高语言能力。

四、智慧碰撞,悟词理

风采演讲。即兴演讲主题:从东坡和陆游谈如何对待理想和现实的矛盾。

设计说明

《义务教育语文课程标准(2022 年版)》强调,课程评价应准确反映学生的语文学习水平和学习状况,注重考查学生的语言文字应用能力、思维过程、审美情趣和价值立场,关注学生学习过程和学习进步。在古诗词教学中,推崇积极语用观,重视在传统的听说读写的基础上的思维训练,将知识课堂转向思想课堂,训练学生的表达能力。尊重和欣赏学生基于独立人格和自由思维的理性评论力。对于苏东坡和陆游两位大家,他们的个性特质与作品的艺术价值是学生思维的落脚点。如何看待两位文化伟人的人生观和价值观也是文本的美育目标之一。他们代表了那个时代昂扬的精神,是一种符号,值得学生穿越时空,通过文本去感知、体验和思考。

五、学法迁移,作业布置

(1)基础作业:赏析苏东坡《念奴娇·赤壁怀古》和陆游《钗头凤》,关注炼字手法。写鉴赏报告,字数不限。

(2)拓展作业:阅读林语堂《苏东坡传》和余秋雨《苏东坡的突围》,做 400字摘抄。

(3)探究作业:"走近文化伟人苏东坡"&"那些关于陆游的诗词"小组合作探究,二选一,准备课堂汇报。

(4)实践作业:自己配乐,朗诵一首自己喜欢的苏轼和陆游的其他词,上交音频文件,自愿参与班级评选。

设计说明

尊重学生差异,扩充学生知识面,增加阅读积累,激发学习热情。第三项探究作业是本节课思维练习的延伸。从《江城子·密州出猎》《诉衷情》到文化伟人的论坛,从单一作品过渡到系列作品的阅读,有助于学生更全面地把握宋词的鉴赏方法和路径,从而激发他们对宋词的探究热情。

▶ **附** 板书设计

《江城子·密州出猎》《诉衷情》对比阅读

篇目	相同点	不同点
《江城子·密州出猎》	炼字之美 典故之妙 爱国深情	气势雄浑,慷慨豪迈
《诉衷情》		壮志难酬,悲愤忠烈

守拙园林好，眷然诗意归

——陶渊明《归去来兮辞》教案设计

华东师范大学第一附属中学　罗莉

教学目标

（1）掌握重点实词、虚词和特殊的文言现象，理解并能自主翻译文中的语句。

（2）赏析文本的"辞赋"语言，学习寓情于景、情景交融的写作手法。

（3）确证陶渊明"隐士"形象的呈现，体会其弃官归隐的复杂心境。

▶ 附一　教材分析

《归去来兮辞》（以下简称《归》）是沪教版必修第五单元的一篇述志辞赋，属于古代抒情散文的一种。从文本内容来看，全文紧扣"归"这个字眼，将叙事、写景、抒情、议论有机结合，是一篇文辞坚定的"归隐"宣言书。

陶渊明一生"五仕五隐"，在"入仕"与"归田"的矛盾心理中摇摆起伏。本文在高歌不与世俗同流合污之余，用诗意的语言描绘了作者理想的生活境界，充分表达了作者归隐田园的思想。作者为追求精神自由所做的种种努力，不仅是个人生活的转折，亦是中国文学史上"归隐意识"的创作高峰，而他留给后世的"隐士品格"，恰恰成为中国士大夫理想受挫后的精神标杆。

古诗文阅读，旨在通过阅读经典来感知语感。《上海市高中语文学科教学基本要求》要求学生在阅读文本的基础上，结合作品的思想情感，体会作品内容和表现形式之间的关系，从而获得批判性阅读古诗文的阅读经验。《归》在语言形式上表现为"辞赋"的外观，对应该体式的诗意特征，呈现出一种情感凝厚的风格。雷·韦勒克、奥·沃伦在《文学理论》中表示：一部文学作品最明显的起因，就是它的创造者"作者"。由此，选择从"知人论世"的角度来解读作品，不失为一种直击要害的文本阅读与研究方法。

匹配《普通高中语文课程标准（2017 年版 2020 年修订）》中"思维发展与提升"的要求，此处拟以学生理解作者的"隐士"形象为切入口，辅以逻辑性，以任务活动的方式逐步挖掘学生的辩证思维,探索有效的语文教学范式。

▶ 附 学情分析

进入高中以前,陶渊明的《桃花源记》为初中语文的必修篇目,因此学生对陶渊明的印象与身世背景有一定的了解。但阅读这一类具有代表性意义的古诗文作品,高中阶段应逐步在思路上开拓一种境界,引导学生从批判性的角度对作品进行阅读与鉴赏。

鉴于此,本课将引导学生开展探究性学习,以《归园田居·其一》及《归去来兮辞·并序》作为参考资料,让学生透过诗人的形象特点去深入理解文本所传递的人生志趣,重点在于引导学生领悟诗人返璞归真的人生志趣与人生境界。

◦ 教学重点、难点

重点:感悟文本的语言特点,赏析情景交融的写作手法。
难点:确证作品呈现隐士形象的方式,体会作者抒发的复杂情怀。

▶ 附 任务学习

本课的设计试图克服学生以往的认知思维模式,尝试让其以思辨性的思维路径领悟诗人返璞归真的人生境界与趣味。具体如表1所示。

表1 《归去来兮辞》学习任务

学习任务	教学内容	课时安排	教学主题
任务一: 掌握文言基础,梳理文本概要	《归去来兮辞》 《归园田居·其一》	第一课时	梳理字词,扫清障碍,感知辞赋作品中语言的具体表征; 结合其他作品,梳理文本大意
任务二: 体会知人论世的重要性,学习"质疑—确证"的辩证思路	《归去来兮辞·并序》 《归去来兮辞》	第二课时	就作者的形象进行思辨性的探索; 提出"质疑"思路,发掘"求证"过程,明确文章中心主旨

◦ 教学过程

第 一 课 时

一、导入

解题:归去来兮。"来",助词,无义,可理解为语气词"喽";"兮",古代诗词赋中的助词，相当于"啊""呀"。"来兮"两个表示感叹的语气词连用，体现出诗人对"归"的迫切与向往。

文体：辞。辞是介于散文与诗歌之间的一种文体，因起源于战国时期的楚国，滥觞于骚，故称"楚辞体"或"骚体"。本文在内容上注重抒情，富有浓郁凝重的浪漫气息，是一首辞体抒情诗。

二、朗读

（1）跟读：听录音，注意语顿的特点。其中三字句2、1顿；四字句2、2顿；五字句2、3顿；六字句3、3顿或1、2、1、2顿。

（2）齐读：大体以四句为一小节，两句一组。以六字句为主，间有长短句。例如："景/翳翳/以将入，抚/孤松/而盘桓。"

三、梳理

1."归"去哪儿？

（1）迁移。土地平旷，屋舍俨然，有良田美池桑竹之属。阡陌交通，鸡犬相闻（《桃花源记》）。

（2）明确。"归去来兮，田园将芜胡不归。"桃花源的美，是朴素祥和的美，是缤纷绚丽的美，是自然本真的美。田园，是人类生命的根，也是诗人自由生活的象征。"田园将芜"怎可忍受，自然将披星戴月，归去家园。

2. 为何"归"？

（1）引申。

归园田居（其一）

少无适俗韵，性本爱丘山。

误落尘网中，一去三十年。

羁鸟恋旧林，池鱼思故渊。

开荒南野际，守拙归园田。

方宅十余亩，草屋八九间。

榆柳荫后檐，桃李罗堂前。

暧暧远人村，依依墟里烟。

狗吠深巷中，鸡鸣桑树颠。

户庭无尘杂，虚室有余闲。

（2）明确。"少无适俗韵，性本爱丘山。"作者追忆天性淡雅的少年心性，没有什么尘俗的爱好，只是质性自然，喜爱丘山罢了。"开荒南野际，守拙归园田",文字间所描述的"拙",不过是为了守住心中最质朴的善良。而这份急迫的"归"情也只能在田园中实现,归根结底,还在于质性的隽永,崇尚自然适意。

3. "归"程何如?

明确叙事线索:归途—抵家—家中—园中。

(1)家园:雅。"三径就荒,松菊犹存",院子里的小路快要荒芜了,但松树菊花还长在那里。松树傲然不群,菊花素雅淡泊,而雅致家园的背后是品行高洁心性的彰显。

(2)家园:贫。"倚南窗以寄傲,审容膝之易安。""容膝"指仅能容下双膝的小屋,极言其狭小。但作者以己身倚着南窗寄托傲然于世的情志,感悟容膝之处尽管贫困却更易使人心安。

(3)家园:和。"僮仆欢迎,稚子候门。""悦亲戚之情话,乐琴书以消忧。"归家迎面而来的是欢喜的家僮和幼儿,孩子们守候在门前或院子里;在家园里和亲戚朋友一同谈心,一同弹琴读书,一片祥和愉快的家园之景,是难得享受的悠闲自在。

(4)家园:逸。"归去来兮,请息交以绝游。世与我而相违,复驾言兮焉求。""暧暧远人村,依依墟里烟。"归家之后,不再为官场烦忧。家园与世俗远离,心里也自然澄澈透明。

(5)家园:乐。"乐夫天命复奚疑!""羁鸟恋旧林,池鱼思故渊。""狗吠深巷中,鸡鸣桑树颠。"《周易·系辞》云:"乐天知命故不忧。"乐天安命是作者释然解脱的内心写照,作者在文末抒发己志。其实,踏上归途的伊始,陶渊明就如羁鸟终出牢笼,忙不迭地向路人问询前方的道路,只恨天亮得太晚了。而中国人的家园里,"鸡犬"是田园生活热闹欢乐的写照。池鱼终入江湖,催生出他"乐夫天命复奚疑!"的感慨,这就像一种自我疗愈,陶渊明终于重获了他心向往之的自由。尽管"心为形役",但他甘之如饴。

4. 小结

"辞"以"归去来兮"为题,继而喟叹唱咏唤起全篇。文章主要分为三个部分,从抒写归田的决心,到表达归田时的愉快心境,再到归田后的乐趣描写,以充沛饱满的笔势表达了作者归田之志的坚决。本文言辞浅切、畅达,韵脚自然、有序,使旷逸之情沛然显露。

四、小组任务

小组合作进行,每组在课堂承担不同的任务分工,可交流讨论,分享整理。

表2 《归去来兮辞》文言整理清单

《归去来兮辞》文言整理清单	
重点实词	
重点虚词	
通假字	
词类活用	
一词多义	
古今异义	
特殊句式	

五、作业

(1) 完善文言整理清单。

(2) 预习阅读《归去来兮辞·并序》,概括陶渊明选择归去的直接原因。

第二课时

一、导入

归去来兮辞(并序)

　　余家贫,耕植不足以自给。幼稚盈室,瓶无储粟,生生所资,未见其术。亲故多劝余为长吏,脱然有怀,求之靡途。会有四方之事,诸侯以惠爱为德,家叔以余贫苦,遂见用于小邑。于时风波未静,心惮远役,彭泽去家百里,公田之利,足以为酒。故便求之。及少日,眷然有归欤之情。何则? 质性自然,非矫厉所得。饥冻虽切,违己交病。尝从人事,皆口腹自役。于是怅然慷慨,深愧平生之志。犹望一稔,当敛裳宵逝。寻程氏妹丧于武昌,情在骏奔,自免去职。仲秋至冬,在官八十余日。因事顺心,命篇曰《归去来兮》。乙巳岁十一月也。

　　观点思辨:行为无节操而不知羞耻,追求功利而又自以为超脱。——冈村繁《陶渊明新论》

二、探究学习

(一) 梳理文本

1. 为何"归"?

"质性自然,非矫厉所得";"饥冻虽切,违己交病";"于是怅然慷慨,深愧平生之志";"寻程氏妹丧于武昌,情在骏奔,自免去职"。

2. 如何理解冈村繁的观点?

矛盾心理,犹豫不决。陶渊明在序中表明自己家贫、多子,农业劳作不足以供养全家,但又没有其他的营生本领。他非常"坦然"地承认了自己在养家糊口上的无能,似乎不觉得这有什么难以启齿。故而在"亲故多劝余为长吏"的情况下,出任为官,而非本意。得官不久,陶渊明有些悔意,畅快地表达出自己有"眷然有归欤之情",但公田里的庄稼还可等待一稔,待收获时再"敛裳宵逝"也未尝不可。直到"程氏妹"的丧情一出,作者才自免去职,终究踏出了"归"的这一步。

3. "归"离官场的根本原因是什么?

质性自然,非矫厉所得。文中陶渊明为生计所迫,窘困无比,写下此文是一种坦诚;而对于辞职的最终选择,是本性使然,亦是面对自己的坦诚。

(二) 知人论世

1. 人物简介

陶渊明,字元亮,晚年更名潜,字渊明。别号五柳先生,私谥靖节,世称靖节先生。浔阳柴桑(今江西九江)人。东晋末杰出的诗人、辞赋家、散文家。被誉为"隐逸诗人之宗""田园诗派之鼻祖"。

2. 五仕五隐

公元 393 年,陶渊明任江州祭酒,初次为官;公元 398 年,再次为官,成为桓玄的幕僚;公元 404 年,出任镇军参军;公元 405 年,投奔刘敬宜任参军;公元 405 年,在叔父陶夔的举荐下,任彭泽县令 81 天。

3. 人物形象

"既自以心为形役,奚惆怅而独悲?"

"抚孤松而盘桓。""或棹孤舟。""怀良辰以孤往。"

"孤"是孤独,文中三次出现这一字眼,孤以显志,也是对诗人人物形象的合理解说。他的遗世独立,必然需要直面孤独。夕阳晚照,引壶自酌,全然展现了一位孤独的隐士形象。本文的创作完成标志着陶渊明归隐生活的正式确立。对于"仕"与"隐"的困惑,从此完成了最终选择,躬耕陇亩自此成为生活的全部向往,而一代隐逸派之宗也由此流传。(〔屏显〕小隐隐于野,中隐隐于市,大隐隐于朝。)

(三) 探微知著

1.《归》的写景是实写还是虚写?

虚写。此文写于将归未归之时，归途中和归家后的情景乃是诗人"未归前的想象"。

● **补充信息**

"《序》称《辞》作于十一月，尚在仲冬；倘为追述、直录，岂有'木欣欣以向荣''善万物之得时'等物色？亦岂有'农人告余以春及，将有事于西畴''或植杖而耘耔'等人事？其为未归前之想象，不言而可喻矣。"——钱锺书《管锥编》

2. 人教版高中语文教材在单元导读中表示《归》文抒发了作者"回归田园的乐趣"，是回归田园之初激动欣喜之情的自然流露。你如何看待作者的情感体验？

全文从序言开始，除却表明坚定的归心、欢愉的归途，与想象中的美好农事场景外，无不在传递一种内心在"仕与隐"之间的犹豫不决，而这矛盾的心理体验也从文本中一一流露出来，却最终在抉择归去之后归于平静。

（1）"既自以心为形役，奚惆怅而独悲？"

已经认识到过去误入官场的错误，尽管不可挽回，但如今想来未来的事却也还来得及补救。告别昨日的梦想，却也隐隐带来了一丝悲戚的忧愁情绪。

（2）"舟遥遥以轻飏，风飘飘而吹衣。"

归家的船在水上轻轻飘荡，微风吹拂着我的衣裳，在踏上归途时心情愉悦。而细究这些细节，被作者拿来书写的不过是寻常之事，可见官场之旅压抑之深，反而凸显出"乐"与"悲"混杂的情感基调。

（3）"悦亲戚之情话，乐琴书以消忧。"

"悦"和"乐"此处都是意动用法，家园的和乐固然美好，我仍然需要努力去隐藏心间原本的那缕忧愁。"消忧"二字直接明白，揭露作者心中的悲情所在。而后文"善万物之得时，感吾生之行休"，也在感慨万物恰逢繁荣滋长的季节，喟叹起人生起伏，忧从中来。

（4）"登东皋以舒啸，临清流而赋诗。聊乘化以归尽，乐夫天命复奚疑！"

"东皋"或在高岗，或在平旷，诗人在此抒怀，倾诉内心的愤懑与不平。作者大呼一声"已矣乎！"表示对前尘往事的决绝之心，亦获得了内心顺随自然变化，乐天安命的自在心境。

〔屏显〕梁启超：自然界是他爱恋的伴侣，常常对着他笑。

欧阳修：晋无文章，惟陶渊明《归去来辞》而已！

三、小结

东晋的乱世中，陶渊明不为五斗米折腰，诗意地回归家园。这样一位坦然面对现实,坦诚面对自己内心的诗人,确实可称得上是一位质性自然、眷然归欤的躬行隐士。反观当下,能够像陶渊明一般坚守自己精神世界的人已然不多矣。

四、作业

"在一个文化屈从权势的传统中,庄子是一棵孤独的树,是一棵孤独地在深夜看守心灵月亮的树。当我们大多在黑夜里昧昧昏睡时,月亮为什么没有丢失? 就是因为有了这样一两棵在清风夜唳的夜中独自看守月亮的树。"

——鲍鹏山

请写一段文字,结合《归去来兮辞》谈谈你对以上文字的体会与感受。

情理交融，字字真言

——李密《陈情表》教学设计

上海市继光高级中学　金文

◦ 教学目标

（1）积累词句，学习文中重要的文言词句知识。

（2）品味语言，体会"情理交融"的语言智慧。

（3）把握主旨，理解古代士大夫忠直方亮的风骨与操守。

▶ **附　设计说明**

晋代文人李密的作品《陈情表》是一篇写给晋武帝的奏章，言辞恳切，情感真挚，以情动人，以理服人。作者"辞不就职"的背后既有对祖母刘氏的反哺孝情，又有对朝廷知遇的感恩图报，更有对前朝忠贞不二的气节。由于注释翔实，学生阅读此文时字词障碍并不大。对他们来说，有两处把握稍有难度。第一处是文章如何做到融理于情，相较于外显的"情"而言，本文的"理"更为内显。第二处是对士大夫忠贞风骨的理解，由于时代距离、社会背景的差异，学生对此可能会产生一些误解。在教学设计时，应注重引导学生品味语言，在体会本文情感的基础上深入感知逻辑力量，进而结合写作背景理解李密于情理之中所折射出的士人风骨。

◦ 教学重点、难点

重点：体会本文"情理交融"的语言智慧。

难点：理解并体会古代士大夫忠直方亮的风骨与操守。

▶ **附　课前预习**

（1）任务一：借助工具书、课本注释阅读课文，初步疏通文义。

（2）任务二：查阅本文相关的背景资料，说说李密为何会被晋武帝征召。

（3）任务三：结合写作背景和课文内容，简要谈谈阅读中的疑惑。

◉ **教学过程**

一、梳理文言词句，完成分类整理

（1）交流课前学习任务一，合作完成重要词句整理任务单（见图1）。

（2）教师就学生交流中出现的一些错误及疑惑进行点拨和指导，协助学生完成任务单。

图1 《陈情表》文言词句整理任务单

本文注释较为翔实，字词障碍并不多，学生有能力通过合作学习自主疏通文义，并将重要词句进行分类归纳，故以任务单的方式协助学生完成字词积累，并对学过的词法和句法知识加以巩固。

二、呈现阅读疑惑，了解写作背景

（1）根据课前学习任务三，归纳学生读完课文后的疑惑。

问题1：李密很会说话，他到底是怎么一步步说服皇帝的？

问题2：查阅写作背景，发现李密写这篇文章的真实目的是不做晋朝的官，那他在文章里满口的"忠"和"孝"不是显得很假吗？对此，你怎么理解？

（2）根据课前学习任务二，引导学生了解本文的写作背景。

问题3：李密在什么情况下写下了这篇《陈情表》？

司马昭灭蜀，李密沦为亡国之臣。司马昭之子司马炎废魏元帝，史称"晋武帝"。晋武帝企图承继汉代以来以孝治天下的策略，实行孝道，以显示自己清正廉明，同时也用"孝"来维持君臣关系，极力笼络蜀汉旧臣，维持社会的安定。而李密当时以孝闻名士世，正因为如此，他屡次被朝廷征召。而李密作为蜀国旧臣，并不愿意即刻侍奉新朝，但不服从圣旨就意味着性命不保，这将导致祖母无人奉养。正是在这样的情况下，李密写下了这篇《陈情表》。

● 补充信息一

"武帝览之曰：'士之有名，不虚然哉！'乃停召。"——《晋书·李密传》

"嘉其诚，赐奴婢二人，使郡县供其祖母奉膳。"——《华阳国志·李密传》

三、体会本文"以情动人、以理服人"的语言智慧

问题4：从史书记载来看，李密最终说服了晋武帝，实现了自己的愿望。那么李密是如何以陈情而达愿的？（提示：引导学生通过品味语言，对文中抒发情感、阐述理由的语句进行敲打和咀嚼，体会作者的陈情艺术，感受语言背后那份情理交融的智慧。）

问题5：文中哪些词句属于以情动人？

文章从自己幼年的不幸遭遇写起，述说了自己和祖母相依为命的特殊感情，试图以此感动晋武帝。"险衅""夙""闵凶"直接点出自己的悲惨身世。接着以时间为序，讲述自己成长过程中遭遇的种种不幸，强调自己的孤苦。在这种情况下，唯有祖母"悯臣孤弱，躬亲抚养"，成为自己唯一的依靠。而如今，祖母"婴疾病"，也只有自己能够侍奉祖母终老。

文章第二段，作者表达了忠孝难以两全的纠结与痛苦，表达了对晋朝的感激（"沐浴清化""非臣陨首所能上报"），表明了为朝廷服务的急切（"欲奉诏奔驰"）。同时也解释了屡不应召的理由，就是祖母"病日笃"，自己"欲苟顺私情"

但"告诉不许"。"实为狼狈"一句形象概括了自己尴尬的处境,旨在让晋武帝看到自己的两难之痛,从而心生恻隐之情。

问题6:作者又运用了哪些词句来说服晋武帝?

第三段伊始,作者就提出了晋武帝"以孝治天下"的国策,并再次强调自己和祖母的相依为命,表明自己先奉养祖母合情又合理。同时又说自己"少仕伪朝""不矜名节",既表达了自己对晋武帝的忠心,又打消了皇帝对自己心念旧主的猜疑和顾虑。

在第三段充分说明侍奉祖母合情合理的基础上,第四段利用我与祖母的年龄差("臣密今年四十有四,而祖母刘今年九十有六"),顺势提出解决问题的两全之策。那就是先尽孝、后尽忠。至此,作者融情于事,融理于情,情与理互相交融,使文章极具感染力和说服力。

四、感悟真情实感背后的文人风骨

问题7:在预习作业中,也有同学认为,李密是想借孝情达到"辞不就职"的目的,显得有些虚伪。对此,大家有何看法?(提示:在引导学生体会陈情艺术的基础上感受语言背后的真情实感,同时结合相关史料的阅读,引导学生认识到李密"真情"的三层内涵,领悟李密真情之下坚硬的生命内核。)

第一,李密的"真"表现为对祖母的孝情。从第一段中的"未曾废离"到第二段中的"苟顺私情",再到第三段中的"区区不能废远",直到第四段中的"乌鸟私情,愿乞终养","孝"情贯穿全文,字字真言,发自肺腑。在当时险恶的政治形势下,这已不是普通的孝情,而是在艰险中坚持下来的孝情,这也是打动晋武帝的重要因素之一。

第二,李密的"真"还表现为对诺言的信守。从史料记载中可以看到,祖母去世后,李密答应了君主的征召,入朝为官,兑现了自己在《陈情表》中的承诺。

第三,李密的"真"还表现为对自己内心的坚守。深谙为官之道的他,面对政权更迭所展现出的是一位士大夫内心的忠直方亮,以及不曲意逢迎的风骨与节操。这点可以从他出仕晋朝后因耿直得罪权贵而遭降职的事例中获得印证。

● 补充信息二

"以孝谨闻,刘氏有疾,则涕泣侧息,未尝解衣,饮膳汤药,必先尝后进。"——《晋书·李密传》

"后刘终,服阕,复以洗马征至洛。"——《晋书·李密传》

"而贵势之家惮其公直……性方亮,不曲意势位者,失荀、张指,左迁汉中

太守。"——《华阳国志·李密传》

所以，正如后人评价的那样，李密的《陈情表》"纯是一片至性语""俱从天真写起，无一字虚言驾饰。"（林云铭《古文析义》）"历叙情事，俱从天真写出，无一字虚言驾饰。"（吴楚材、吴调侯《古文观止》）

五、教师总结

我们通过语言的品味，感受到了李密融情于事、融理于情的语言智慧，也体会到了他情感的真挚与恳切。在委婉曲折的表达中，我们更能感悟到古代士大夫身上特有的风骨与操守。

六、课后作业

宋代学者赵与时在《宾退录》中说："读诸葛孔明《出师表》而不堕泪者，其人必不忠。读李令伯《陈情表》而不堕泪者，其人必不孝。"读完《陈情表》后，请说说你对这句话的评价。（提示：引导学生重温课内所学，同时进一步将课内所学迁移到课外，依据新的材料对《陈情表》的思想内容继续作深入探究并发表看法。）

▶ **附** 板书设计

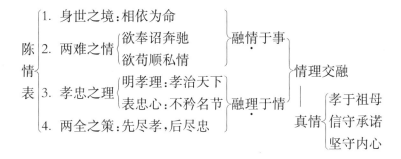

无言山水间的挣扎与超越

——苏轼《赤壁赋》教学设计

上海财经大学附属北郊高级中学　周颖

教学目标

（1）分析作者思想情感的变化过程及其原因。

（2）通过对情景理的反思来推断苏轼有无真正走出精神困境，进一步体会作者复杂的内心世界。

（3）通过比较，深化对作者在逆境中的人生态度的理解，感悟不同文人突破自身精神困境的途径，寻找自我的精神启迪和治愈方法。

附一　文本分析与核心问题

本文以"水、月"为主景，以作者泛舟赤壁过程中的感情起伏为主线，借景抒怀，寓情于理，波澜曲折，妙趣横生，"画意、诗情、哲理"交融于一体，是一篇脍炙人口的文赋佳作。《赤壁赋》在统编教材高一上第七单元，与《登泰山记》作为一组课文，归属于"文学阅读与写作"任务群。这是苏轼被贬黄州游赤壁时写下的名篇。江中泛舟，面对浩渺的长江和英雄沉浮的赤壁，经历人生巨变的苏轼心绪起伏、感慨万千。《赤壁赋》的写景艺术、水月之喻的巧妙固然有很大的艺术吸引力，但是探讨主客对话的思想张力，以及作者内心矛盾的变化过程更是极大丰富了对该作品的深入理解，中国传统儒释道的思想蕴含其中，具有很大的思维空间，是作品的核心价值所在。"水月之辩"无疑增加了其思想的深刻性和丰富性，于是在很多人眼里也就成了苏轼成功融合佛道的例证，但是这是否足以消解旷古之悲情，还是值得思考的。所以《赤壁赋》核心的问题在于引导学生反思在乐与悲的矛盾之间苏轼有无真正消解悲情。

附二　学情分析

高一学生有一定的基本文言知识及文化储备，基本具备借助文中注释和词典自主研习字句的能力，也已经逐步养成了在预习时圈划、标注、质疑、探究的学习习惯,能够与同伴就具体问题展开讨论,在观点交流和信息交换的过程中形成新知。但"赋"这种文体学生接触不多,他们对赋体的特点了解不多,尚不能理解作者为什么要把这次夜游赤壁、泛舟江面的经历用赋的形式表现出来,不了解主与客的问答与对话其实是作者内心两个自我的相互辩驳。而此文文质兼美,情理并茂,将对人生的抽象认识通过欣赏风月、凭吊古人的方式来完成,学生要理解主客雄辩间体现出的作者对人生、宇宙的哲思有一定的难度。

学生学习过《念奴娇·赤壁怀古》,对作者的艺术匠心、曲折而深沉的情感表达有所体会和领悟,以此作为这一课的学习起点,可以更好地帮助学生走入《赤壁赋》中作者的内心世界。

◎ 教学重点、难点

重点:分析作者思想情感变化的原因。

难点:通过对情景理的反思来推断苏轼有无真正走出精神困境。

▶ 附 课前学习任务

(1) 引导学生借助工具书,疏通文本,扫清字词障碍。

(2) 借助网络搜索资料,了解赋的文体特征。

(3) 有友人请你做向导,一起同游黄州赤壁,请结合你学过的《念奴娇·赤壁怀古》,为赤壁写一段导介词。

◎ 教学过程

第 一 课 时

一、交流课前学习任务成果,唤醒记忆,情境导入

苏轼因"乌台诗案"被贬黄州,一个月内两次游览了黄州赤鼻矶,先后写下《赤壁赋》和《念奴娇·赤壁怀古》。这一环节的设计在于创设情境,激活学生思维,调动学生既有的知识记忆。学生在写导介词的过程中势必会介绍黄州赤壁与苏轼的关系,由此回顾《念奴娇·赤壁怀古》和《赤壁赋》共同的写作背景,以及《念奴娇·赤壁怀古》中对赤壁独特的景色描写,对三国人物的怀想,作者的情思等。这样就串连了新旧知识之间的联系,略同和迥异之间为学生更好地理解《赤壁赋》作了铺垫。

二、立足文本,梳理文章的情感脉络

(1) 从课文中找出体现苏轼夜游赤壁中情感变化的关键词句。

(主)"于是饮酒乐甚"

(客)"客有吹洞箫者,倚歌而和之。其声呜呜然,如怨如慕,如泣如诉"

(主)"苏子愀然"——"客喜而笑"

(2) 结合同学们对赋的了解,明确赋常用的"主客问答、抑客伸主"的表现手法,主与客是作者内心不同的两面,客是作者内心的另一个自我,由此明确作者的情感脉络(乐—悲—喜)。

三、问题驱动,分析作者思想情感变化的原因

1. 齐读课文第一节,分析作者"乐"之原因

(1) 夜色下的赤壁之景有什么特点? 抓住关键词和主要意象进行分析。(徐、徘徊、横、水、风、月)

(2) 作者产生了怎样的感受? 作者夜游赤壁,由澄澈、幽美的景色,饮酒诵诗,产生了自由自在、脱离世俗,欲得道成仙悠然自得的感受,这一切使作者油然生"乐"。

2. 散读课文第二、三节,分析作者为何转乐而悲?

(1)"渺渺兮予怀,望美人兮天一方"体现了苏子怎样的情感?

(2)"客"的箫声中除了能听出低沉之外,还能听出什么?

(3)"客"的箫声为何如此之悲?

明确客的箫声除了低沉之外,我们还听到了"客"的多层次的"悲",似有埋怨、想念、羡慕、沉痛、哭泣、无奈等,原因可以从表 1 分析归纳。

表 1 "客"的箫声之悲的体现

功业空成	桂棹兮兰桨,击空明兮溯流光。 渺渺兮予怀,望美人兮天一方。 固一世之雄也,而今安在哉?
人生短暂	哀吾生之须臾,羡长江之无穷。 挟飞仙以遨游,抱明月而长终。
个体渺小	寄蜉蝣于天地,渺沧海之一粟。

3. 研读第四节,分析作者缘何由悲而喜?

(1) 作者如何借助水与月辩证变与不变的哲理?

这是苏轼辩证思想的体现,作者的立足点在不变之哲理。在苏轼看来,变与不变内在于天地万物,只有转化视角,以不变的眼光去关照,才能发现物与我的一致性与丰富性。作者转变了看待问题的角度,实现了对于困境的超越。

(2)"且夫"一句的议论表达了作者怎样的思考?

通过阐述"取与不取"劝说客人享受当下的美景,不要执著于不属于自己的东西,这是一种破除执念而随缘自适的积极心态。

第 二 课 时

一、反思求证乐与悲的矛盾间作者真正的心态

苏轼有没有真正摆脱悲情? 在前两段文字中,作者确实是转乐为悲吗?后两段文字中,作者确实是转悲为乐吗?启发学生从不同角度、多个层面进行思考质疑,提出自己的观点并论证。

(1)反思作者如何融情于景。

(2)反思探究作者的说理逻辑,形成自己的看法——苏子何以能说服客?(①作者借助水与月阐述变与不变的哲理;②思考"且夫"前后两层议论之间的关系。)

认为苏轼没有真正摆脱悲情的同学可以从如下角度反思。

一开始景色虽幽美,却难以掩盖诗人的伤悲。"白露横江,水光接天。"营造朦胧氛围也是内心迷茫的投射。"纵一苇之所如,凌万顷之茫然",一叶小舟漂泊在广阔无际的江面上,更让人觉得自己的渺小和孤独,"茫然""不知其所止"透露出对苏轼未知的人生道路的忧愁,紧接着下文的"扣舷而歌",实际上是作者遭受贬谪后心结的表达,可见这里的景色虽澄澈优美,实际上却是以乐景衬哀情。

可以指出作者在说理逻辑上有偷换概念之嫌。客的伤悲在于物之长存与人生短暂的根本问题。而作者论述"盖将自其变者而观之",是把生命个体等同于生命最小单位,"自其不变者而观之"是把个体的我与作为群体的我们也就是群体生命画了等号。所以说苏子是以转移话题的方式,让人产生了说服客人的假象。苏子与客其实是苏轼内心思想对立的两个方面,所以充其量是作者的自我安慰,并没有真正得到内心的愉悦。

认为苏轼有真正走出悲情的同学可以从如下角度反思。

"而又何羡乎"这一句有强烈的反诘性。根本无需羡慕长江的无穷,作者通过反问语气使自己的情感凸显出来,表达了苏轼此时此刻的自省和自慰,使

自己从痛苦中摆脱出来，也深情提醒"客"要从多愁善感中走出来。

"且夫"一句让苏子的说理更充分，更有说服力。苏子的两层互有关联的论述，后一层论述从变与不变的问题引向了立足当下，享受当下的美景，体现了一种破除执着而随缘的思想态度。有这样一种务实的态度，体现了他面对不如意的人生也能保持一份平常而积极的心态。前一层着重破除客人的悲情，后一层着重树立客人的欢乐情绪，先破除后建立，作者的说理很充分。

另外，后一层也是前一层蕴含佛道思想的生活化和具体化。因为前后两层不但先破后立，而且体现了从哲理到生活的贯通。所以他真正劝服了内心的另一个声音，获得了质朴而饱满的欢乐。

教师总结：苏轼"困境"的根源，其实质是儒家"兼济天下"的责任感和使命感，而寄情自然，转变思考角度，正是道家和佛家思想融入的体现。客，也就是苏轼心中的另一个自我，其有没有真正被说服，苏轼有没有真正走出悲情，获得彻底的解脱，可能只有苏子心中最清楚。但这种随缘自适、疏旷放达的心态即使不能彻底让苏轼走出悲情，也应该让他获得了一点暂时的解脱。

二、通过比较，深化理解寻找自我的精神启迪和治愈方法

分析姚鼐的登山之悟：①补充姚鼐登山的背景，姚鼐登山有哪些不寻常之处？②明确姚鼐遭遇困境后的人生态度。

姚鼐参与编纂《四库全书》，纪晓岚是总纂官，而姚鼐只是普通编纂者。面对意见的不合，他没有进行抗争，而选择辞职，主持书院，教书育人。登泰山的历程就是姚鼐面对不公正人生的选择，面对困境，他敢于主动突破自己，突破传统，另寻一番天地。

结合两者对你的启发，谈谈遭遇困境，你会怎么做？

此环节的设计在于引导学生反思两种突破自身精神困境的不同途径的现实意义，言之成理即可。也许在不同的困境面前我们有不同的选择，面对困难我们的出路有多种，坚持也好放弃也好，都是一种智慧。

三、课堂小结

（1）面对困境，苏轼随缘自适、疏旷放达的心态通过这篇赋充分表达出来。

（2）学会思辨，学会反思。

（3）我们要寻找突破自身精神困境的途径，寻找自我的精神启迪和治愈方法。

四、作业布置

课外阅读余秋雨作品《苏东坡突围》,结合《前赤壁赋》和《念奴娇·赤壁怀古》,写下你对"优美的诗文,是对凄苦的挣扎和超越"一句的理解,500 字左右。

入世与出世，离合与圆缺

——苏轼《水调歌头》教学设计

上海市第五十二中学　庞春子

教学目标

（1）知识与技能：体会词人借意象抒情的艺术手法。

（2）过程与方法：通过朗读、讨论、鉴赏等方法，把握词的意象，感受词作的意境。

（3）情感、态度与价值观：鉴赏本文的情感美、理趣美，培养诗词兴趣和文学素养。

教学重点、难点

重点：①体会词人借意象抒情的艺术手法；②通过朗读、讨论、鉴赏等方法，把握词的意象，感受词作的意境。

难点：感受本词的情感美、理趣美。

教学过程

一、导入

有人说，中国人随便拿起一本古人的诗集，抖一抖，叮叮当当地会掉下好多"月"字来。千江有水千江月，掬水在手月在手。于是千里婵娟是月，云破弄影是月，芦花深处是月，小楼吹笙是月，好诗多在明月中，诗人都喜欢用月亮来抒发情怀、寄托情感。

苏轼的这首《水调歌头》在《人民日报》40首最受喜爱的诗词评选活动中，拔得头筹，排名第一，绝非浪得虚名。那么这首词的魅力何在？它为何会有流芳百世的魅力呢？

二、诵读感知

请两位同学朗读此词，其他同学从语音、语调、语速等方面来点评。要求：①字正腔圆地读，注意"阙""不胜""绮"等字音的准确；②有板有眼地读，体会声音形式的有板有眼，提醒注意朗读中的停顿与节奏；③有情有味地读，要求读出味道与感觉来。

三、品赏探究

（一）情感美

主问题：找出你认为最富有表现力、最能够表明作者情感的词句，自主探究，并尝试分析，然后在小组内交流。（教师点拨）

学生分小组讨论以下问题：①为什么作者与弟弟不能团圆？②作者是怎样通过"月"表达了丰富的情感的？

1. 生生交流

当时朝中新党执政，苏轼、苏辙兄弟两人均受排挤，苏辙在齐州任职，苏轼在杭州任职。两年前，苏轼舍弃湖山秀美的杭州，自请调任密州，就是为了与在齐州的弟弟离得近些。

他们兄弟情深，政见一致，极为相得。苏轼曾说"与君世世为兄弟，共结来生未了因"。父母俱逝，家山万里，爱妻早卒，儿女幼小，他在人世间的知心者惟有弟弟一人，正所谓"四海一子由"。

到密州后，"咫尺不相见，实与千里同"，困于职守的兄弟俩，仍是虽近犹远。值此亲人团聚的中秋佳节，苏轼倍思爱弟，把酒问天，望月怀人，写下这篇千古传诵的词作。

2. 生生交流、师生交流

问月："不知天上宫阙，今夕是何年"，对比天上宫阙和人间生活。传说天上一夕，世上百年，所以虽知人间日月，却不晓得天上是什么日子。这是以时间的差异表现天上与人间的矛盾。

赏月："我欲乘风归去，又恐琼楼玉宇，高处不胜寒"三句，意为自己本想像神仙一样乘风回到天上，可是又怕经受不了月宫的寒冷。这三句以对温度的感觉，写人的心理倾向，既逸兴遄飞，又有所顾虑，不无担忧。

赏月："起舞弄清影，何似在人间？"把虚幻的天上与真实的人间进行对比之后，词人否定天上，选择人间。苏轼通过想象，流露出"宇宙意识"，但最终还是儒家积极入世的思想占了上风，对悲喜苦乐的人间岁月、俗世生活倾注了更大的热情。

3. 教师总结

上阕从问月到赏月，由向往月宫到月下起舞，表达了词人的清高襟怀、身世之感和思想矛盾。下片从赏月到问月，由人之悲欢离合到月之阴晴圆缺，抒发了对弟弟的思念之情。最后两句，把对亲人的绵绵思念化作美好的祝愿，又表达出词人开朗乐观、豁达豪放的情怀。

"不知天上宫阙，今夕是何年"以下数句，笔势夭矫回折，跌宕多彩，说明作者在"出世"与"入世"，亦即"退"与"进"、"仕"与"隐"之间的抉择上深自徘徊的困惑、矛盾心态。"转朱阁，低绮户，照无眠"以下几句，实写月光照人间的景象，由月引出人，暗示作者的心事浩茫，笔致淋漓顿挫，表面上是恼月照人，增人"月圆人不圆"的怅恨，骨子里是本抱怀人心事，借见月表达作者对亲人的怀念之情。

（二）理趣美

教师：请鉴赏词中蕴含人生哲理的句子。

生1："人有悲欢离合，月有阴晴圆缺，此事古难全。"它将人世的聚合离散看作明月的阴晴圆缺，两者都是自然的常理，非人力所能左右，是人生无法克服的遗憾。正因为蕴含了人生哲理，这句词也成为千古名句。

生2："但愿人长久，千里共婵娟。"这是关于祝福的流传千古的名句。词人终于以理遣情，希望从共赏明月中互致安慰，离别之憾可以从兄弟友爱中获得补偿，这样也能做到"不应有恨"了。这句与上阕的结束句"起舞弄清影，何似在人间"一样，以美好的境界结束。

教师："人有悲欢离合，月有阴晴圆缺，此事古难全"三句，是对离合圆缺矛盾的思考和感叹。苏轼深知人生是无法绝对圆满的，正如月亮"一夕成环，夕夕都成玦"，这是一个自古及今，世代皆然，谁也无法解决、无法避免的永恒困惑和遗憾。既然如此，那就祝愿彼此健康平安，远隔千里共享这美好的月光吧！这也是一种欣慰。用"但愿"领起，情意更为深厚，所以，牵挂，也是一种美。由此，更见其旷达的心态。

纵观全词，词人把政治上"入世""出世"的矛盾与情感上"离合""圆缺"的矛盾，化解于既热爱人生又善处人生的执着、旷达与睿智之中，挥写出"逸怀浩气超乎尘垢之外"的千古名篇，体现了理趣美。

所谓理趣美，就是运用风趣的手法进行说理，使读者在领悟道理的同时，感受到一种真切而生动的艺术美。把理和趣有机统一到水乳交融的境界，能够感发读者的审美趣味，也就是现在常说的"形象说理"。

教师：请同学们分小组鉴赏有理趣美的诗词。

小组一：

苏轼《题西林壁》"横看成岭侧成峰，远近高低各不同。不识庐山真面目，只缘身在此山中"告诉我们："要想认识事物的本质，必须全面客观地把握、冷静地分析，才能不被局部现象所迷惑。"也就是我们常说的一句俗语："当局者迷，旁观者清。"

苏轼《赠刘景文》"荷尽已无擎雨盖，菊残犹有傲霜枝"，用荷花衬托菊花，表现菊花傲霜的坚毅品格。诗人借此勉励朋友珍惜大好时光，乐观向上、努力不懈，切不要意志消沉、妄自菲薄。

苏轼《春夜》"春宵一夜值千金，花有清香月有阴"。千古传诵的名句，人们常用来形容良辰美景的短暂和宝贵。

小组二：

苏轼《正月二十日与潘郭二生出郊寻青》"人似秋鸿来有信，事如春梦了无痕"表达了人生无常、安危难料的深切感叹，言外有珍惜人生之含义。

王之涣的《登鹳鹊楼》，"欲穷千里目，更上一层楼"是千古传诵的名句，它形象地提示了一个哲理：登高，才能望远；望远，必须登高。

陆游的《游山西村》"山重水复疑无路，柳暗花明又一村"。本联寓深刻的哲理于自然景物的描绘中，比喻困境中也往往蕴含希望。

小组三：

叶绍翁《游小园不值》"春色满园关不住，一枝红杏出墙来"蕴含的哲理是，一切新生、美好的事物是封锁不住、禁锢不了的，它必能冲破任何束缚，蓬勃发展。

卢梅坡《雪梅》"梅须逊雪三分白，雪却输梅一段香"告诫我们，人各有所长，也各有所短，要有自知之明，取人之长，补己之短，才是正理。

朱熹《观书有感》里的"问渠那得清如许，为有源头活水来"借水之清澈，是因为有源头活水不断注入，暗喻人要心灵澄明，就得认真读书，时时补充新知识。人们也用这两句诗来赞美一个人的学问或艺术的成就，自有其深厚的渊源。只有思想永远活跃，以开明宽阔的胸襟，接受种种不同的思想、鲜活的知识，广泛包容，方能才思不断，新水长流。这两句诗已凝缩为常用成语"源头活水"，用以比喻事物发展的源泉和动力。

小组四：

杜甫《秋野》："水深鱼极乐，林茂鸟知归。"水深，鱼儿自然感到快乐；林茂，鸟儿愿意回来安栖。从中体会到环境影响的重要。

孟浩然《望洞庭湖赠张丞相》"坐观垂钓者,徒有羡鱼情",坐着看那些垂钓之人,可惜只能空怀一片羡鱼之情。指空想旁观不如实干。

刘禹锡《酬乐天扬州初逢席上见赠》"沉舟侧畔千帆过,病树前头万木春"原意为翻覆的船只旁仍有千千万万的帆船经过,枯萎树木的前面也有万千林木欣欣向荣。运用比喻,借用自然景物的变化暗示社会的发展,蕴含哲理,现多指新生事物必然战胜旧事物。

教师总结:诗歌贵有理趣美,是诗歌创作和诗歌欣赏的重要特色,在作者,要把诗的立意与艺术形式和谐完美地统一,在读者,要做到在欣赏诗的艺术美的同时,敏锐而深刻地领悟诗中所寓含的道理。只有这两方面有机地统一,才能将诗歌的理趣美发挥得淋漓尽致。

本词上半阕写饮酒问月,由幻想超脱尘世,转化为喜爱人间生活。下半阕写对月怀人,由感伤离别转为探求人生哲理,进而表达对离人的祝福。全词深沉婉曲,流转自如,情景交融,以美丽的想象、明睿的哲理,创造出幽深高远的境界,表达出作者旷达的胸怀和乐观的情致,具有强烈的艺术感染力。本首词之所以如此著名,是因为在苏轼的这首诗词里,不但意境超然,且气势磅礴,更加值得赏析的是它所饱含的深刻感情与哲理同在。

四、延伸拓展

在遭遇仕途困顿时,苏轼善于从自然、宇宙中找到处世哲理。下列词句中你更欣赏哪一句,并给出理由。

回首向来萧瑟处,归去,也无风雨也无晴。

————贬谪黄州时作《定风波·莫听穿林打叶声》

试问岭南应不好,却道,此心安处是吾乡。

————远贬岭南时作《定风波·南海归赠王定国侍人寓娘》

长恨此身非我有,何时忘却营营。夜阑风静縠纹平。小舟从此逝,江海寄余生。

————谪贬黄州时作《临江仙·夜饮东坡醒复醉》

借题写己，穷工极妙

——王安石《游褒禅山记》教案设计

华东师范大学第二附属中学（宝山校区）　施雯

● 教学目标

（1）理解本文的说理逻辑。

（2）领悟成功之道的必备要素。

▶附　教材分析

公元 1051—1054 年，王安石任舒州（现安徽潜山）通判，1054 年 4 月，辞职回家探亲，在归途中游览了山峦起伏、有泉有洞、风景秀美的褒禅山，同年 7 月以追记形式写下此文。

随着宋代理学兴起，文人更多地以理性的目光关注自然风景，审视自己的人生，在自然中悟出哲理，在游览中寻求理趣。《游褒禅山记》从表面上看是一篇游记，但对风景的描写较少，议论较多。王安石游览后洞未深入，跟随众人中途离开，因此心生遗憾，此后回想起这件事，生发出了许多思考。

《普通高中语文课程标准（2017 年版 2020 年修订）》强调："语文教育必须同时促进学生思维能力的发展与思维品质的提升。即通过语言运用，获得直觉思维、形象思维、逻辑思维、辩证思维和创造思维的发展，促进深刻性、敏捷性、灵活性、批判性和独创性等思维品质的提升。"于漪老师曾指出："语文教学的核心是从学生实际出发，按照教学大纲的要求，对学生进行语言训练。教师在对学生进行语言训练的同时，必须大力发展学生思维的能力。"学会以语言为工具进行思维，并把思维的结果用语言表达出来，语文就是以语言为工具进行思维和表达的学科。本文的议论具有一定的哲理性，王安石思考的过程层层深入，更是值得学生探究品读。教师应引导学生跟随王安石的思考路径来理解他的说理逻辑，领悟无论是治学还是处事，除了要有一定的物质条件外，更需要坚定的志向和顽强的意志力，要有"深思而慎取"的态度，而不是浅尝辄止、人云亦云。

◉ 教学重点、难点

探究作者"尽志"的内涵与"慎取"的人格魅力。

▶ **附 课前预习任务**

（1）结合教师提供的素材，了解王安石的生平。

（2）提出自己的阅读质疑。

◉ 教学过程

一、朗读

要求学生个别朗读，配乐集体朗读。

设计说明

朗诵有一种渲染情境的魅力，对加深学生领会文中的思想情感、逻辑结构以及培养学生口头表达能力都有重要作用，文言文的教学中更是要做到反复诵读。

二、整理概括王安石的所得

教师提问：我们曾学过很多游记，游记通常将在游览过程中见到的奇风异景作为描写的重点，王安石的《游褒禅山记》在景色上用笔是"轻描淡写"的，没有精描细绘褒禅山的绮丽风光和怡人感受，而是极其简洁地介绍了山名的由来，叙写了三处景致：一座禅院、一个山洞和一块仆碑。《宋史·王安石传》中称他的古文"议论奇高，能以辨博济其说"（广博的议论来成就他的说理观点）。请同学们来概括总结一下，王安石在游览之后，发表了哪些奇高的议论，他有怎样的所得？

设计说明

本节课是《游褒禅山记》的第二课时，我在梳理了文言文字词句的基础上，将这节课的教学目标定为理解本文的说理逻辑和领悟成功之道的必备要素，所以"整理概括王安石的所得"这一教学活动环节起到了承上启下的作用。让学生回顾所学，才能有新的所想。

三、结合生平，知人论世，探讨所得

教师提问：《游褒禅山记》虽为游记，但之所以成为经典，并不"以目接景"

为务,而是作者内心的反思。下面请结合王安石的人生经历,来说说他在游览褒禅山之后的心得。

- **补充信息**
- 庆历二年(1042年)登进士第,签书淮南判官。
- 庆历七年(1047年)调知鄞(yín)县,兴修水利,贷谷与民,受到爱戴。
- 嘉祐元年(1056年)为群牧判官,后历常州知州、提点江东刑狱等。
- 嘉祐三年(1058年),在度支判官任上,向宋仁宗呈上一封万言书。"安石变法之蕴,已略见于此书",仁宗未理睬。
- 神宗即位,召为翰林学士兼侍讲。
- 熙宁二年(1069年)任参知政事,次年拜相。在宋神宗支持下,制定并推行农田水利、青苗、保甲、免役、市易等新法,使国力有所增强。

明确王安石的"志""力""物"。

王安石的"志",就是他一生所追求的改变北宋"积贫积弱"的局面,使国家繁荣、百姓安康,这个"志"是王安石一生不断追求的政治理想。

王安石的"力"即能力。不仅体现在他年少得志,二十二岁就进士及第,在为官方面也非常出色。在担任鄞县县令的三年时间里,为改变鄞县人民的生存环境,他兴修水利,治理农桑,兴办学校,民习礼乐。

王安石提出要变法还必须有"物以相之",这里的"物"包括时人的支持以及皇帝的赞许。可是当时,即使他具备了变法的能力,宋仁宗并不支持他,时人也多有反对,他不过是一介小官,这让他很困惑、痛苦。作为一位有长远眼光和伟大抱负的政治家,他没有消沉下去,而是在等待时机,在变法宣言中提出"天变不足畏、祖宗不足法、人言不足恤",以此来宣告自己的志向和决心。

设计说明

知人论世是古代文论的一种观念,是鉴赏和评论文学的一条重要原则,在语文教学中是一个传统的教学方法,它在帮助学生理解文章主旨,激发阅读兴趣,培养审美情趣,了解作家写作风格等方面发挥着至关重要的作用。但它也是把双刃剑,学生把握主旨时很容易形成简单化、凝固化的思路,使得理解险隘、浅层,不能从文学作品的本身理解文章。所以,将王安石自考中进士到推行变法这一时期的人生经历作为补充阅读,在课堂上取得了不错的效果,学生的回答不再空洞、浅显。如果能够引导学生自己去查阅资料,去发现,应该更能调动学生的学习主动性。

四、探讨本文的哲思核心

问题一:曾有同学在预习作业中提出"文章的三、四段是否可以合并?"面对这样的质疑,你觉得有道理吗?为什么?

答:可以合并,因为"随"是三、四段的共同点:①有碑仆道,其文漫灭,后世之谬其传,为何会谬?因为在治学上过于"随",求学的人不应该被表面现象所迷惑,应追根溯源,求其本质;②游洞时,没有极尽游览的乐趣,王安石后悔自己没有在幽暗昏惑时独立判断,跟随而出。

问题二:文中有多句"直接"和"间接"表达"随"的句子,请同学们找一下。

答:①遂与之俱出。②而余亦悔其随之而不得极夫游之乐也。③有志矣,不随以止也,然力不足者,亦不能至也。④有志与力,而又不随以怠。⑤后世之谬其传而莫能名者。

问题三:文中一共有5处表达"随"的句子,可见一个"随"字串起了所有的议论。哪位同学可以阐述一下"尽志无悔"与"深思慎取"的关系?

答:因为"随"所以"悔",接着作者提出怎样才能"尽志无悔"。其中的"志"不仅解释为志向,更有意志之意。人生路上如何才能尽志,这时就需要加上独立的思考判断、独立的人格,深入地思考谨慎地选取。力是尽力而为,物是善借外物。具备以上要素就能成功吗?王安石告诉我们还有一点:世界上奇伟、瑰怪、非常之观常在险远,我们还要具备不畏险阻、勇于探险的精神。

> **设计说明**

这一环节将落实本节课教学的重点:本文的说理逻辑是如何展开的。说理逻辑是本文的亮点,行文之间的层次是怎样的?学生有没有读懂?这些问题都需要教师引导学生展开分析。在设计教案时,我发现"随"这个字是不能被忽略的,于是我用"随"字串起了议论说理部分,请学生来说王安石是如何提出"尽志无悔"和"深思慎取"的观点。学生可以顺理成章地发现:王安石由随到悔,再到尽致无悔;由随到不随,再到深思慎取的严密的逻辑结构。如此文章的内涵便犹如抽丝剥茧般展现在学生眼前。学生们在细读文本的过程中,深入思考,寻找支撑自己观点的依据,这才是学会说理的方式。

五、课后作业

清代的浦起龙曾评价本文:"此游所至殊浅,偏留取无穷深至之思,真乃赠遗不尽。当持此为劝学篇。"请结合荀子的《劝学》,来谈谈你对这句话的思考。

史海纵横须有据

——贾谊《过秦论》和欧阳修《五代史·伶官传序》教学设计

上海市鲁迅中学　钱炜临

教学目标

（1）夯实文言基础，梳理文本内容。

（2）把握主要观点，思辨论证逻辑。

（3）反思学习过程，交流学习收获，展示学习成果。

▶ **附一　教材分析**

《过秦论》与《五代史·伶官传序》源自统编高中语文教材选修中册第三单元第 11 课，都是史论文，探讨前朝灭亡的原因，意在劝诫当朝统治者。

教材中所选《过秦论》是贾谊《过秦论》（上），主要探讨了秦灭亡的原因，"仁义不施而攻守之势异也"，意在劝诫汉朝统治者要以秦为鉴，施行仁义。

全文共六段。第一段，交代了秦国有地理优势和政治雄心，秦孝公对内变法，对外连横，君臣一心，国家迅速崛起。第二段，交代了秦国国势日盛，引发了其他六国的恐惧。六国合纵，人才济济，最终却依旧"从散约败"，秦国"宰割天下"。第三段，主要叙述了秦始皇时期，秦覆灭六国，统一天下，达到极盛之时。这三段，主要叙述了秦攻天下阶段。第四段，主要叙述秦守天下阶段，秦采用了一系列的暴政来守"子孙帝王万世之业"。第五段，主要叙述秦亡过程，写暴秦无道，迅速覆灭。最后一段第六段是议论段落，主要是对全文的总结，与前文段落相对应。如"然秦以区区之地，致万乘之势，序八州而朝同列，百有余年矣"与前三段（秦攻天下）相呼应；"然后以六合为家，崤函为宫"与第四段（秦守天下）相呼应；"一夫作难而七庙隳，身死人手，为天下笑者"与第五段（秦亡）相呼应，最后得出结论"仁义不施而攻守之势异也"。

贾谊先叙后议，中心明确。但对最后一句话中的"而"是否做"表因果，因而"来解释，是需要存疑的。如若按照"因而"来解释，那么也就是说秦因不施行仁义，所以"攻守之势异也"。但是，通过对前三段的解读，我们会发现，秦在攻取天下阶段并未施行仁义。那贾谊为什么如是说呢？是不是贾谊的观点不对？由此，让学生思考，是否认同作者的观点，并根据文本解读和相关资料来形成自己的观点，进行思辨阅读体验。

《五代史·伶官传序》是欧阳修为《新五代史·伶官传》所作序言，探讨了后唐庄宗十五年立国却三年亡国的原因，是"人事"所致。欧阳修想以此告诫北宋统治者，以后唐为鉴，戒奢戒骄，防微杜渐。

全文共四段。第一段，提出论点"盛衰之理，虽曰天命，岂非人事哉！"第二段，主要写"得天下"之时，表现庄宗"忧劳"所以"兴国"。第三段，主要写"失天下"之时，表现庄宗"逸豫"所以"亡身"，由此在第四段得出结论"祸患常积于忽微，而智勇多困于所溺"。最后的"岂独伶人也哉"发人深省，使人不得不思考天下盛衰之理，有许多因素，如恶小不为，放任自流，必损国家基业。

欧阳修以史实为例，以"得失"天下对比，有力地论证了观点。但是，也有人对本文论点究竟是"盛衰之理，虽曰天命，岂非人事哉！"还是"忧劳可以兴国，逸豫可以亡身"，还是"祸患常积于忽微，而智勇多困于所溺"有所争议。这可以让学生去辨析，根据在《过秦论》中所获得的思辨阅读经验，来各是其所是，各非其所非，找到证据来支撑自己的看法。

通过这两篇文章的学习，获得批判性阅读史论文的阅读经验。

由此，我将本课学习任务主问题设定为"史论文常常会探讨王朝灭亡的历史教训，请试举一例，谈谈你是否认同作者的观点，为什么？"并由此展开三个学习任务（见表1）。

表1　本课学习任务

学习任务	教学内容	教学主题	课时安排
任务一：夯实文言基础，梳理文本内容	第11课《过秦论》《五代史·伶官传序》	字词梳理，扫清阅读障碍，学会在语境中辨析词义和用法	第一课时
任务二：把握主要观点，思辨论证逻辑	第11课《过秦论》《五代史·伶官传序》	明确文章论点，梳理论证结构，辨析论证方法	第二课时

（续表）

学习任务	教学内容	教学主题	课时安排
任务三：反思学习过程，交流学习收获，展示学习成果	史论文的思辨性阅读	学会以"质疑—求证—判断"的方式阅读史论文，提升与发展思辨性思维品质	第三课时

▶附二 **教学资源**

（1）核心阅读文本：《过秦论》《五代史·伶官传序》。

（2）拓展阅读文本：《过秦论》（中、下）（贾谊）、《五代史阙文·后唐史》（武皇、庄宗）（王禹偁）。

（3）已学课文：《阿房宫赋》《六国论》。

（4）研究资料：《读贾谊〈过秦论上〉》（吴小如《含英咀华》）、《党天正〈"过秦"与"过唐"——〈五代史·伶官传序〉与〈过秦论〉对读〉》

教学重点、难点

（1）学会在语境中辨析词义和用法。

（2）梳理论证结构，辨析论证方法。

（3）学会以"质疑—求证—判断"的方式阅读史论文，提升与发展思辨性思维品质。

教学过程

第 一 课 时

一、学习活动

1. 活动一：熟读课文，熟悉文本

在智学网等平台记录诵读语音。

设计说明

引导学生正确诵读，通过读来体会传统思维、文化内涵。

2. 活动二：疏通文义，理解文义

（1）自主学习：通过对照课下注释、专业工具书、辅助教学资料，疏通两篇文言文的字词句。梳理文言基础知识,掌握文本的语义内涵。

(2) 师生互动:学生针对字词句上不理解之处,提问,师生均可解答。

(3) 制作文言文重点实虚词卡片。

设计说明

引导学生自主完成字词句理解层面上的学习,引导学生发现古汉语词法句法方面规律性的内容。

二、作业

(1) 根据文本内容,绘制秦兴亡简史图、李存勖人物年表简图。

(2) 根据文本内容,绘制《过秦论》《五代史·伶官传序》的论证思维导图。

第 二 课 时

一、学习活动

1. 活动一:根据文本内容及相关资料完成表2

表2　两篇史论文论证比较

题目	主要内容	论点	论据	论证方法	写作背景/目的	我的质疑
过秦论	推究秦的过失,指出秦速亡原因	仁义不施而攻守之势异也	略	对比论证以叙代议	汉初安定之后,统治阶级出现松懈思想,贾谊在时人多议秦兴亡原因的时风之下,写文论述秦兴亡,希望当朝统治者引以为戒,施行仁义	
五代史·伶官传序	指出后唐庄宗之过,指出后唐速亡原因	盛衰之理,虽曰天命,岂非人事哉?	受矢继志、系燕函梁、仓皇东出、身死国灭	对比论证举例论证	北宋积贫积弱,弊政日多。欧阳修借修《新五代史》,总结前朝兴亡原因,警示当朝统治者励精图治	

2. 活动二:探讨贾谊的《过秦论》,思辨阅读文本

1) 明确本文论点,梳理论证结构

(1) 实施途径:展示课前绘制的《过秦论》思维导图(见图1),结合课堂表格,明确本文论点及论证结构。

(2) 明确本文论点"仁义不施而攻守之势异也",预设思维导图。

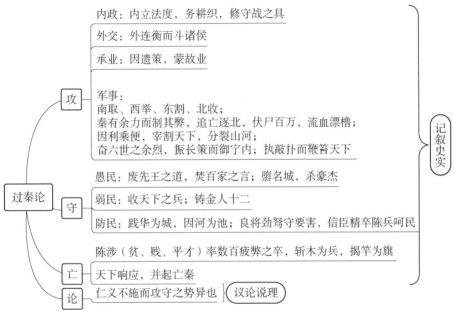

图1 《过秦论》思维导图

2) 质疑本文论点,研读文本求证

(1) 实施途径:①学生研读文本,提出质疑;②展示问题系统,小组合作探究。

(2) 预设问题:①中心论点"仁义不施而攻守之势异也"中的"而"解释为"因而,表因果"(翻译:秦不施行仁义,因而攻和守的形势不同了。/这是因为不施行仁义之政,攻和守的形势发生了变化啊。)你是否同意,请结合原文,说说你的理由。②秦国是否因施行仁义来攻天下而兴盛,因不施行仁义来守天下而灭亡?③秦国为什么能够"以区区之地,致万乘之势"?④贾谊想表达的是"秦施仁义就取得攻势的胜利"吗?⑤贾谊为什么要谈到"仁义不施"对攻守之势的影响?⑥仁义之道与攻取天下、治理天下有何关系?

(3) 参考分析。

第一，秦攻天下阶段。从文本第一、二、三段，可以找到以下句子解释"然秦以区区之地，致万乘之势"的原因。

- 内政：内立法度，务耕织，修守战之具。
- 外交：外连衡而斗诸侯。
- 承业：因遗策，蒙故业。
- 军事：南取汉中，西举巴蜀，东割膏腴之地，北收要害之郡。

秦有余力而制其弊，追亡逐北，伏尸百万，流血漂橹；因利乘便，宰割天下，分裂山河。

及至始皇，奋六世之余烈，振长策而御宇内，吞二周而亡诸侯，履至尊而制六合，执敲扑而鞭笞天下，威震四海。

这些原因中，除了"内立法度"，其他的原因均涉及"武力"和"暴力"。"内立法度"主要是指商鞅变法（可补充商鞅变法内容），"在商鞅变法中轻视教化，鼓吹轻罪重罚，加重了广大人民所受的剥削与压迫，给广大人民带来巨大的痛苦；并未与旧的制度、文化、习俗彻底划清界限。'内行刀锯，外用甲兵'、迷信暴力而轻视教化等思想，也有其明显的历史局限"，可见"内立法度"一条，也未"施仁义"。所以，从内政、外交、承业、军事等角度来看，都不是"施仁义"的。

那么，秦是依靠什么"致万乘之势"呢？《过秦论》提出："夫兼并者高诈力，安危者贵顺权，此言取与守不同术也。"（翻译：兼并的时候，要重视诡诈和实力；安定国家的时候，要重视顺时权变。）在课文中，如"外连衡而斗诸侯"等句可体现"诈"（诡诈），如"内立法度，务耕织，修守战之具""南取汉中，西举巴蜀，东割膏腴之地，北收要害之郡"等句可体现"力"（实力）。可见，秦国是靠实力和谋略获得了胜利，并不是"仁义"。

第二，秦守天下阶段。秦守天下时，"以六合为家，崤函为宫"，从文本来看，秦灭亡的导火线是陈胜吴广起义（原文第四段）。陈胜实力弱但能"天下云集而响应，赢粮而景从。山东豪俊遂并起而亡秦族矣"，在贾谊看来，是因为秦"不施仁义"。如"于是废先王之道，焚百家之言，以愚黔首；隳名城，杀豪杰；收天下之兵，聚之咸阳，销锋镝，铸以为金人十二，以弱天下之民"等句可以体现秦"不施仁义"。因此，秦因实力和谋略攻下天下而兴盛，因"不施仁义"守天下而灭亡。

二、作业

联系《过秦论》和秦兴亡的新史料、新成果，撰写一篇不少于800字的议论文，表达自己的独到见解，并与同学交流。

第三课时

一、学习活动

1. 交流展示活动——我看《五代史·伶官传序》

（1）阅读课前相关教学资料，自行补充收集有关后唐破灭原因的史料和研究成果。

（2）阅读《五代史·伶官传序》，明确作者观点，梳理论证结构，与小组成员一起讨论修正课前绘制的论证思路思维导图（见图2）。

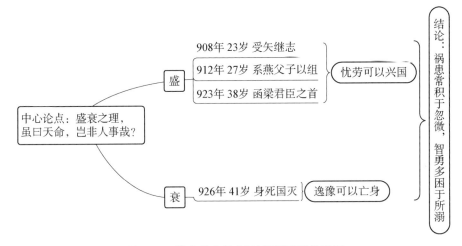

图2 《五代史伶官传序》论证思路思维导图

（3）小组研讨：《五代史·伶官传序》探讨了王朝灭亡的历史教训，谈谈你是否认同作者的观点，为什么？

不论认同与否，尝试按照"质疑—求证—判断"式的思辨阅读方式，有理有据地论述，以理服人。

（4）课堂展示学习成果。

（5）反思学习过程：通过两篇文章的学习，交流史论文思辨性阅读的经验。

设计说明

促使学生将通过《过秦论》学习收获的经验迁移至其他史论文，提升学生史论文思辨阅读能力。

二、作业

阅读《阿房宫赋》或《六国论》，思考：你是否认同作者的观点？他们的论证是否有可商榷之处？结合文本内容及你搜集的资料，谈谈你的看法。

家园已失归何处，从共感走向独感

——《诗经·采薇》教学设计

华东师范大学第一附属中学　徐俊贤

⊙ 教学目标

（1）知识与能力：了解赋比兴和重章叠句等形式及其作用，习得阅读《诗经》的基本方法。

（2）过程与方法：通过反复阅读、熟读成诵，走进古典诗歌。

（3）情感态度价值观：理解主人公的"伤悲"处，体会对"失落的家园"无处可归的哀情。

▶附一　文本分析与核心问题

《诗经·采薇》是中国第一部诗歌总集《诗经》中的一首诗，描写的是一位长期戍边在外的士卒返途中的所思所想，深切地唱出了这位老兵的艰辛生活和思归情怀。全诗6章，每章八句，可分为三个部分。1—3章是第一部分，以采薇起兴，采用重章叠句的方法交代了久久未能回家的原因，表现了强烈的思乡情绪。4—5章是第二部分，着重回忆了戍边的征战生活，从中既透露出抗敌胜利的喜悦，也深感征战频繁战事不休之苦。末章是《诗经》中广为传诵的名句。戍卒从追忆回到现实，进而陷入更深重的悲伤之中。写景记事，更是抒情伤怀。以痛定思痛、孤独无助的抒情结束全诗，感人至深。

《采薇》作为诗经中的名篇，多次入选各版本的高中语文教材。在沪教版高中语文教材中，被编入高三第一学期第五单元的家园主题单元。同单元的还有陶渊明的《归去来兮辞》等作品。和《归去来兮辞》中反复出现的"归去来兮"一样，《采薇》中重复出现最多次的是"曰归曰归"一句。所以我认为这首诗的教学核心就在于引导学生去理解"归"的丰富内涵，进而让学生联系自己的生活或阅读经历更深入地对于"归何处"阐发理解。

我曾经看过不少关于《采薇》的教学设计，其中有一部分主张作为读者的学生以局内人的身份走进文本,也就是学生直接从文本世界到达主人公的心理世界。还有一些则是主张学生以局外人的身份走进文本,让学生联系文本世界和现实世界,进而进入主人公的精神世界。这些都给我很大的启发。我觉得高中生在阅读《采薇》的时候,首先要回到先秦的文化语境当中,因为如果没有这种语境的回归,那么高中生很容易给古诗扣上现代人的帽子,用现代人的生活情境和心理状态去解读古人的情感和精神。所以教会学生《诗经》阅读的常用方法,带领学生多次吟诵作品,才能让学生真正读懂作品进而产生共感,真正理解作品的深沉情感。

在获得共感之后,才是从共感到独感的推进。很多时候,古诗文的教学中情感体验和审美体验会被高效和安全的解读取代,文本背后活生生的作者和他们想要传递的真切的人生和情感体验就此消失了。加之时代已经发生了巨大的变化,几千年前的这位古人和如今学生所生活的时代截然不同,如何让这种共性的思归之情产生一种属于学生所独有的个性,让这种感受真切而具体,就需要调动学生的阅读经验,更要唤起他们的生活经验和感受。

《采薇》前三章重章叠句中不断出现"曰归曰归"。如果说"归"就是归故乡,归家园,那么这个故乡家园只是一个抽象的符号,没有温度没有气息,没有脉搏没有心跳。每个人的家园是不一样的,孟郊是"慈母手中线",李商隐是"共剪西窗烛",辛弃疾是"溪头卧剥莲蓬",高鼎是"忙趁东风放纸鸢",但那毕竟是别人的生活,别人的情感。所以我们要带着自己的生活经验、阅读积淀、生命体验和审美幻想,把自己脑海中的故园读出来,把"曰归曰归"的深切呼唤读出来。

▶ 附二 学情分析

高中学生已经有了一定的生活经历和人生感受,也读过了不少描写思乡怀人的诗词作品,应该有一定的感受力和共情力。他们的问题不在于不理解这种情感,而在于他们生活的时代和诗里的主人公相去甚远,年龄差异巨大,更为重要的是"曰归曰归"中的"归",到底要归去何处,是他们不能真正理解的。同时更难以在理解的基础上思考自己的"归处"。但读《采薇》,你不能只为这个老兵读,你也不能只为那些研究这首诗中各种艺术手法的人去读。诗歌最终要为自己读,读出自己而后成为自己。

所以在课堂上可以先教《诗经》阅读的常用方法,进而迁移运用,提高学生阅读理解能力。最后以小组合作探究的方式彼此交流,触发学生个性的体验,让他们有效地理解无处可归之哀痛。

◉ 教学重点、难点

重点：理解主人公"伤悲"的丰富内涵。

难点：结合自己的人生体验与之产生共鸣。

▶**附三** 课前预习

（1）引导学生借助工具书和课文后注释内容，疏通文本，概括各章节内容。

（2）阅读补充材料，自行检索其他思乡思归的诗词作品。

◉ 教学过程

一、导入

（1）复习《蒹葭》，重温《诗经》的相关知识。

（2）明确《诗经》的艺术特色：四言为主，章节复叠；赋比兴，双声叠韵等。

（3）初读（学生齐读），理解诗歌主要内容，明确长期戍边的战士在归家途中的所思所感。

（4）二读（学生自读），梳理诗歌层次与思路。理解核心情感"曰归"，明确1—3章是采薇思归（征战之苦，思乡之切）；4—5章是疆场思归；第6章是归家之哀。

（5）三读（教师范读），通过《诗经》的典型手法进一步理解1—3章的内容和情感。

提问：听完朗读之后你有什么感受？作者是如何让你产生这样的感受的？

方法：寻找前三章中的"变"与"不变"。

采薇采薇，薇亦作止。曰归曰归，岁亦莫止。靡室靡家，猃狁之故。不遑启居，猃狁之故。

采薇采薇，薇亦柔止。曰归曰归，心亦忧止。忧心烈烈，载饥载渴。我戍未定，靡使归聘。

采薇采薇，薇亦刚止。曰归曰归，岁亦阳止。王事靡盬，不遑启处。忧心孔疚，我行不来。

变 ⎰ 作—柔—刚
　　（春）—（夏）—（秋）　　（时间在变化——戍边时间之久）
　　⎱ 忧心烈烈—忧心孔疚　（情感在变化——思乡之情不断加深）

不变　曰归曰归　　　　　　（思乡之情一如既往，归家之心）

补充拓展：

蒹葭苍苍,白露为霜。所谓伊人,在水一方。溯洄从之,道阻且长。溯游从之,宛在水中央。

蒹葭萋萋,白露未晞。所谓伊人,在水之湄。溯洄从之,道阻且跻。溯游从之,宛在水中坻。

蒹葭采采,白露未已。所谓伊人,在水之涘。溯洄从之,道阻且右。溯游从之,宛在水中沚。

```
      ┌ 苍苍—萋萋—采采
      │ 为霜—未晞—未已          (时间在变化——追寻时间漫长)
变 ┤  一方—之湄—之涘
      │ 水中央—水中坻—水中沚    (伊人的位置在变化——伊人的飘忽不定)
      └ 长—跻—右                (路上的困难在变化——追寻难度在加大)
不变   溯洄从之—溯游从之        (追寻之心一如既往,始终不放弃)
```

明确重章叠句的作用,反复吟诵,渐次深入,由此有利于情感的抒发,在回旋中递进,同时突出主题。

(6) 四读(个别同学朗读),第4、5章中的场面描写。

彼尔维何? 维常之华。彼路斯何? 君子之车。戎车既驾,四牡业业。岂敢定居? 一月三捷。

驾彼四牡,四牡骙骙。君子所依,小人所腓。四牡翼翼,象弭鱼服。岂不日戒,玁狁孔棘。

提问:这两段主要描写了什么? 它们分别有什么样的特点? 反映了主人公什么样的心情?

明确:①戎车/战马/战役/战马强壮,步伐整齐,军容威严,士气高昂。②主人公为国杀敌的强烈自豪感。③在漫长的归途中追忆往昔出生入死的战斗,既恋家又识大局的矛盾心理。

(7) 五读(学生反复齐读),理解末章的艺术境界。

昔我往矣,杨柳依依。今我来思,雨雪霏霏。行道迟迟,载渴载饥。我心伤悲,莫知我哀!

"知我者谓我心忧,不知我者谓我何求。"

问题:①"昔我往矣,杨柳依依。今我来思,雨雪霏霏"是《采薇》的名句,你觉得它妙在哪里? ②"行道迟迟"的他当时心里在想些什么? 又伤悲些什么呢? 为什么没有人能了解他心中的哀痛呢? (可以结合其他的相关作品加以理解)

提示：个体在生命中存在，戍卒深切体验了生命的流逝，生活的虚耗，以及战争对生活价值的否定。

（8）小组合作讨论和探究。

①诗中反复呼唤"曰归曰归"，那么主人公的愿望实现了吗？为什么？
②生活中，你有没有过和这位主人公相似的某一种心情呢？

（9）课堂小结。

①阅读《诗经》作品，从章节复叠的变与不变的文字里梳理内容和情感的脉络变化，理解诗意。②联系自己日常生活的细节感受与诗歌产生共鸣，读出属于自己的一首诗。

（10）布置作业。

以主人公的口吻，写一段他在行道迟迟时的内心独白。

▶ 附 补充材料

（1）

渡 汉 江
宋之问

岭外音书断，经冬复历春。近乡情更怯，不敢问来人。

（2）

十五从军征
汉乐府

十五从军征，八十始得归。道逢乡里人：家中有阿谁？
遥看是君家，松柏冢累累。兔从狗窦入，雉从梁上飞。
中庭生旅谷，井上生旅葵。舂谷持作饭，采葵持作羹。
羹饭一时熟，不知饴阿谁！出门东向看，泪落沾我衣。

（3）

回 乡 偶 书
贺知章

少小离家老大回，乡音无改鬓毛催。儿童相见不相识，笑问客从何处来。

（4）找一找其他表达思乡思归的作品。

诗境虽奇,脉理极细

——李白《梦游天姥吟留别》教学设计

华东师范大学第一附属中学　谢依岑

◉ 教学目标

（1）通过广泛的资料收集,深入了解诗歌内容和诗人的思想情感,掌握诗歌赏析知人论世的学习思路。

（2）让学生充分展开想象,学会把诗句内容转换为具体丰富的画面加以语言描绘,赏析语言,品味李白诗歌的浪漫主义特色。

（3）了解诗人对官场中黑暗世俗的憎恶,感悟诗人在对理想的追求中不事权贵的傲岸,以及追求生命自由,保持独立人格的高尚情怀。

（4）小组合作,探究诗人对诗歌形式的选择。

◉ 教学重点、难点

（1）理解诗人梦游的缘由与经过。

（2）掌握诗人选用古体诗表达其内心豪迈奔放情感的特点。

◉ 教学过程

一、导入

韩愈曾言:“李杜文章在,光焰万丈长。”极言李杜文章造诣之高妙。第八课的前两篇恰是李白和杜甫的作品,今天,我们首先来学习李白的名篇《梦游天姥吟留别》。

二、交流

（1）齐读文章,注意正音。

（2）小组交流预习作业,找出每一段中的重点字词句,梳理疑问。

（3）明确重点字词句,答疑解惑。

三、小组讨论

清人沈德潜在《唐诗别裁》中评价《梦游天姥吟留别》:"诗境虽奇,脉理极细。"请你具体谈谈对此评价的理解。①以小组为单位进行 5 分钟讨论。②小组交流、分享。③教师协助整理归纳小组交流成果。

四、整理归纳

诗境虽奇,①意象瑰丽,②意境奇幻,③运用想象、联想。

脉理极细,

（1）诗歌内容,①梦游的诱因:对名山胜境的向往。②梦游的经过:梦至剡溪—梦登天姥—仙境奇景—梦醒情状。③梦后的感慨:对权贵的抗争,点明主旨。

（2）诗人经历,金銮殿上得召见,陪侍皇帝无轻重;调侃权贵多树敌;碌碌无为拒奉诏;赐金放还烦闷苦。

（3）诗体选择,选用古体诗,兼用或长或短的句子,少受格律束缚,流畅自然地抒发豪迈奔放的思想感情。随着诗人感情的起起落落,诗句长长短短、节拍急急缓缓,灵活自然、浑然一体。

五、小结

诗歌内容与诗人经历之间形成呼应关系,全诗共三百多字,以自己梦游天姥山的所见、所闻、所感为内容,梦境丰富多变、惊心动魄、意蕴深远。我们可以看到,《梦游天姥吟留别》是李白潜意识中发泄心中苦闷、满足内心愿望的一种特殊方式,是作者人生经历沉淀后的向外抒发。

诗人选用古体诗表达其内心豪迈奔放的情感,一方面与古体诗特点有关,古体诗不像格律诗般受到字数、句数、平仄、用韵的束缚;另一方面,与诗作内容有关,古体诗更适合表现诗人梦游天姥的奇特历程;当然,这也与诗人特定时期的经历、一直以来不事权贵的傲岸、追求生命自由的情怀有着密切关系。

六、作业

（1）完成校本练习《梦游天姥吟留别》。

（2）预习杜甫《登高》。

抑扬顿挫，得《史记》神髓

——欧阳修《伶官传序》教学设计

上海市复兴高级中学　褚亿钦

教学目标

（1）完成课前预习作业，利用网络和工具书了解欧阳修及其所处的时代，掌握相关文言知识，积累文言词汇。

（2）准确把握作者的观点和态度，把握作者的论证思路和说理逻辑，理清文章的论证方法，关注作者的思考角度，了解史论的一般写法。

（3）探究作者的写作意图，明确作者的写作目的，理解作者的观点在当下的现实意义。

教学重点、难点

重点：把握文章的论证特点（结构和方法）。

难点：把握作者以史为证得出的历史教训，明确作者的写作意图。

▶附一　教学建议

统编教材选择性必修中册第三单元围绕课程标准"中华传统文化经典研习"学习任务群，围绕"历史的评说"主题选择了四篇经典的历史作品《屈原列传》《苏武传》《过秦论》和《伶官传序》，前两篇是选自《史记》《汉书》的经典史传，后两篇是著名的史论作品。

《伶官传序》是这个单元的最后一篇课文。这篇文章是欧阳修为《五代史》中的《伶官传》所作的序。《伶官传》记叙了后唐庄宗李存勖宠幸的伶官景进、史彦琼、郭从谦等人乱政误国的史实。而这篇序则是通过后唐庄宗得天下又失天下的故事来达成作者借古讽今的写作目的。文章作为一篇史论，总结了后唐庄宗李存勖先得天下而后失天下的历史教训，阐明了国家盛衰取决于人事，即"忧劳可以兴国，逸豫可以亡身"的道理，以此来讽谏北宋统治者居安思危,防微杜渐,励精图治。

高二、高三的学生,已经具有了相当的文言文基础,也具备了一定的利用工具书和相关资料阅读、理解文章的能力。本文平易晓畅,简洁生动,学生能够通过阅读提取信息、概括文章主要内容,但在对文章写作目的等深层次的内容理解和作品风格的把握上,可能还需要教师通过教学活动进行引导强化。

▶ 附二 课前研学

（1）熟读课文,准确流畅朗读。

（2）结合学案,自学课下注释,初步完成相关练习。

（3）借助搜索工具或其他途径获取作者欧阳修及有关五代、北宋等的历史知识。

教学过程

一、结合课下注释,自主学习交流

（1）四人一组,翻译课文,检验预习成果。

（2）边翻译、边圈划重要的文言知识点,并标记出有疑问的地方。

（3）汇总学生经过讨论后仍有疑义的问题,引导释疑。

（4）反复诵读课文,通过朗读落实文言知识,并加深对文意的理解。

二、梳理史实线索,分析论证过程

教师提出具体要求,引导学生梳理史实信息,整体感知文章结构和论证方法。通过小组合作,完成三个任务。

1. 找出本文的中心论点

中心论点:盛衰之理,虽曰天命,岂非人事哉?（用现代汉语陈述这句话,作者对"天命"和"人事"两者对"盛衰"的影响持什么态度?）

"原庄宗之所以得天下,与其所以失之者,可以知之矣。"论证的主要论据是庄宗得天下与失天下的故事。"得失"与"盛衰"一一对应,可见作者议论的严谨性。

2. 概括后唐庄宗的主要经历

作者的论证过程,也就是对后唐庄宗故事的讲述,主要集中在文章的二、三小节。朗读这两小节,然后根据给出的相关时间,整理出作者提及的几个事件。

908 年(23 岁):接受三矢,继承父志;

912 年(27 岁):灭燕;

923 年(38 岁):亡梁;

926 年(41 岁):身死国灭。

这几件事正是庄宗得天下与失天下的几个关键节点,从这张简单的履历表来看:

得天下——15 年——盛;

失天下——3 年——衰。

明确以下几点。①时间上的对比。所用时间的长短能说明什么问题?②精神状态的对比。圈画并朗读相关语句,感受庄宗精神状态的不同。③表现的对比。失天下的表现补充(庄宗既好俳优,又知音,能度曲……自其为王,至于为天子,常身与俳优杂戏于庭,伶人由此用事,遂至于亡)——庄宗宠幸伶人以致灭国的故事已经在传中有详细的叙述,此处无须重复,而晋王赐三矢的故事是所谓"世言"也就是传说,正史中并未记录,但这个传说在当时流传甚广,作者在这里作出补充说明,也展现了一个著史者的客观和严谨。

3. 理清文章的论证结构和方法

(1) 论点:盛衰之理,虽曰天命,岂非人事哉!

(2) 依据:庄宗如何完成遗命,励精图治得天下?——"原庄宗之所以得天下"

庄宗如何宠幸伶人败国乱政失天下?——"与其所以失之者"

(3) 结论:忧劳可以兴国,逸豫可以亡身。

(4) 说明:作者使用了对比论证,通过庄宗前后不同的表现及其导致的不同结果来展示庄宗的"人事"对于后唐"盛衰"的重要影响。

本文的中心论点是盛衰之理,由于人事。这一论点本身就是一个既正反对立又合而为一的命题。作者运用了一组组简洁强烈的对比,人事与天命、盛与衰、得与失、难与易、成与败、兴与亡、忧劳与逸豫,说明成败之迹皆出于人事。全文以"盛衰"二字贯穿始终,从"盛""衰"两个方面,围绕着"人事"进行层层深入的对比论述。本文的对比论证在总体上着眼于"盛""衰"与"忧劳""逸豫"的因果关系,从中心论点到论据,从论证过程到结论,不论是所用的事例或史实,还是作者抒发的感慨和议论,都是对比性的。通过正反两方面的鲜明对比,既突出了中心论点,使说理深刻、透彻,也使文章一气贯通,前后呼应,脉络清晰,结构严谨。

三、结合文章背景，探究写作意图

1. 提问

行文到第三小节已得出结论，论证似乎可以到此结束，那么最后一小节是否多余？为什么？齐读第四小节："夫祸患积于忽微，而智勇多于所溺，岂独伶人也哉？"

2. 深化中心论点

最后一段进一步明确和深化中心论点，强调能使人逸豫亡身的绝不仅限于溺爱伶人。结尾扣题，点明写作目的——总结历史教训，居安思危，防微杜渐。

3. 背景介绍

北宋建立后，随着土地和财富的高度集中，统治集团日益腐化。由于北方少数民族的不断进犯，民族矛盾也日益尖锐。面对这种形势，北宋王朝不但不力求振作，反而忍受耻辱，每年靠纳币输绢以求苟安。在这样的历史背景下，欧阳修希望通过后唐庄宗李存勖的兴亡史进行讽谏，以史为鉴，勿重蹈覆辙。

4. 为何要给《伶官传》作序？

（1）教师引导。中国古代撰史多崇尚"曲笔"，教导后人以史为鉴，以史明志。文忠公此意，显然着意在北宋统治者身上。北宋官吏庸冗，成分复杂，吏治腐败，而腐败的根源是皇帝昏昧。英明勇武的庄宗竟因一己之失而败身亡国，触目惊心的伶官之祸难道还不能让北宋及其后的统治者们警醒吗？写完《伶官传》的欧阳修意犹未尽，他为《伶官传》作序，意将隐含在史书中的道理提炼升华并使之彰显。庄宗悲剧发生后的百余年，北宋统治岌岌可危；北方少数民族不断进犯，民族矛盾日益尖锐。面对这种形势，北宋王朝不图变革，不求振作。在这样的历史背景下，欧阳修作《伶官传序》总结历史，写出了"忧劳可以兴国，逸豫可以亡身""祸患常积于忽微，而智勇多困于所溺"等经典名句，旨在让北宋统治者下定决心，发愤图强。

（2）延伸。联系贾谊的《过秦论》和杜牧的《阿房宫赋》，文人们对历史故事的一再回顾和议论，不是因为沉浸于历史为古人悲叹，而恰恰是要"以史为镜"，让世人，尤其是统治者知兴替明得失，吸取古人的经验教训，防止重蹈覆辙。在鉴赏咏史诗和史论性文章时，我们一定要明确作者的这种借古讽今的良苦用心，才能正确把握文章主旨。

四、品味文章语言,领略文章魅力

教师引导:清代沈德潜评价《伶官传序》"抑扬顿挫,得《史记》神髓","五代史第一篇文字"。请同学们通过小组合作完成表1,体会文章风格和魅力。

表 1 《伶官传序》语言特色分析

文句	作用	语言特色	表达效果
方其系燕父子以组,函梁君臣之首,入于太庙,还矢先王,而告以成功,其意气之盛,可谓壮哉!	记叙得天下之情状	以系、函、入、还、告等一系列的动词记叙完成父命的过程,以感叹句表达"盛赞"之情(动词+感叹句)	一系列的动词连用,凸显完成父命过程之"忧劳";感叹句凸显完成父命之际意气之盛。感情色彩强烈
及仇雠已灭,天下已定,一夫夜呼,乱者四应,仓皇东出,未及见贼而士卒离散,君臣相顾,不知所归,至于誓天断发,泣下沾襟,何其衰也!	记叙失天下之情状	四字短句连用,一句一情状,情势急转直下,变化何其迅疾!结局何其衰也!	短句连用,情势急转直下,盛衰对举,忧劳兴国逸豫亡身的论断不言自明,发出强烈的悲叹之意
岂得之难而失之易欤?抑本其成败之迹,而皆自于人欤?	事例与观点黏合	反问句不仅引发思考,更强烈表明自身观点	步步紧逼,强调观点:得失成败皆自人事
《书》曰:"满招损,谦得益。"	名言论证	引用古语,提供思考的理据	增强说服力,使论述的事理更具普遍性
忧劳可以兴国,逸豫可以亡身,自然之理也	总结	对比中彰显思辨的魅力	忧劳、逸豫,兴国、亡身,一一对举,强调人事的作用

小结:本文叙议结合,写得抑扬顿挫,辞气纵横,被前人誉为"《五代史》中第一篇文字"。开头开门见山地提出"盛衰之理""岂非人事"的论点,全文紧紧围绕"盛衰"二字展开叙事和议论。首先叙述庄宗秉承父亲遗命,兢兢业业,克敌制胜的事迹,证明后唐的兴盛全由于人事。然后叙述庄宗由胜利到灭亡的急遽变化,用高度概括的笔法隐括庄宗在灭梁以后纵情声色、迷恋伶人一段史实,揭示了后唐的衰亡也由于人事。最后转入评论,在再次申明成败"皆自于

人",回应开头提出的论点之后,进一步指出后唐的急遽衰亡是由于庄宗的"逸豫亡身"和"困于所溺",给人们提供历史鉴戒。文章在叙述和评论后唐兴亡的史实时,反复动用盛衰对比和先扬后抑的手法,把道理论述得酣畅淋漓。评论时又议论结合抒情,寄寓着自己的深沉感慨,使文章的论理富于感人的力量。

五、课后巩固

(1)从课文中提取有效信息,为后唐庄宗李存勖整理一份简略的任务年表。

(2)拓展延伸,完成下列两项专题作业。

①结合你所了解的历史人物或事件,谈谈你对"祸患常积于忽微,智勇多困于所溺"的理解。②你是否同意欧阳修在本文中的观点,本文的论证是否有可商榷之处?请结合所学历史知识,参考相关资料,尝试写一篇短文,对本文提出质疑或反驳。

看似寻常最奇崛

——苏轼《江城子·乙卯正月二十日夜记梦》教学设计

上海市澄衷高级中学　瞿晨颖

⊙ 教学目标

（1）学习从诗句中的词、句、段入手，赏析本词的诚笃之情。

（2）通过与现当代表达思念的歌词比较，体会不同形式之美之巧。

（3）欣赏各类歌词，感受文化的传承与演变。

▶ 附一　教材分析

本篇作品选自统编教材选择性必修上册古诗词诵读部分。本词被誉为"千古悼亡词之首"，豪情的苏轼也有其柔情的一面。全词最大的特点是沉痛之情流溢于淡淡的追述中，作者没有浓重的刻画，悲切的呼唤，表达方式很寻常，却让读者在阅读、诵读中感受到生死相隔，深情难忘。唐圭璋评价："此首为公悼亡之作。真情郁勃，句句沉痛，而音响凄厉，所谓'有声当彻天，有泪当彻泉'。"

选入教材的是经典，但我们要发现，词中娓娓道来式的、引而不发式的情感表达方式与现今学生接触的歌词、文本之间差距很大，学生很难感受得到作品中的情感，很难为之动容。苏轼与王弗之间有隔，学生与作品更是。教师需要创设情境，去激发学生探究之欲望，在文本中推敲词句，挖掘作品的词句表达、细节描写、画面感以及独具匠心的结尾，启发学生去思考，再和学生接触到的歌词作比较，带领学生突破障碍，去走近、欣赏古典诗词之美，进而去思考含蓄与张扬之间的差异，在文化传承中有所取舍。

▶ 附二　学情分析

教师需要设计符合学生实际的学习情境，去点燃学生热情，进而让其有所思考，有所判断。

◦ 教学重点、难点

理解与感受平实语言背后的诚笃之情。

▶ **附** **课前预习**

（1）每人准备一首自己最喜欢的对爱人表达思念的歌词，抄录下来，并说说推荐理由。

（2）查找资料，了解诗词的写作背景，重点体会苏轼与王弗的挚爱深情，理解本文题目词调的含义。

◦ 教学过程

一、导入：创设情境，激发兴趣

教师选取两首学生喜欢的歌词片段，如：

> 日出又日落　深处再深处
> 一张小方桌　有一荤一素
> 一个身影从容地忙忙碌碌
> 一双手让这时光有了温度
> 太年轻的人　他总是不满足
> 固执地不愿停下　远行的脚步
> 望着高高的天走了长长的路
> 忘了回头看　她有没有哭
> 月儿明　风儿轻
> 可是你在敲打我的窗棂
> 听到这儿你就别担心
> 其实我过得还可以……
>
> ——毛不易《一荤一素》

> 当我爸走的那年我还没长大，
> 她哭红双眼抓住衣角忍住不讲话。
> 有多少个夜哭着打我电话，
> 我关掉手机就是不想回家。
> 听说别人家的孩子本硕连读清华毕了业，
> 她的孩子吊儿郎当模仿黑人做音乐……
>
> ——网络文学《天上的星星不说话》

我们发现这些抒情歌曲在表达情感上都很直接，都运用了生活中的场景或某些修辞手法，真挚地表达了对亲人、爱人的思念。

今天我们要学习的是被誉为"千古第一悼亡词"的《江城子·乙卯正月二十日夜记梦》，"悼亡"就是对已经去世的亲人表达情感。我们通过学习，一起来看看这首词为何可以"技压群芳"？学完本词后我们再来作个比较，看看你们会喜欢哪种风格。

二、了解背景，走近作品

1075 年，苏东坡来到密州（今山东诸城），这一年正月二十日，他梦见爱妻王氏，便写下了这首传诵千古的悼亡词。此时苏轼 40 岁，其妻王弗去世整十年。

1055 年，19 岁的苏轼迎娶了 16 岁的王弗。两人可谓才子佳人，珠联璧合。苏轼一生三位爱人，有说他对王弗是"爱"，因为王弗是其恩师之女，端庄贤淑，对苏轼的事业、为人处世有过巨大的影响。两人相伴的日子琴瑟和谐，可惜仅相伴十年，王弗就辞世了，安葬在四川眉州老家，相传苏轼在其坟前种下三万棵雪松来纪念。

三、配乐诵读作品

采用先听范读、再学生齐读、男生读等多种诵读形式。

四、学生活动，研读文本

提问：你觉得词中最能表达作者情感的是哪里？小组交流，派一人做发言。

提示：（1）"茫茫"可以用其他词替换吗？中文或英语都行。"茫茫"写出了生死相隔，距离之远，阻隔之深，永不能见之情。

（2）"不思量，自难忘"两句矛盾吗？不矛盾，写出了王弗是其"心上人"。心上的理解。

（3）"尘"的理解。不仅是真实的尘埃，在此处更有"尘世"之感，40 岁苏轼的形象跃然纸上。照应前文之"孤"，王弗之孤，苏轼在爱妻去世后的落拓之感，无处话凄凉，岂不更孤寂？有兴趣的同学可以画一下你眼前的苏轼。

（4）下阕开始记梦，王弗在梳妆，相逢的是几岁的苏轼和几岁的王弗呢？请学生用现代汉语还原"夜来幽梦忽还乡。小轩窗，正梳妆。相顾无言，惟有泪千行"。感受这个画面中的"相逢"，为何相对无言，惟有泪千行呢？无言比有言,更有力量,更能传递阴阳相隔,彼此明了的悲怆之感。

（5）作者以景结尾,为何是"明月"? 柳永用"杨柳岸晓风残月"来表达和相爱之人分别后的迷离凄惨。苏轼笔下的"明月夜"怎么理解? 作者希望千里之外的坟茔中的王弗可以感受到苏轼的祝福,遥寄思念,与《水调歌头》中的"但愿人长久,千里共婵娟"有着一样的情怀。即使永不能见,还有永恒的明月和永不凋零的雪松相伴。

要求:再读全词,小结全词。

（1）静态的画面。"孤坟"、"尘满面、鬓如霜"的作者、"正梳妆"的王弗、相对无言的两人、明月映照下的短松冈。这是静默的力量,静态画面下流淌的是深邃喷涌的情感。

（2）数量词和否定词。"十年""千里""千行""不思量""无处""无言",这些是作者勃发情感的体现,对亡妻爱之深。作者还表达了彼此之间的默契、交融,所以当时间已逝、空间阻隔时,作者自然会写下这样的一首作品。

（3）精巧的结构。这首词以"梦前—梦中—梦后"为时间线索,虽以"记梦"为题,但现实更是作者的情感立足点,王弗在梦里,苏轼在人间。人间之痛,痛如何哉! 作者记梦,却不仅仅记梦,巧妙地将现实和梦境勾连,让人动容。

比较思考,思维提升。提问:相同的情感表达,你喜欢哪一种呢? 为什么?

明确:九百多年的间隔,时间和空间的力量不容小觑,现代人的情感传递方式直接、大胆、充满力量,这和我们的生活环境息息相关,高速的时代让那种"慢"显得格格不入,生活需要释放,情感更是喷涌。但苏轼词的魅力不容忽视,经典的内涵仍值得回味,人类的情感是细腻的,是一寸寸累积起来的,是有浓重个人色彩的,所以情感的表达是否也同样应该更个性化一些,更精巧一些? 希望学生都能成为智慧的品鉴者,在阅读中发现精华,感受快乐。

五、作业

使用一些表达技巧,创作一首歌词表达你的情感。

中编

实践案例

千 秋 苏 武

——《苏武传》教学案例

华东师范大学第一附属中学　王贝宁

背景与分析

一、教材分析

班固的《苏武传》歌颂了苏武威武不能屈、富贵不能淫、贫贱不能移的高贵品格。因出使匈奴而被扣留十九年,在苦寒之地坚守气节,归来时白发苍苍,这个形象千百年来屹立不倒,是中华民族的一座丰碑。中华民族的传统美德之一是爱国,怎样爱国,怎样用实际行动爱国,苏武用自己的行动诠释了。

课文《苏武传》节选了《汉书》的部分内容,主要围绕四个部分展开。第一部分介绍苏武的身世以及出使的原因。第二部分记叙了匈奴内部发生叛乱,祸及汉使者,苏武欲自杀殉国。第三部分苏武留在匈奴十九年,面对各种威逼利诱,毫不动摇,坚贞不屈。第四部分写苏武归国。

作者班固是东汉著名的史学家。《后汉书·班固传》称他“年九岁,能属文,诵诗赋。及长,遂博贯载籍,九流百家之言,无不穷究。所学无常师,不为章句,举大义而已”。其父班彪曾续司马迁《史记》作《史记后传》,未成而故。班固立志继承父业,在《史记后传》基础上,进一步广搜材料,编写《汉书》。因当时有人诬告,班固因罪入狱,后其弟上书解释,汉明帝重新审视,对他的书稿大为赞赏,便召为兰台令史。班固利用朝廷良好的藏书条件和工作环境,“潜精积思二十余年”,终于完成了《汉书》的写作。

《汉书》是第一部纪传体断代史,记叙了汉高祖元年至王莽四年共 230 年的历史,体例上基本继承了《史记》,只是改“书”为“志”,取消了“世家”,并入“列传”。

二、名家评述

李白:"苏武在匈奴,十年持汉节。白雁上林飞,空传一书札。牧羊边地苦,落日归心绝。渴饮月窟冰,饥餐天上雪。东还沙塞远,北怆河梁别。泣把李陵衣,相看泪成血。"

温庭筠:"苏武魂销汉使前,古祠高树两茫然。云边雁断胡天月,陇上羊归塞草烟。回日楼台非甲帐,去时冠剑是丁年。茂陵不见封侯印,空向秋波哭逝川。"

陈杰:"伸脚踏沙迹,开口吃汉天。见天不见雪,况辨雪与毡。环观不敢杀,谓是不死仙。汉庭方求不死该,方士取露和玉屑,何如老臣毡夹雪。"

三、学情分析

这篇课文是统编教材选修中册第三单元,和《屈原列传》编为一个单元。同为爱国,屈原和苏武的表现大同小异,不妨比较两文在塑造人物形象上的异同,由此掌握塑造人物的手法,探究作者意图。

四、核心问题

(1) 第二部分苏武拔刀自刺欲殉国和第三部分流放到北海无人处,又想方设法活下去是否矛盾?生死岂非儿戏,苏武是个忠君爱国之人,无论生死,目的都是维护国家民族的尊严。如何结合具体内容理解人物举动及背后的意义,是课堂的难点之一。

(2) 如何正确评价苏武。历史上汉天子刻薄寡恩,从李陵一案便可看出,苏武的兄长因"触柱折辕,劾大不敬,伏剑自刎",弟弟因抓不到推驸马落河的凶手而服毒自尽,老母亲已去世,妻子改嫁,两个妹妹及孩子们生死不知,在这种情况下李陵的劝降应该是很有诱惑力的,但是苏武不为所动。这种忠诚是"愚忠"吗?我们到底应如何看待,也是课堂的一个难点。

◎ 教学设计

一、教学目标

(1) 掌握文中重要的实词、虚词及句式,并翻译全文。

(2) 体会语言描写、动作描写、环境描写及对比等手法对烘托人物形象的作用。

（3）体会苏武坚贞不屈的爱国精神。

二、课前预习

（1）借助文言文字典，大致疏通课文。

（2）补充阅读材料。

初武与李陵俱为侍中。武使匈奴，明年，陵降，不敢求武。久之，单于使陵至海上，为武置酒设乐。因谓武曰："单于闻陵与子卿素厚，故使陵来说足下，虚心欲相待。终不得归汉，空自苦亡人之地，信义安所见乎？前长君为奉车，从至雍棫阳宫，扶辇下除，触柱折辕，劾大不敬，伏剑自刎，赐钱二百万以葬。孺卿从祠河东后土，宦骑与黄门驸马争船，推堕驸马河中溺死。宦骑亡，诏使孺卿逐捕，不得，惶恐饮药而死。来时太夫人已不幸，陵送葬至阳陵。子卿妇年少，闻已更嫁矣。独有女弟二人，两女一男，今复十余年，存亡不可知。人生如朝露，何久自苦如此！陵始降时，忽忽如狂，自痛负汉，加以老母系保宫。子卿不欲降，何以过陵？且陛下春秋高，法令亡常，大臣亡罪夷灭者数十家，安危不可知，子卿尚复谁为乎？愿听陵计，勿复有云！"武曰："武父子亡功德，皆为陛下所成就，位列将，爵通侯，兄弟亲近，常愿肝脑涂地。今得杀身自效，虽蒙斧钺汤镬，诚甘乐之。臣事君犹子事父也。子为父死，无所恨。愿无复再言！"

陵与武饮数日，复曰："子卿，壹听陵言。"武曰："自分已死久矣！王必欲降武，请毕今日之欢，效死于前！"陵见其至诚，喟然叹曰："嗟呼！义士！陵与卫律之罪上通于天！"因泣下沾衿，与武决去。

——《汉书·李广苏建列传》

三、教学难点、重点

重点：塑造人物形象的手法。

难点：引导学生全面、辩证地评价历史人物。

四、方法与手段

（1）教师翻译全文，针对一些重点语法现象进行课堂提问。

（2）分角色朗读，沉浸到人物故事中体会。

（3）辩论。组织学生针对教学中的难点进行课堂讨论，可以以小型辩论会的方式进行。

◎ 过程与反思

一、片段一

● 课堂回放

师：课文最能表现苏武形象特征的段落在哪个部分？是如何塑造的？

生1：主要在第3、4、5三个段落，通过语言和动作描写来塑造的。

师：请举例子分析。

生1：语言描写"屈节辱命，虽生，何面目以归汉！""为人臣子……从我始矣"这些描写刻画了苏武威武不屈的形象特点。

生2：动作描写"引佩刀自刺"，表现苏武忠贞不渝。

师：这些是正面描写。有没有侧面描写？

生2：卫律审讯苏武时先恐吓"复举剑拟之"，见苏武不为所动又用富贵财利诱，苏武还是不屈服。这是侧面烘托，也是对比手法。

● 教学反思

史传类文章对人物形象的分析、事件的概括是避免不了的。但是要注意不能仅仅停留在应试层面，否则很难体会当时的情境。文章并不是具体叙述苏武的每一事迹，而是有详有略，作者的选材和组材是为了突出人物以及意图。卫律对苏武的劝降是最能表现苏武气节的，面对威逼利诱，面对死亡的威胁，不少人经不住而变节，而苏武的信念始终如磐石般坚定不移。这个部分先让学生分角色朗读，要求尽量还原当时人物说话的语气语调，甚至表情。虽然诵读也是语文学习的一部分，是语文的基本技能，但是越到高年级，师生们对诵读的热情反而递减，这令人担忧。古人曰：熟读唐诗三百首，不会作诗也能吟。足见诵读的重要性。经典作品不是"看"就能看出门道的，人物传记也不是靠翻译就能掌握方法体会人物情感的。没有诵读的过程，很容易忽略文章的细节。大声诵读，可以刺激大脑兴奋，加强记忆，培养语感。分角色诵读可以使角色深入人心，也有益于对角色的分析。教师若只是挖掘字词内涵，分析文章，则学生多半一知半解。私认为，没有亲自诵读，没有沉浸，就难以感受文章的意境、角色的内心以及作者的思想。

二、片段二

● 课堂回放

师：根据补充材料，比较分析苏武对待卫律和李陵的不同态度。

生 1:对卫律不留情面,对李陵似乎还客气。

师:什么是"客气"? 如何理解?

生 1:没有像对待卫律那样痛斥一顿。

师:为什么对李陵没有那么绝情?

生 1:卫律是小人,主动投降,背叛自己国家,卖主求荣。

生 2:卫律对汉使者采取"双标",对张胜是逼供,以武力威胁;对苏武虽然是恐吓,但是也用利益诱惑他,许诺他高官厚禄。

师:所以苏武对小人是痛斥一番。那么李陵是怎么劝降的?

生 2:李陵是以曾经的同僚、朋友身份来劝的,至少是站在苏武的立场考虑的。而且李陵告诉苏武他家中老小的遭遇,也有同情成分。再说李陵也讲述了自己投降的经过,是不得已为之,对苏武现在的心情能感同身受。

师:苏武始终不肯投降,无论是卫律还是李陵劝降,哪怕他深知家人早就遭遇不测,依然没有动摇自己不降的决心。

● **教学反思**

人物形象的分析不能孤立看待,要从主要人物对待不同人的态度和立场分析,方能全面解读。同为降官,卫律的嘴脸更可耻,因而苏武对其威逼不惧,利诱不屑。从措辞中能看到苏武对卫律极度鄙视,"汝为人臣子,不顾恩义,畔主背亲,为降虏于蛮夷,何以女为见",这句话掷地有声;接着又从汉朝对待曾经的南越、宛王、朝鲜的手段反过来威吓卫律,这种气魄无人能及。趋利避害也算是人的本能,但是卫律一番言语不知廉耻,居然大力宣扬投降的种种好处,把为人臣子的底线抛诸脑后,丑陋至极。这样更反衬苏武的一身正气,光明磊落。

之所以补充了李陵劝降的材料,是为了能多角度地理解苏武的形象特征。面对寡廉鲜耻的卫律,苏武大义凛然,这是很多人能读懂的。可是人往往对自己的亲人或朋友会拉不下脸,拒绝也就不彻底。但是这段材料中,我们能看到面对交情深厚、以情动之的李陵,虽然苏武同其"饮数日",边喝酒边聊天,虽然态度委婉,但依然立场坚定。人非草木孰能无情,李陵声泪俱下说起自己家族惨遭汉天子杀戮,他不降的决心也同苏武一般,只是人生苦短,在这北海无人处坚守汉王室交托的使命,又有谁知晓? 如果说卫律的劝降是只要你投降就有荣华富贵,是出卖尊严和国格,那么李陵的劝降则是人生的价值有不同的舞台可以施展,是良禽择木而栖。只不过苏武的信仰终究没有被击穿,不降就是不降,难怪李陵感慨"嗟呼,义士! 陵与卫律之罪上通于天"。从情感上李陵是赞同苏武的不屈,只可惜他自己意志不坚定投降匈奴,这是他一直耿耿于怀的。苏武的不降就像一面镜子,照出他灵魂的卑微。

虽然是通过卫律和李陵的不同劝降进行比较,实则是对苏武形象的进一步解读。态度不同,语气措辞不同,但背后体现的民族大义、个人操守却始终未变。

三、片段三

● 课堂回放

师:苏武在被囚禁流放之前两度自杀,后又想方设法活下来,这两个内容是否矛盾?

生1:不矛盾。之前是为了维护国家尊严,匈奴要审讯汉使者,这是奇耻大辱,自杀是以死明志。

生1:后来被流放,苏武应该还是心存希望的,在等待汉朝派使者寻找他们。

生2:苏武也许自己也没有料到会一等十九年,所以就一直抱有回去的念想。

师:那么"杖汉节牧羊"怎么理解?

生2:坚守汉使者的使命。

师:所以被流放后,他仍然是汉朝使节,既然是国家使节,那么一举一动都代表国家。如果此时屈服了,以死来逃避活罪,对国家使命也是一种玷污。所以,无论他之前想自杀,还是后来的坚韧求生,都是出于维护汉朝的尊严,而将个人生死荣辱置之度外。

● 教学反思

读文章要仔细,尤其是这种看似前后矛盾的内容,值得深究。比如《雷雨》中周朴园在认出鲁侍萍前,对鲁妈倾诉他对侍萍的怀念,非常深情,但认出侍萍后一反常态,质问侍萍是不是要钱。这种人物态度的前后变化并非矛盾,周朴园怀念侍萍是真实的,因为繁漪的桀骜不驯与侍萍的温柔顺从截然不同,周朴园更怀念侍萍;但就其本质而言,作为大资本家,他的嘴脸也是真实的,当他考虑到名誉地位时,便露出了资本家残忍的嘴脸。所以,这样的前后不一致,使得人物形象更丰满。

而本文主要是呈现情节的不一致,那么这种不一致是在什么情形下发生的?和人物有关吗?班固和司马迁不同,司马迁"究天人之际,通古今之变,成一家之言",对当代史持批判态度,敢于揭露统治阶级本质,有"实录"美誉,这和他的个人遭际有关。班固以儒学作为主导思想,虽勇气及不上司马迁,但也有史学家的严肃态度和求是精神。苏武的忠君爱国、坚贞不渝也是儒学倡导的,班固重在表现其精神品质。苏武被流放前的欲自杀是证明清白,不辱没国家民族尊严;在北海无人处的艰难求生也是为了国家民族,将个人生死置之脑后,无论求死还是求生都表现了他的民族气节。

对矛盾情节的质疑、思考、探究,可使自己对作品人物的分析更深刻,也使自己的思维得到训练。

四、片段四

● **课堂回放**

师:对苏武如何评价?

生1:敬佩他的骨气,但也觉得可惜。留得青山在,不怕没柴烧。而且汉天子对朝廷大臣们的手段实在残忍,很难理解为什么苏武还要坚守。

生2:这应该算是愚忠吧。

生1:三军可夺帅,匹夫不可夺志也。

生2:儒家思想统治了几千年,忠孝是为人根本。

● **教学反思**

对苏武,大家给予了高度赞扬。只是在是否算"愚忠"上略有分歧。封建士大夫的家国情怀是位卑未敢忘忧国,富贵不能淫。这是他们赖以立身的道德准则,铸就了读书人的骨气。自古以来直谏、死谏之人络绎不绝,而且都重视身后名,对流芳百世很在乎,这一点应该也算是坚守原则的动力之一。抵抗侵略,维护国家的独立和尊严,是每个时代每一个人的责任、道义,也是本能。故而有学生认为"忠"就是"忠",没有"愚"之说法。胡适曾说过"为个人争自由就是为国家争自由,争取个人的人格就是为社会争人格。真正自由平等的国家不是一群奴才建立起来的"。如果个人不维护国家荣誉,对民族的苦难袖手旁观,那么皮之不存,毛将焉附?正因如此,我们才有苏武、文天祥、岳飞,才有林觉民、左联五烈士,才有后世更多的人前赴后继踏上民族英雄们的路。

评价人物,尤其是封建时期的人物,由于历史局限和阶级局限,我们对他们不能苛求。批判性思维不是简单粗暴地否定,不是唱反调,不是颠覆,这些都是反伦理的。批判性思维应该是深刻地思考,在前人观点的基础上有所补充,乃至提出新的见解。

推荐阅读卜正民主编的《哈佛中国史》,毕竟文史哲不分家,从国际学者的眼光来看中国历史,跳出我们自己的圈子会更全面。

以读促写，建构诗性思维

——以《短歌行》文学短评读写教学为例

华东师范大学第一附属中学　史馨彦

◎ 背景与分析

一、教材分析

1. 课文分析

曹操的《短歌行》是统编高中语文教材必修上第三单元第七课中的一篇。东汉末年的乱世造就了曹操这样的一代英雄。"设使国家无有孤，不知当几人称帝，几人称王！"他常常自比周公，又或者自比齐桓，而因此，造就了"慷慨古直"的独特诗风。"慷慨"，《说文》中讲是"壮士不得志于心也"；而"古直"，即浑朴率直，指诗歌的语言不假雕饰。自中平六年（189 年）曹操 35 岁拥兵自重，38 岁收黄巾降卒建青州兵，逐鹿中原开始，再至建安元年（196 年）"挟天子以令诸侯"，之后灭二袁征乌桓，长年的征战磨炼了其英雄的心魄，同时也给作为诗人的他对战争、对百姓疾苦更为深刻的体察，这些都使其古直的诗风之下，又有悲悯和真情。

作《短歌行》之时，曹操刚经历了赤壁之战的失利，对当时已近暮年的曹操而言，这无疑是巨大的打击。一方面，作为常人，正如同《驱车上东门》中流露的诸如"人生忽如寄，寿无金石固"一样，曹操也常感生命短暂。但另一方面，作为政治家、军事家，他又格外珍视生命，对生命本身有异于常人的深刻体悟，更为急切地渴望建功立业，异常地期待贤才辅佐。"周公吐哺，天下归心。"三国鼎立的局面已然形成，但曹操相信，不拘一格选贤举能，得贤者必能得天下。

正因为曹操的将相之志、慷慨之气与悲悯之情，《短歌行》在延揽人才的主旨之下，还蕴含着哀而不悲的生命体验、壮烈昂扬的生命追求，这些都使得诗歌更为打动人心，甚而使后世之人亦激荡不已。

2. 单元任务分析

《短歌行》所在的第三单元属于必修课程"文学阅读与写作"学习任务群。单元目标的第四点：在学习本单元作品的基础上，联系对既往文学作品的学习，根据自身实际情况，写一篇文学短评。

对于"文学短评"的概念，我们是陌生的。首先，它不同于诸如《文心雕龙》《沧浪诗话》等一类的中国传统文艺理论。中国传统文艺理论往往借助"神思""情采""风骨""气象"等独具诗性精神的术语，专注于感悟、直觉的思维形式，以简约凝练的言说方式，呈现出诗性的特征。其次，它虽曰"短评"，但应该建立在通过知人论世、以意逆志等方法，体察诗人对社会与人生的思考，以及把握诗歌内涵的基础上。建立在鉴赏审美基础上的评论，是从对形象的诗歌语言的感悟上升为分析、鉴赏、评价的理性思维的过程。

总而言之，本课教学目标的"文学点评"需要经过逐步分析，对问题给出明确结论的思维，并且需要分析与综合、比较与分类、抽象与概括这些思维过程。

二、名家评述

魏武帝"对酒当歌，人生几何"……言当及时为乐。又旧说长歌短歌，大率言人寿命长短分定，不可妄求也。——吴兢《乐府古题要解》

孔融、杨修俱毙其手，操之高深安在？身为汉相，而时人目以汉贼，乃以周公自拟，谬奕。——刘克庄《后村诗话》前集卷一

"譬如朝露，去日苦多"：不用来日苦少，句觉尤妙。"但为君故，沉吟至今"：英雄何尝不笃于交情，然亦不泛。"明明如月"：如字幻极，乐府奇语。"契阔谈讌，心念旧恩"：惨刻处惨刻，厚道处厚道，各不妨，各不相讳所以为英雄。又云：四言至此，出脱《三百篇》殆尽，此其心手不粘滞处。"青青子衿"二句，"呦呦鹿鸣"四句，全写《三百篇》，而毕竟一毫不似，其妙难言。——钟惺、谭元春《古诗归》评

少小时读之，不觉其细；数年前读之，不觉其厚。至细，至厚，至奇！英雄骚雅，可以验后人心眼。——钟惺、谭元春《古诗归》评

言当及时为乐也。"月明星稀"四句，喻客子无所依托。"山不厌高"四句，言王者不却众庶，故能成其大也。——沈德潜《古诗源》

此诗即汉高(祖)《大风歌》思猛士之旨也。"人生几何"发端，盖传所谓古之王者知寿命之不长，故并建圣哲，以贻后嗣。次两引《青衿》《鹿鸣》二诗，一

则求之不得,而沉吟忧思;一则求之既得,而笙簧酒醴。虽然,鸟则择木,木岂能择鸟? 天下三分,士不北走则南驰耳。分奔吴蜀,栖皇未定,若非吐哺折节,何以来之。山不厌土,故能成其高;海不厌水,故能成其深;王者不厌士,故天下归心。说者不察,乃谓孟德禅夺已萌,而沉吟未决,畏人讥嫌。感岁月之如流,恐进退之失据。试问篇中《子衿》《鹿鸣》之诗,"契阔谈讌"之语,当作何解? 且孟德吐握求贤之日,犹王莽谦恭下士之初,岂肯直吐鄙怀,公言篡逆者乎? 其谬甚矣。——陈沆《诗比兴笺》卷一

三、学情分析

对高一年级的学生来说,有限的古典诗歌积累,与一千多年前的作者迥异的生命体验对他们理解古典诗歌造成了极大障碍。一方面,这种读者理解与作者意图间巨大的"隔"是这堂课的一个难点;而另一方面,单元学习任务还需要学生将所读所赏以"文学短评"的形式输出,进行读写结合。

部编教材中给"文学短评"作了这样的定义——阅读文学作品时,从自己的感受出发,用简要的文字把自己对作品的理解、分析和评价写出来。这定义看似简短,但细究下发现实则对学生的能力要求相当高。首先,是"从自己的感受出发"。钟嵘在《诗品》序言中说,"气之动物,物之感人,故摇荡性情,形诸舞咏",所以诗人写诗是万物感其心,情动于中,继而以言辞、意象来表达。反过来,读者去读诗又何尝不是一种情感体验过程呢? 因此,学生要"接收"到诗人的"兴发"点,本就不是件容易的事,非要有一定量的诗词积累同时又有灵锐感触不可。其次,是"理解、分析和评价"的能力要求。正如定义所言,"文学短评"尽管冠以"短"字,却仍然是对文学作品的评价。评价,一定是建立在充分理解、深入分析的基础上的,它有一部分等同于鉴赏又不完全一致,这是能力要求最高的一层。因此,要写好文学短评,就要先对文本有深度的理解。而这种对文本的深度理解,又一定是建立在分析与综合、比较与分类、抽象与概括这些思维活动基础之上的。

四、核心问题

本课时的学习任务是"学写文学短评"。因这一任务的达成必须建立在理解且具有一定鉴赏水平之上,因此放在《短歌行》这篇课文的第二课时。这节课以"任务"驱动教学并尽量整合单元任务,试图融合阅读与鉴赏、表达与交流、梳理与探究,再将学生引向深度阅读与写作,引向深度思维。

● 教学设计

一、教学目标

（1）通过对古诗词独特的艺术匠心的细细品味，进一步体会优秀古诗词的深刻意蕴。

（2）就最有感触的一点，写一则800字左右的文学短评。

二、课前预习

查找相关资料，了解本单元作品的写作背景，通过"知人论世"，试着对诗作的内涵做初步探讨。感悟古诗词中寄寓的诗人对社会的思考和对人生的感悟。

三、教学难点、重点

进一步体会《短歌行》独特的艺术匠心及深刻的意蕴，学写文学短评。

四、教学方法与手段

教学方法：讨论与探究。

（1）明确《短歌行》的主题——求贤。

（2）学生交流阅读体会。

（3）通过典型文学短评片段的学习，归纳概括文学短评要素，并对《短歌行》作100～150字文学短评。

（4）全班交流并修改课堂写作片段，进一步深化对文学短评写作的理解。

教学手段：多媒体、实物展示台。

● 过程与反思

一、片段一

● 课堂回放

上节课，我们通过反复诵读，结合注释，大致把握了《短歌行》的诗意，简单讲，即"求贤"。今天，让我们进一步品读这首诗，并学写文学短评。先请同学们一起有感情地朗读诗歌。

● 教学反思

这是本节课的导入环节。本课选择直接明确诗歌主题，说明学习目标，作用很明确,就是试图将学生的思维快速引入课堂、聚焦任务,即深入地读,再深入地写,先读再写,读写结合。

二、片段二

● **课堂回放**

师:(朗读之后)大家情绪饱满,都很有感触,能交流一下哪些诗句让人特别有感触吗? 为什么?

生1:"譬如朝露,去日苦多。"英雄也有对生命短暂的喟叹,让人唏嘘。

生2:我最有感触的一句是"周公吐哺,天下归心",表达了曹操强烈的求贤愿望,我仿佛能想象曹操想象群贤毕至时的场景。

生3:我对"明明如月,何时可掇"最有感触。曹操忧心如焚,将人才比作明月,想要摘取。

生4:我也是这几句。曹操有鸿鹄之志,所以他才会对贤才有很深的渴望,更表达出他宏伟的志向。

师:同学们谈了自己对这首诗最有感触的地方,这其实正是我们写文学短评最初的切入口。那么从你们各自的"触动处"到"文学短评",这中间还缺少什么要素呢? 我们来看一看诗歌短评的样式。请一位同学读一下,其他同学思考。

● **教学反思**

学生们的初读体会都是感性的,那是情感的触发点、共鸣点。从思维角度来讲这更接近感性思维。它是自发产生、自然形成的,是片段式的、零碎的,它依赖感觉、想象、联想等。然而,文学短评不同,它需要学生从自己的感受出发,从最有感触的地方开始,用简要的文字把自己对作品的理解、分析和评价表达出来。对作品的理解、分析与评价,就将思维的层次提升到理性层面了。因此,这个环节的设置,其实就是想通过典型文学短评片段的展示,让学生自己去寻找感性触发点与理性评论文字之间的差异,去归纳概括文学短评要素,为学生的思维提供阶梯,为学生写作文学短评作准备。

三、片段三

● **课堂回放**

师:可见,要写好文学短评,只有"真"还不够,还需要寻找一个"小"的切口,要有理有据地分析,要"实",但最关键的是要"深"。只有对文学作品本身有深刻的理解赏析,才有可能在此基础上有独到的评论。接下来,让我们结合资料,再次品读《短歌行》,试着去读出之前忽略的、粗疏的诗味来。

生1:我想要探讨一下用典。我们都知道,曹操二十岁时举孝廉为郎,之后镇压并收编黄巾军,破袁术、战吕布,到建安元年归迎天子想要统一天下,"周公吐哺"是用周公礼贤下士,一饭三吐哺的典故来表明自己求贤心切,希望能够有"天下归心"的一天。

师:角度很好,宋代的刘克庄也对此做出过评论。但他说曹操以周公自拟是"谬矣",你们怎么看?

([PPT展示]宋代刘克庄:孔融、杨修俱毙其手,操之高深安在? 身为汉相,而时人目以汉贼,乃以周公自拟,谬矣。——《后村诗话》前集卷一)

生2:周公是政治家、文学家、诗人等,和曹操类似,但是比曹操更好,曹操以此自比。

师:(周公)和曹操类似,类似在哪里呢?

生3:周公是集大德、大功之人,是圣人,是孔子的偶像。曹操也自以为是如此的。

师:周公还做了什么? 文王也是大德大功大圣之人,为什么曹操不用文王的典故?

生4:(曹操)以此自比,还有一层意思:我不篡汉,治理天下后还政,我是为了"天下"。自比作周公要做"治世之能臣"。

师:非常有见地。这就不仅借此表达求贤若渴,志必大成的心愿,更以此向天下人昭示我曹操并非想要篡汉,并非是"挟天子令诸侯"的小人。这里化用周公典故,内容上就十分契合妥帖,而同时又比直抒胸臆更加言简意赅、含蓄典雅。

● **教学反思**

在这个片段中,我们看到了学生开始时由于思维的惯性、惰性导致的浅读。"用典"的角度当然抓得很好,但他们已经习惯于仅仅依赖课后注释去把握诗意,这样就只能粗率地得出曹操化用周公一饭三吐哺的典故表达自己对贤才的渴望之情,而没有真正全面把握这个典故的意味。

于是,我在这个环节为学生设计了两步思维阶梯:其一是宋刘克庄的评论,其二是启发提问为何不用文王求贤的典故。刘克庄的评论是负面的,当学生看到否定的评论时,思维的惯性就被打破,意识到原来也可以对诗人对诗歌持批判性地理解,继而推动他们去思考:这种质疑有道理吗? 而更进一步,周文王礼贤姜太公是大家都熟悉的典故,从"求贤"主题来看,它与"周公吐哺"相近,那为何曹操不用文王的典故呢? 这样一问,学生的思维又跳出了"求贤"的窠臼,再引导他们从比较周文王、周公、曹操生平得出曹操与周公一样自认是"辅臣",至少在曹操写作《短歌行》时,他还没有公然篡汉的意图。

四、片段四

● **课堂回放**

生1:我还想谈一谈这首诗歌四言的形式。四言更刚健,五言较为缠绵。而刚健是因为语言短而有力,所以这首诗用四言来表达很贴切。

师:为何刚健的语气更好呢?

(生静默)

师:你们能不能试着在这首诗歌四字中加入一个字,把它变成一首五言呢?

板书:对酒(而)当歌,人生(复)几何。

譬如朝露(晞),去日(诚)苦多。

(全班朗读,大笑)

师:你们笑什么呢? 现在有没有点想法? 为何四言更刚健,而刚健的语气更好呢?

生2:他好歹也是枭雄,用语怎么能娘娘腔呢?

师:哦! 好歹是个枭雄! 怎么说啊?

生2:曹操的《步出夏门行》写"东临碣石,以观沧海";而苏轼《赤壁赋》里也说曹操"酾酒临江,横槊赋诗",大家就可以想象这是个有大气魄成大事的伟人,伟人写诗就也应该是有大气魄的。

生3:而且我觉得,对于"求贤"的主题来说,五言读起来就有点谄媚的味道。

师:说得很有道理。确实,曹操自己也说:"设使国家无有孤,不知当几人称帝,几人称王!"这霸王之气显露无遗。

([PPT展示]"设使国家无有孤,不知当几人称帝,几人称王!"——《让县自明本志令》)

师:所以,虽然四言有极大局限性,节奏单一,二二分句,但这种语言不假雕饰、浑朴率直的特点正与曹操的个人气质、人生追求相一致,这是"建安风骨"的体现。

● **教学反思**

有时候,当学生思维受阻,就需要教师适时地点拨与提示。在这个环节中,我设置的是"四言变五言",在诵读比较中切实体会一字之差所带来的不同的阅读感受，充分发挥感性思维的长处。毕竟，对于高一的学生，如果直接从句子节奏、分句等角度理性地去分析，未免枯燥且难以为他们所接受。不妨就从诵读开始，从自然吟咏入手，在朗朗书声中去感性把握。继而点拨曹操性格、生平，依靠理性产生思维的后半段，得出四言之恰切的结论。

心颜须向自由开

——《梦游天姥吟留别》中李白的游仙经历

华东师范大学第一附属中学　阮静

背景与分析

一、教材分析

《梦游天姥吟留别》一直是高中语文古典诗歌教学的经典篇目,是引导学生借助诗歌走近李白,理解诗人情感的传统篇目。

关于本诗的主题,学术界一直以来存在两种对立的见解。一种认为梦游天姥的过程是诗人入仕长安后,三年政治生活曲折和幻化的反映,是诗人对过去生活经历的回顾与反思。另一种则认为梦境更多是作为污浊昏暗的政治现实的对立面展现出来的,表现了诗人对理想境界的向往和追求。

我聆听和观摩过多节本课的公开教学,发现对诗歌主题的处理主要有以下两种典型情况:第一种是运用"知人论世"的诗歌鉴赏方法,引导学生通过诗人在长安的三年经历,理解诗人情感;第二种是明确了诗人情感中对理想境界的追求和向往,却对梦境和现实的关系或回避,或含混带过。前者其实是持上述学术界的第一种观点,但这样简单化的"知人论世"是否真正理解了诗人始终蕴含的情感以及这首诗独特的艺术价值呢?后者则是用"贴标签"的方式让学生记住了诗人最为闪耀的思想光辉,却并未真正走进诗歌,并通过诗歌走近诗人的情感世界。

所以,本课例期望聚焦于探讨这样一个诗歌教学中需要经常面临的问题:如何在"知人论世"的前提下批判性地解读诗歌,理解诗人情感。

二、教学任务分析

本课例的研究涉及三个核心概念:知人论世、思维和批判性解读。

知人论世，出自《孟子·万章下》："颂其诗，读其书，不知其人可乎？是以论其世也。"原指"交友之道"，后成为一种论文的方法，即"知人论世法"，是一种要理解文本必须先了解作者为人及所处时代的论文方法。具体到诗歌鉴赏中，"知人"是指鉴赏作品时必须了解作者的身世个性、生平际遇、思想状况及写作动机等信息；"论世"是指要联系作者所处的时代背景、时代特征去考察作品的内容。在古诗文教学中，"知人论世"也是作为影响深远的传统诗歌鉴赏方法教给学生的，对学生深入、全面地了解作者的创作本意和思想情感发挥着极其重要的作用。

思维，本课例中虽然看似没有直接运用这一概念，但其实教与学都离不开它，教学的过程是思维的展开、运用和发展过程。古典诗歌教学过程中也应充分关注和培养学生的思维能力和思维品质的提升。

美国实用主义哲学家杜威在《我们如何思维》一书中对"思维"所下的定义明确了"有意义的思维应是不断的、一系列的思量，连贯有序，因果分明，前后呼应。……思维的每一个阶段都是由此及彼的一步"。而且他明确指出"思维所要指称的是立足于某种根据的信念。这种思维的特点是接受看来可信的事物或者拒绝看来不可信的事物，确立自己的信念"。

对于批判性解读过程中所需的"批判性思维"的理解可能有不同的表述，但其核心和共同点都是一种"反思性思维"——通过"能动、持续和细致地思考"，洞悉支持它的假设和理由，以及它所进一步指向的结论的合理性。

由此，我认为我们在指导学生理解古典诗歌情感时，既要"知人论世"，明确借助了解诗人生平经历和时代背景来确立自己理解的重要性，更要引导学生通过诗歌本身描述的意境和诗人形象去理解诗歌情感。

在学生对诗歌理解出现困惑，对某些现有理解出现怀疑时，正是我们引导学生经由有效的批判性思维过程进行系统、持续探索的良好时机。通过探究，既使学生深入理解了诗歌情感，又提升了他们的思维能力。

在本课例中，我正是通过学生持续、能动和细致的批判性解读活动，来确定所思考的结论指向的合理性，深入而准确地把握诗人情感的。

◎ 教学设计

一、教学目标

（1）理解诗人借助浪漫瑰丽的想象构筑的诗歌梦境。

（2）理解和探究诗歌表达的思想感情及其与诗人经历的关系。

二、教学过程

（一）课前预习

（1）查阅资料，大致了解李白生平。

（2）对诗人"长安入仕三年"的经历及相关诗歌作进一步了解。

（二）课堂导入

本诗题为"梦游天姥吟留别"，一作"别东鲁诸公"，既点明题材——游仙诗，体裁——古体诗；也说明了写诗缘由——别东鲁诸公。但诗中并未像一般送别诗那样表达依依惜别之情，那么这首诗李白究竟想表达的是什么？（提出主问题）

（三）跟读、品读、诵读，体会游仙历程，感受诗歌意境

（1）品读诗歌第二段，感受诗歌意境以及身处仙境中的诗人的情感变化。

本环节要求学生在跟读后，发挥想象跟随诗人进入梦境，通过对自己感受最强烈的梦境片段的品读，理解身处其中的诗人情感。

（2）品读第一和第三段，比较诗人入梦前后的情感。

本环节先师生共同诵读全诗第一段及第三段开头部分，感受入梦前诗人迫切、兴奋的感情，接着诵读梦醒之后的诗句，初步感受诗人的情感。也正是在这里，学生对诗人想表达的内容和情感的理解出现了分歧，由此引入下面的探究。

（四）问题探究

主问题：诗人借梦境究竟想表达什么？

诵读全诗，完整感受和把握诗歌整体的意境和情感。

探究一：这首诗"梦游天姥"的过程是不是诗人长安三年政治生活的曲折反映和幻化？

探究二：有学者认为，"梦境"是诗人所向往追求的理想境界，是作为污浊昏暗的政治现实的对立面出现的，你同意吗？

学生根据不同的看法分成两组，根据诗歌内容对自己的看法进行阐述，展开两次探究和辩论活动。

整合两个探究问题，教师进行小结，形成对主问题"诗人借梦境究竟想表达什么"的理解。

（五）课堂小结

本诗内涵非常丰富，诗人将想象之景与内心之情融为一体，表达了从见到清幽剡溪时的踌躇兴奋，到观赏壮美山景时的流连忘返，后在经历惊险夜景和

奇丽仙境中产生了惊心动魄、恐怖惊惧之感。这样,整首诗在我们面前展现了多重图景和多重情感意蕴,而其中凸显的是诗人对精神自由的追求和他傲岸的人格。

阅读诗歌,关注诗歌中情与景的关系,借助诗人笔下的意象和意境特征来体悟诗人感情。读诗歌可以在"知人论世",了解诗人人生际遇和写作背景的基础上"以意逆志"走近诗人内心世界。但是,莫忘"诗无达诂",理解诗歌不是把诗句和现实做一一比对,那样既失之穿凿,违背了"知人论世"欣赏诗歌的初衷,也无法真正从审美层面上体会诗意诗情,真正理解诗歌之美。

(六)作业

查阅诗人长安入仕三年前后创作的其他诗歌,写一篇小论文,谈谈你对《梦游天梦吟留别》中梦境描写与现实中诗人情感关系的理解。

设计说明

本堂课的教学聚焦"借游仙经历诗人想表达什么"进行设计,在引导学生品读、反思诗歌,进行批判性解读的过程中力图做到以下三点。

(1)逐层深入,循序渐进。首先,设计课前预习作业,为学生的课堂品读储备一定的背景知识和历史视野。其次,在进入具体教学情境后,通过聚焦"在诗人游历仙境的经历描写中你读到了什么?""通过对游历仙境之前的兴奋向往和游历之后的失落,以及直接抒情诗句的品读,你感受到了什么?""你认为诗人的向往和失落究竟因为什么?"三个问题,循序渐进,逐层深入展开品读与思考。再次,进一步聚焦学情,关注学生是否真正理解诗歌想表达的内容,还是仍然存在困惑,是怎样的困惑? 进入深入探究环节。通过课堂辩论的方式让学生各自充分阐述自己的理解,并在思维碰撞中查验理解的合理性,进而得出自己确定的结论——对诗人想表达情感的正确理解。最后进行"课堂小结"。

(2)抛出问题,激发思考。每一个环节都聚焦典型问题,明确活动任务,在任务驱动下进行诗歌品读、情感体会、思考阐述等思维活动。最后通过有争议的两个探究性问题,"这首诗'梦游天姥'的过程是不是诗人长安三年政治生活的曲折反映和幻化?""有学者认为,梦境是诗人所向往追求的理想境界,是作为污浊昏暗的政治现实的对立面出现的,你同意吗?"激发思维碰撞,展开辩论,通过细致深入的查验,明确观点,得出结论。

(3)经历学习,明确方法。整个课堂活动是学生感受具体学习经历的过程。他们既经历了通过联想想象品读意境,走近诗人的形象思维、感性思维的过程,也经历了深入思考、思维碰撞、检验思考的批判性思维过程;在经历学习中既运用了"联想想象""知人论世""以意逆志"等诗歌品读的方法,也在探究解惑的学习经历中明确了通过批判性思维解读诗歌的重要作用。

◉ 过程与反思

一、片段一

品读第二段,体会诗歌意境及诗人形象。

师:请同学们跟读录音朗诵,和诗人共同游历梦中仙境。在仙境游历中,你最难忘的画面是怎样的? 请用自己语言描述相关诗句画面。

生1:我最难忘的是"千岩万转路不定,迷花倚石忽已暝",我觉得这幅画面峰回路转,重重叠叠,有"山重水复疑无路,柳暗花明又一村"之感。难怪诗人身在其间,流连忘返,忘记了时间。

师:"忽"这个副词既写出了赏游中的时间过得很快,不知不觉中夜幕已经降临,也写出了梦境恍惚迷离的特点。

生2:我最难忘的是"熊咆龙吟"的画面,那令人战栗的声音,那似乎被激荡起的岩泉,还有那不知藏在哪里是否存在的熊和龙都让我既觉得惊恐又难以忘怀。

师:这两句视听结合,却又听而难视,夜幕中山雨欲来之景确实写得惊心动魄,令人难忘。

生3:我读后完全沉浸在"洞天石扉,訇然中开"后的仙境画面中:日月照耀的金银台,一队队以云霓为衣,长风为马,从天而降的仙人……我觉得我的语言很难描绘出那种缤纷热闹,神奇富丽的景象,但又觉得无限神往。

……

师:千年之后的我们读着诗句都觉得仙境画面如此令人难以忘怀,那身处其中的诗人又会怎样呢?

生1:我觉得诗人在兴奋与震惊中完全沉醉其中,忘乎所以了。

生2:我感觉这是诗人从未经历过的,他被深深吸引,眼花缭乱,目不暇接。

生3:我觉得诗人是被惊到了,还有些惊慌害怕的感觉,但这一点也不影响他对仙境的迷恋。

……

二、片段二

品读第一段和第三段,把握诗人游历仙境前后的情感。

师:请同学们齐读诗歌第一段和第三段,看看诗人还没有进入仙境和进入仙境梦醒之后的描述,感受一下诗人的心境。你觉得哪些诗句最能传达出诗人的感情?

生1:我觉得"势拔五岳掩赤城"一句,虽是描述,但"拔""掩"两个动词毫不掩饰地表达出了诗人的赞叹和神往之情。

师:前一句的"连天"与"向天横"一个写山的高峻,一个描绘其广大。"横"字用得特别妙。北京大学教授,唐诗研究著名学者吴小如先生说:"向天横三字真是奇崛之至,仿佛连天姥山恣睢狂肆的个性也写出来了,诚为神来之笔。"

生2:第二段开头的"一夜飞度镜湖月"一句充分表达了诗人急切而又兴奋的心情。

师:"飞度"的形象还写出了梦游者飘然、轻盈、行动匀速的特点,符合梦境特点。

生3:"世间行乐亦如此"一句,我觉得流露出的情感有一些无奈与伤感,但更多的是看透后的洒脱与豁达。

师:是啊,诗人说"行乐",可见他认为梦游是一乐事,只是为其转瞬即逝而感慨。

生4:我们都知道李白喜欢游山玩水,"须行即骑访名山"一句,一个"即"字,我觉得诗人似乎已经急不可耐地要放下一切,去徜徉山水,放纵情怀了。

生5:全诗最脍炙人口的肯定是这句"安能摧眉折腰事权贵"了,我想不需要说大家都知道这表现了诗人蔑视权贵、傲岸不屈的情怀。

师:当然还有我们现代人常常说的"叛逆个性"!

三、片段三

探究游仙经历和长安生活以及诗人情感的关系。

师:课前同学们通过查找资料,了解了李白的生平和他入仕长安三年的生活经历。读完全诗,你认为诗中"梦游天姥"的过程是不是诗人长安三年政治生活的曲折反映和幻化?(问题提出后,通过观察学情发现学生中存在肯定和否定两种不同看法)

下面我们就分为正反两组进行讨论,讨论后请大家从自己的角度说明理由,阐明看法。

生1：我觉得是的。诗人初入长安时的兴奋，受到权贵排挤打击后的内心惊恐不安和被"赐金放还"，离开长安后的失落、惆怅，和诗中描绘的情景以及诗人的情感非常吻合。

生2：而且李白在他的诗歌《梁甫吟》中也写过"我欲攀龙见明主""阊阖九门不可通，以额扣关阍者怒"，所以我也觉得是的。

生2：我觉得不是，这里面也许有长安三年生活经历的投射，但无论是对清幽的剡溪之景、壮美的山景、璀璨的神仙之境还是对使人惊心动魄的恐怖之景，诗人都是心醉而神往的，可见他对梦中境界不是持否定态度。

生3：我也觉得不是，老师教给过我们读诗歌"知人论世"的方法，但我觉得这种方法不能这么简单地一一对应。

生4：我也觉得不是。如果仅仅是这样，我觉得这首诗不会具有这么高的艺术价值。而且李白的性格也不是这样一个纠结过往的人。

师：其实学界也有另一种观点，有学者认为，"梦境"是诗人所向往追求的理想境界，是作为污浊昏暗的政治现实的对立面出现的，你同意吗？

生1：我同意。我觉得这种说法似乎更符合我们所了解的李白豪放不羁的性格。诗人在最后一段也说"安能摧眉折腰事权贵，使我不得开心颜"。不是吗？

生2：我也同意，我觉得长安三年带给诗人很大的痛苦，但是在离开长安，留别东鲁诸公的这首诗中看到的绝不是一个伤感过往、难以自拔的李白。不管是进入仙境前的踟蹰急迫，还是梦醒之后说的"须行即骑访名山"，长安三年的痛苦对李白根本算不了什么，他应该已经放下了。

生3：我觉得你们说得都有道理，可是我想不太明白的是他为什么要在梦境中写"熊咆龙吟"的险境和令人觉得恐怖的画面呢？

师：这个问题提得很好，这大概也是许多同学觉得困惑的地方。我这里也参考了一些学者的观点来做一个小结。

这首诗确实是"赐金放还"后所写，诗中也确实有长安三年生活的投射，甚至也表达出诗人感觉到曾经历的宫廷生活如噩梦一般的想象与现实的反差。但是当诗人在诗中吟出"世间行乐亦如此，古来万事东流水"时，我们说他已经走出了长安生活带给他的不快与阴影。为什么这样说呢？

我们知道，诗人以"梦游"的形式来书写自己的情怀。"梦"的特点就是"超越时空，是最自由自在，不受任何约束的"，因而"游"就应是诗人精神的遨游。"梦游"所历之境，在诗人笔下也是缤纷夺目，或清澄秀美，或高远奇幻，或昏暗幽怖，或惊心动魄，或璀璨缤纷，或光明自由……总之，无论何种梦境，对诗人而言,都是精神上的自由和解放。即便是险境带来的惊惧恐怖,也是精神上的一次快意历险。最后的仙境,是"精神遨游所遇的最高境界"。

而且,也正是在仙境中经历了如此怡悦性情、惊心动魄的精神遨游,他才能发出"安能摧眉折腰事权贵,使我不能开心颜"的自由呼声,才使我们感受到了一种"不屈己,不干人"的理想人格,一种蔑视权贵,追求精神自由的傲岸灵魂。

● **教学反思**

高考"指挥棒"的作用体现在诗歌鉴赏教学中就是使学生很重视古典诗歌的阅读和鉴赏,这有利于传统文化的传承。但是高信度测试本身存在因时间、评分、批改等而产生的局限。如果忽视这些,把测试的要求和特点简单运用于教学中,常表现为把诗歌鉴赏简单化、标签化和类型化,"知人论世"的方法也常常被用作一一对应的教条化运用。其影响是既忽略了对语文学科核心素养中"审美鉴赏与创造能力"方面的重视,无法有效帮助学生在审美体验活动中形成正确的审美意识、审美情趣和鉴赏品位,也使"思维发展和提升"这一重要的核心素养无从落实。

通过本案例的研究我认为古典诗歌课堂教学要突出三个意识。

(1)问题意识:聚焦主问题,围绕相关具体问题,组织起有效的教学,才能在具体任务下开展品读、比较、辩论等有效的审美和思维活动。

(2)聚焦意识:课堂教学既要聚焦文本突出的特点展开,也要聚焦学情中学生在思考和理解上的困惑进行有效设计。

(3)比较意识:真正的思考是在不断比较中进行验证和落实的。在课堂教学中,教师引导学生交流阅读体验,进行思维碰撞,引入不同见解等都是在通过不同的比较方式对学生进行阅读、思维方法的指导和训练,对提升学生思维品质也是有效的。

除此之外,此课例还引发我进一步思考在文学类作品阅读教学中,如何将感性思维能力和理性思维能力有效地结合,如何将语言的品读和思维的深入更好地结合等问题。这需要在教学设计方面做更细致、严谨的思考,使课堂教学逻辑链更为清晰、严谨。

大音自成曲，但奏无弦琴

——以《归去来兮辞》为例走进陶渊明的精神世界

华东师范大学第一附属中学　吴莹珩

◦ 背景与分析

一、教材分析

《归去来兮辞》是沪教版第五册"家园亲情"单元的一篇选文。陶渊明的诗文，初高中阶段已学过《桃花源记》《饮酒》《归园田居》《五柳先生传》等代表作。关于陶渊明其人其事，学生也已非常熟悉，其归隐的行径与思想也时常会作为例证反映在他们的习作中。但从历年的实际教学反馈来看，在很多学生心目中，"陶渊明"只是一个空洞的隐士符号，他们并没有通过他的诗文深入理解其隐逸思想。因此，教师有必要在高三阶段通过《归去来兮辞》一文，引导学生重读陶渊明的作品，走进他的精神世界，理解其作为文化名人的思想意义。

二、核心问题

（1）联系初高中学过的陶渊明的诗文，思考贯穿其中的生活态度与思想原则。

（2）陶渊明一生平淡无奇，既没有功业建树，也没有曲折复杂的人生经历，为什么这样一位平淡一生的穷苦读书人，身后名声却与日俱增，受到世人无比敬仰呢？

◦ 教学设计

一、教学目标

（1）品味文赋的语言美，通过对景、理的分析，体味赋所呈现的意境美。

（2）引导学生通过联想和想象,理解作品的思想内涵,真正走近陶渊明的精神世界。

（3）引导学生在诵读中感受语言的整散结合,让学生在读中有悟。

二、教学重点、难点

（1）理解赋文写景、抒情、议论相结合的写作手法。

（2）体会作者的情感变化,把握隐藏在文本背后的人生情思。

三、教学方法

走进诗人的内心世界,对课文进行深入解读。根据高三学段的特点,不采用过于枝蔓的多媒体手段,尽量运用"温故而知新"的方法,对已学过的诗文重点梳理。与本课相结合,深入文本,多重解读,在交流思想、探讨人生中,使学生真正了解陶渊明及隐逸文化。

◎ 过程与反思

一、重点环节

1. 通过对《桃花源记》的重新解读,对"有意"与"无意"进行再思考

大家都学过《桃花源记》,文中讲述的故事其实早在《续搜神记》及一些地方志中就出现过类似的,即某人因特殊机缘,发现了一处与世隔绝的秘境,但出来后再去找就找不到了。然而,陶渊明《桃花源记》的不同之处在于"同一个故事,不同的说法",即"寻访桃源"的故事前后说了三遍:武陵人访后迷踪、太守觅而不得、高士寻而未果。那么陶渊明一个故事多重讲法,目的何在?

通过师生探讨,得出的结论是:无意能寻得,有意而不遇。这种"无意而获"的思想,在陶渊明的诸多诗文中都有所体现,如"采菊东篱下,悠然见南山""少无适俗韵,性本爱丘山""不求甚解,每有会意,便欣然忘食"等,无论是对山水的态度还是对读书的态度,都始终贯穿着"无意便得道"的领悟。由此贯穿,可帮助我们读懂陶渊明这一类诗文的内在深意。

2. 解题,理解"归去来"中"归"字的文化内涵

从杜鹃声啼"不如归去"的典故,到屈原"鸟飞反故乡兮,狐死必首丘",苏轼"归去,也无风雨也无晴"的诗词,再到小说《红楼梦》香菱判词"自从两地生孤木,致使香魂返故乡"等,凡此总总,便形成了中国人骨子里"叶落归根"的特有情怀。而本单元的另一首《诗经·采薇》发出"曰归曰归"的感叹也回荡了千

余年,可以说,"归"是中国传统文学中重要的精神内核之一,而历史中的"归"还带有个人乃至群体对万千人生的反观与反思。由此可见,"归去来"(回去吧)的这声感慨亦是千年之叹。

本单元的主题是"家园亲情",每个人都有自己的家园,故乡的明月、亲人的目光,时时牵动天涯游子的心,那就让我们带着中华民族对"归"字的特殊理解,走进陶渊明的世界。

3. 初读《归去来兮辞》,梳理层次

第一段:申述"归去来兮"的缘由。

第二段:想象归家路途的轻快与归家后的情状。

(1) 先乘船,再上路,和风拂衣,小舟飘荡,心情愉快尽显其中。(归心似箭)

(2) 到家后,欢呼雀跃,举家欢宴。(入家门时的热闹场面)

(3) 饮酒自乐,再由居室转向庭院及高处。(归家后闲适有趣的田园生活)

第三段:想象定居下来后农村生活的乐趣。

第四段:抒发对人生、宇宙之感想。

4. 再读课文,圈画体现心情的词语或句子,探讨前后变化的原因

1) 板书设计

(1) 归园前:奚惆怅而独悲;悟以往之不谏,知来者之可追;实迷途其未远,觉今是而昨非;恨晨光之熹微。

(2) 归园后:载欣载奔;抚孤松而盘桓;悦亲戚之情话,乐琴书以消忧。

2) 心情转折的原因

悲伤惆怅:"心为形役";轻松愉悦:"委心任去留"。

5. 讨论:何为"心为形役"

"心"与"役"不能单纯理解为"心意"和"形体",结合陶渊明著名的"不为五斗米折腰"的典故,此处应深入理解为"志趣人格"和"出仕为官的种种行为"。所以表面上惆怅的是"田园将芜",其实是"自己的志趣人格被出仕做官的各种不自由所束缚,得不到舒展"。而陶渊明生活在东晋时代,他本人跟当时整个社会,尤其是士族社会格格不入,体现在:①当整个社会都争先恐后、趋附权势和追求财富时,陶却以清高、狷介的品格鹤立鸡群;②当整个社会弥漫着虚伪、浮躁、放纵风气的时候,陶却以真诚、笃实、纯朴的行为鹤立鸡群。所有人趋之若鹜的,都是陶渊明想竭力摒弃的,是"迷途"和"昨非"。陶渊明的"无意见山,心与物遇",即在他看来,有意得到的东西最终像桃花源,只能如水月镜花,寻

而不得。

6. 归于田园后的生活如何体现陶渊明的"无意而得"

纵观全文，隐居之乐表现在：①促膝而谈的家庭之乐——悦亲戚之情话；②弹琴读书的本色生活——乐琴书以消忧；③与乡邻交往之乐——告余春及，有事西畴；④巾车孤舟出游之乐——窈窕寻壑，崎岖经丘。

通过诵读，探讨隐居之乐的深意。沉浸家庭之乐：僮仆稚子的期盼，三径、松菊、酒樽都似恭候多时。彻底摆脱俗务，摒弃世俗的一切应酬，呼应了"息交绝游"。而陶渊明的"息交"对象并不包括邻人、农人。他因为常常处于困窘，不得不躬耕，然而也乐在其中，恰恰是跟邻居和农夫的交往，为其隐居生活添上了一层烟火气。自食其力，将他的形象与高蹈的文人相区分。在其组诗《移居》中，"过门更相呼，有酒斟酌之""衣食当须纪，力耕不吾欺"等诗句，更是让陶渊明的身上着上了一层沉浸在农耕之乐的普通劳动者的色彩——因为他把农事看成归于自然的一部分，既充实了"田园"的内容，又成全了其无交游。

同时，陶渊明所沉浸的文人之乐，于家中，观景、读书、弹琴，重点体会"引""眄""倚""审""日涉"等动词，以至于"门虽设而常关"。"常关"意指与外界极少交流，自然想到"心远地自偏""悠然见南山"的不经意；于室外，陶渊明的活动并不限于自家园中，出门后的一系列赏景动词更富有表现力，"策扶老以流憩""时矫首而遐观""抚孤松而盘桓"，无限地接近自然，也形象地诠释了"性本爱丘山"的本性，以此来领悟生命的真谛。

如果把陶渊明的"归园"生活与屈原的"归乡"情结作对比的话，不难发现，虽然两者都是在试图寻找与回归精神家园，但陶渊明的生命状态是静止的、趋于内心的，更生活化；而屈原的精神回归是流浪的、外露的，更文人化。

再看文本，陶渊明又一次具体描绘了出游之乐"或命巾车""或棹孤舟"，这样的情形让人不禁联想到魏晋时期阮籍的"穷途之哭"。《晋书·阮籍传》记载，阮籍"时率意独驾，不由径路，车迹所穷，辄恸哭而反"。阮籍的"穷途之哭"，其实是在哭天下，哭百姓，哭自己对社会的绝望，因为他"心为形役"而不得挣脱；但陶渊明追求精神上的彻底自由，驾车摇舟也是率意而为，但心情舒畅，原因在于"无心""知还"（"云无心以出岫，鸟倦飞而知还"）。从"无交游"，到"不经意"，再到"无心而还"，无不彰显陶渊明"无意"的生命情怀。

《晋书·隐逸列传》中有记载：（陶渊明）性不解音，而畜素琴一张，弦徽不具，每朋酒之会，则抚而和之，曰："但识琴中趣，何劳弦上声！"关于陶渊明弹无弦琴，也众说纷纭，除物质条件较贫乏之外，从某种程度上也显示了道家的"大音希声，大象无形"的意境，因此李白才会感叹："大音自成曲，但奏无弦琴。"如果我们把《归去来兮辞》也看作陶渊明在无弦琴上自抚的曲调的话,那么以一个"无"字便可贯穿全篇,成为解读本文的关键。

7. 探讨陶渊明思想的历史价值

问题一:有人说,结尾几句包含了作者悲观消极的思想,试结合全文,谈谈你的看法。

鲁迅曾说:陶渊明并非浑身静穆,他也有"金刚怒目"式的诗歌来咏怀昔日之志。诚然,"兼济天下"规范了中国古人的心路历程,作为中国第一位隐逸诗人、田园诗人,文中为我们呈现了恬淡安闲、自然静谧的田园情趣,但并不意味着陶的消极避世。

陶渊明晚年多次出现"猛志",显然有一股济世的热流贯穿于他一生,平淡自然的诗风并未掩盖热流的跃动,看似恬淡的归隐并不意味着痛苦的消失,而恰恰象征着苦难的加剧。

联想到李白的《梦游天姥吟留别》中亦有"世间行乐亦如此,古来万事东流水"之类的消极之句。我们不能一味地用积极或消极作为标签贴上去,而要有完整认识:陶渊明的思想感情,既有回归田园的欢悦与欣慰,又有理想受挫的失落与忧伤。

问题二:欧阳修曾有"晋无文章,唯陶渊明《归去来兮辞》一篇而已"之慨叹,你怎么理解?

诗人回归田园,崇尚自然,这里的"自然"指人的质朴真实、率性而行的本性。陶渊明无法忍受官场对人的本性的扭曲,追求真我,以求保存他的社会政治理想和人格价值,其间也体味到济世不得的痛苦与回归田园的无奈。

《归去来兮辞》体现的人生态度、思想感情,能引起旧时许多不满现实而又无可奈何,只能洁身自好的知识分子的共鸣。陶渊明是属于时代的,他永远是古代文人心灵中一片净土。

8. 探讨陶渊明思想的社会意义

回到本课的主问题:陶渊明一生平淡无奇,既没有功业建树,也没有曲折复杂的人生经历,为什么这样一位平淡一生的穷苦读书人,身后名声却与日俱增,受到世人无比敬仰呢?

于整个社会,在乱世,陶渊明的出现,用其一生的行为树立了一个安贫乐道、廉退高洁的典型,不但在封建社会立足道德制高点,对现代社会也有重大意义。于个体人生,唐朝之后多少人对陶渊明顶礼膜拜,因为他们通过陶渊明找到了精神归宿,领悟了人生真谛。现代社会,有人在精神上陷入一种坐立不安的焦虑状态,陶渊明的思想可以给这些人以抚慰。另一个层面上,陶渊明用实际行动阐释了人生意义，证明了与功业建树毫无关系的平淡人生，同样可以达到超凡入圣的境界，也证明了朴素乃至贫寒的平凡人生也可具有浓郁的诗意。

因此，其诗文意义就在于，展现了平凡人生的种种有意味的内容，清晰地揭示了蕴藏在平凡生活中的美感和诗意。假如要抵御尘世种种诱惑，假如不甘心在喧嚣红尘世界自我沉沦，那么阅读陶渊明的诗文具有特别的意义。

二、比较阅读

我们学过梭罗的《瓦尔登湖》，里面的人物梭罗是西方的隐士，陶渊明是中国的隐士，两者有何异同？

陶渊明早于梭罗1400多年，他们一个生活在农耕时代，一个生活在工业时代，但都用自己的方式，抵制物质享受的诱惑，回归到自然中。梭罗到瓦尔登湖，寂寥无人，在空间距离的意义上追求远离红尘。而陶渊明追求"心远"，在心理距离的意义上作同样的追求。于当代而言，梭罗的行为无法仿效，陶渊明之"心远"是可以随时随地付诸实施的，哪怕身居熙熙攘攘的现代都市中，同样可以实现内心的宁静。

三、总结与反思

本课例意在以此一篇，关联陶渊明其他的作品，以陶渊明"无意而为"的生活态度与情感为线索，深入理解《归去来兮辞》的深刻思想。在对课文进行梳理讲解的同时，借助简单的史料与历史评价，努力还原陶渊明所生活的时代风气；借助与屈原、阮籍等古人经历的比较，凸显陶渊明对"归"的独特理解及其回归田园的独特姿态。再进一步地，把他置于后世封建社会知识分子群体中，体会他历久弥新的榜样与召唤的力量；同时，贯通东西方，把同为西方"隐士"的梭罗在归隐的方式上与之作比较。再转到当今社会，以现代的眼光重新审视陶渊明的当下意义。

本案例设计的目的旨在运用比较的方法、批判性的眼光等高阶思维训练，引导学生突破狭窄的传统文言文阅读局限，对陶渊明的人生态度及其思想，结合有限的中学语文教材的选文，做一个较有高度的归纳与总结。让陶渊明其人在学生心目中不再是苍白的文化符号，让他的形象不再定格于古代文学的高蹈隐士的象征，而是一个活生生的人，以一种鲜活的姿态，始终召唤与关照着现代人的灵魂。

兴叹落笔摇五岳，诗成笑傲凌沧州

——《行路难》中的英雄主义

复旦大学第二附属学校　张隽

背景与分析

一、教材分析

《行路难》是部编版九年级上第三单元《古诗三首》中的一首诗。此单元有《岳阳楼记》《醉翁亭记》和《湖心亭看雪》三篇古文，另外两篇为刘禹锡的《酬乐天扬州初逢席上见赠》和苏轼的《水调歌头》。从单元构架上看，多为借亭台楼阁和湖光山色抒发情志。但细品各篇，自然意象和审美情趣又各有差异。从借古思今到感时伤怀，从济世理想到淡泊雅趣，从歌咏风物到体察世情，这个单元以丰富的作品群像，从不同维度诠释了借景抒怀的手法。就作品的情感意脉而言，《醉翁亭记》《酬乐天扬州初逢席上见赠》和《行路难》的共同点在于情感的跌宕回环，诗人的人生遭际写意般内化在作品中，一唱三叹，读来荡气回肠。其中以《行路难》的起伏最为胜。

曹丕在《典论·论文》中已经提出"文以气为主"。明代王世贞在《艺苑卮言》中评价李白诗歌"以气为主，以自然为宗"。如何带领学生理解作品中的气韵，理解李白的浪漫主义诗风是一种时代的英雄主义之彰显，是本课教学的落脚点。李白是唐代诗人中写乐府诗最多的，《行路难》就以七言歌行的体式表现失路的忧愁、波澜起伏的苦闷、不甘屈服的执着和豁达自信中的涅槃。大量典故、长短句和感叹词的运用，使作品表现出一股不可遏制的艺术张力，勾勒了一位在孤独寂寥中挣扎却又傲岸不群的英雄的形象。

二、名家评述

盛唐诗潮波澜壮阔，气干云霄，充溢着饱满的热情和蓬勃的精神，李白的诗是最好的诠释。司马承祯赞叹李白"有仙风道骨，可与神游八极之表"。那个玄宗"降辇步迎""御手调羹""七宝床赐食"的踌躇满志的诗人，在宫廷权贵的谗毁和忌恨中被赐金还放。他在漫游过程中，对日渐倾颓的大厦表现出不安和深切关怀。放纵不羁的外表下，他从未搁浅"申管晏之谈，谋帝王之术"的雄心壮志。所以在他的诗歌里，入世与出世的矛盾是不变的主旋律。知其志而后赏其诗是理解作家作品的合理思维路径。

三、学情分析

作为浪漫主义的高峰，李白的诗歌是学生接触较多的。但正由于先入为主的"去陌生感"，学生对李白的理解容易落入浅表化的窠臼。学生会运用标签式的评价术语如"乐观""豪迈""豁达"概述李白，思维的梯度停留在浅层。他们倾向于思维记忆中的惯性表达而缺失了挖掘文本蕴含的深层含义的动力，表现出一种浅尝辄止的急躁。在尚未真正贯通作品的内核时，就已滑向诗歌鉴赏方法的归纳里。余党绪老师说，鉴赏是一种重直觉，以穿透形式知内涵的手法，强调整体的感受。但学生并没有真正领会内涵，只是一种平面的识记。所以，找准合理的切入点，结合文本，运用批判思维全景式关照作者的人生经历和思想倾向，读文识人，知人论世，才是欣赏作品的关键。

四、核心问题

本节课的主要目标是借助《行路难》的学习，让学生学会知人论世的鉴赏方法，真正理解李白所代表的英雄主义的多元内涵。批判性思维是通过一定的标准评价思维，进而改善思维，是合理的、反思性的思维。本课学习知人论世的方法，不是作者生平的机械式叠加和与作品的简单勾连，而是利用"反省性思维"，能动、持续和细致地思考被假定的知识形式，通过解释、分析和评估、一层层的解构剥离，得到初步的推论和假设，继而运用证据、概念和方法论的逻辑范式进一步推演，结合更多的作品进行印证，确保结论的准确性和广泛性。

具体而言就是，首先从学生对作者和作品的元认知出发，唤醒学生潜意识里对李白作品艺术风格的记忆。将概念放入文本中省察和质疑，在思维习惯的转化中实现思维的爬升和重构，由一到多，达到射线状认知源的再生，继而拓展群文阅读的尝试，深化学生对实质的渴望，补充相关诗词，提升理性认识，设计问题锻炼学生运用所学方法赏析诗歌的能力。简略的思维路径是：以对李白的初步印象(乐观豪迈)为基点→在诗歌作品中浅层地印证乐观豪迈→深入挖掘乐观是一种饱含着深沉痛苦的超然→反驳"李白过于热衷功名"的观点,理解他所代表的英雄主义的实质,让学生在品鉴中领略作品的生趣、阅读的意趣和思维的乐趣。学生的思维能力和人文素养是新课程标准的指向,也是教师教学中需要关注的重点。

教学设计

一、教学目标

(1) 学习诗歌的多重表现手法以及凸显主题的写作手法。
(2) 通过反复诵读和品鉴,深入理解作者和作品。
(3) 体会诗人孤愤、昂扬而洒脱的英雄主义思想境界。

二、课前预习

(1) 推荐一首你曾经阅读过的李白的诗歌,简述推荐理由。
(2) 用关键词简笔勾勒对李白的印象。
(3) 朗读《行路难》,简述阅读感受。

三、教学重点、难点

重点:学习诗歌的多重表现手法及凸显主题的写作手法,提升学生的鉴赏品读能力。

难点:体会诗人孤愤、昂扬而洒脱的英雄主义思想境界。

四、方法与手段

运用批判性思维、研读和赏读法、组合作探究法、群文阅读法教学。

过程与反思

一、片段一

● 课堂回放

师:同学们,在盛唐的诗坛上,有一群意气风发,抒写着时代精神的诗人。在这些诗人中,有一位被现代学者陈情女士称为"寂寞的超人",余光中评价他:"酒入豪肠,七分酿成了月光/余下的三分啸成剑气/绣口一吐,就是半个盛唐。"这位诗人是?

生:(齐声)李白。

师:在前期预习中,我们积累了李白的不少诗词,今天的课堂我们就先玩一玩改良版的"飞花令"吧。(屏幕出现"月"字)

生1:床前明月光,疑是地上霜。举头望明月,低头思故乡。表达了李白客居他乡对亲人的思念之情。

生2:举杯邀明月,对影成三人。这首诗是《月下独酌》,表达了李白在诗意的境遇中依然豁达,自得其乐的情感。

生3:"明月出天山,苍茫云海间"将景物写得很有神韵,反映了诗人浩渺的胸襟。李白通过对征战边疆的苦楚的描绘,展示了战争给人民带来的苦痛。

生4:老师,我很喜欢李白"俱怀逸兴壮思飞,欲上青天揽明月"的豪情万丈和潇洒之情。

(屏幕依次投影"酒、愁"两个字,学生依次说诗句)

......

师:同学们说的李白诗句很有代表性,请同学们整体概括一下你心中的李白诗歌的特征。

生5:李白的诗歌很豪迈,有一种侠气。

生6:李白的诗歌感情真切,表现出乐观豁达和超凡脱俗。

生7:李白诗歌还有种蔑视权贵的气势。比如"安能摧眉折腰事权贵,使我不得开心颜"。

● **教学反思**

学生对李白的诗歌并不陌生,也有一定的积累,正因为如此,对诗人风格和个人的判定也容易形成思维定势。诗歌教学不同于其他文体的教学,不同的学段有不同层级的分项目标。那么如何来打破这种惯性呢？首要的,需要积累。古典诗歌丰富的语用表征和深厚的文字内涵本身就是学生进行思维训练的素材。唤醒学生的基础认知,正是归纳和推理的逻辑起点。从元认知出发,通过分析和印证,加固学生对旧有认识的依赖,从而为后期的质疑、理解、分析和评估蓄势,这正是批判性思维的起点。

这个教学环节采用"飞花令"的形式,一方面检查学生课前预习情况,另一方面引导学生回顾李白的创作风格。游戏的形式会淡化中规中矩的诗歌赏析的枯燥,为学生偶然性、突发性、跳跃性思维做一个铺垫,诱发学生的想象力。

二、片段二

● **课堂回放**

师:请大家富有感情地朗读诗歌,分别从下列角度赏析诗句。

停杯投箸不能食，拔剑四顾心茫然。（描写的角度）

欲渡黄河冰塞川，将行太行雪满山。（修辞的角度）

闲来垂钓碧溪上，忽复乘舟梦日边。（表现手法的角度）

长风破浪会有时，直挂云帆济沧海。（炼字的角度）

生1："停""投""拔""顾"四个动词连续运用，形象地写出了李白内心的苦闷和抑郁。

生2："茫然"是人物的心理描写，突出了作者此时的心绪迷茫，找不到出路。

师：动词的运用和心理的描绘将盛宴中孤独的主人公形象勾勒出来了，请同学朗读第二句。

生3："欲渡黄河冰塞川，将行太行雪满山"运用了象征手法，用"冰塞川"和"雪满山"描绘出了李白的处境。

师：李白在进入长安之前，希望做"帝王之师"，为帝王出谋划策，为国家社稷效力。无奈权臣谗毁，理想与现实的矛盾冲撞着他的内心。这句具有比兴意味的诗句展现了他被变相撵出长安的境遇。

生4：但是李白不一样，他运用典故表达了不屈服的志向。"闲来垂钓碧溪上，忽复乘舟梦日边"让我们看到了一个充满热情和希望，理想未灭的李白。因为诗人借"姜太公""伊尹乘舟梦日"的典故，表达自己有朝一日像古人一样，为统治者信任重用，建立一番伟业的信心。表现了诗人不甘消沉，希望有作为的志向。

生5："长风破浪会有时，直挂云帆济沧海"这句两个字用得好：一个是"会"，表示必将，一个是"济"，展现了李白从痛苦中挣脱出来，特别乐观的样子。

● **教学反思**

批判性思维的基本能力主要包括解释、分析、评估、推论、说明和自我校准几个方面。其中分析能力需要识别意图和陈述之间的逻辑关系，也就是提出问题后要对内在判断和观点进行信息的再组合，对部分和整体的关系进行再审视，学生可以对假设性命题进行反思，也可以对原有概念进行演绎。整体表现为对原有概念处于部分认定，却又需要结合新的概念和文本进行推演，这也是学生在思维成长上升时期的表现。这一时期，教师合理的引导，有助于培养学生思维的严密性。

这个教学环节里，教师结合《行路难》的写作手法引导学生对李白的艺术风格进行印证，学生可从中感受到诗歌中精妙的炼字，也能体会到作者借用典故表现自己不愿放弃远大政治理想的情怀。此外,本首诗里作者表现出来的豪情正是这首诗美学价值里最显性的特征,在教学活动中,可通过分析和诵读带领学生充分感知和体会。在苍凉的背景下,那种崇高的美感、不屈的意志和真性情的抒怀,正是这首诗中峥嵘奇峭的艺术张力,值得歌之舞之、足之蹈之。

三、片段三

● **课堂回放**

师:同学们对诗歌表达的情感分析比较准确,下面请大家说说你是怎样理解诗人的情感变化的?

生1:感觉整首诗情感在不断地变化。

师:这首诗是天宝三年即744年,李白离开长安时所写。天宝元年,李白被征召入京,受到皇帝重视,本来想大展宏图。但是,事与愿违,由于得罪权贵,遭受排挤,他被"赐金放还",换言之是被皇帝卜令驱逐出朝了。在朋友设下的饯行宴会上,他写下了这首诗。这首诗歌的写作背景是我们理解它的重要突破口。请同学们找到诗歌中表现情绪起伏和转折的句子。

生2:"停杯投箸不能食,拔剑四顾心茫然"是第一次转折。

师:那接下来呢?

生3:接下来写作者想要渡过黄河,却被冰川堵塞了;想登上太行,却被大雪封住了。这应当充满着无奈。

师:这一句承接上面的"拔剑四顾心茫然",仍属于第一次转折。

生4:"闲来垂钓碧溪上,忽复乘舟梦日边"这两句诗,诗人以姜太公和伊尹自比,仿佛看到了人生的希望,可以看出诗人在苦闷之后仿佛又找到了方向。

生5:接下来又感到道路崎岖,不知身在何处,迷惘痛苦。尤其"行路难,行路难"短句急促,情感炽烈,表达了他在追求过程中的矛盾心理。

生6:最后一句"长风破浪会有时,直挂云帆济沧海"是最后一次转折,也是诗歌的落脚点。

师:这首诗歌短短82个字,生动地表达了李白被迫离开长安之际的思想痛苦和心理矛盾。情感跌宕起伏,一波三折;在悲愤中不乏豪迈之情,在失意中仍满怀信心。同学们不能孤立地从单个句子读李白和看李白,不能将李白的形象固定在单一的层面上。我们要跳出对李白评价的原有固定思维,动态地看待李白的情感变化。

● **教学反思**

早在2003年版的《普通高中语文课程标准》中就提出:"应在继续提高学

生观察、感受、分析、判断能力的同时，重点关注学生思考问题的深度和广度，使学生增强探究意识和兴趣，学习探究的方法，使语文学习的过程成为积极主动探索未知领域的过程。"学生在上一环节通过文本赏析，理解了李白的乐观豁达，但又容易沉溺在李白诗歌所表现的盛唐气象里，被那种蓬勃和朝气所左右，从而忽略了李白内心的苦闷。

李白有一首《临路歌》：大鹏飞兮振八裔/中天摧兮力不济/馀风激兮万世/游扶桑兮挂石袂/后人得之传此/仲尼亡兮谁为出涕。这首诗被看成李白的墓志铭，流露出他怀才不遇的悲怆与痛苦，这种痛苦和《行路难》反复吟咏的"行路难，行路难，多歧路，今安在？"相呼应。所以，李白《行路难》的落脚点到底是"乘风破浪会有时，直挂云帆济沧海"，还是无法逃离的痛苦，我们不能一概而论，结尾李白式的惯常豁达里隐含着的深沉的伤感不能忽视。罗曼·罗兰有一句名言：真正的英雄，是那些看清了生活的真相却依然热爱生活的人。李白就是这样的人。所以引导学生在理解李白时，不要标签化地停留在乐观、豁达这些表达里，而是要连带着他的愁、他的苦一起领会，这样的认识才是我们批判性思维训练的意义。

四、片段四

● 课堂回放

生：老师，我以前看到过一篇文章，大概意思是说有评论认为李白是一介名利之徒，说他炒作自己，那么，我们如何去认识李白呢？

（一片哗然后，多位学生举手发言，反对这种观点）

师：李白在"冰塞川""雪满山"的逆境之中，最后喊出的是"直挂云帆济沧海"，这是时代的英雄主义的艺术主题的缩影。

师：李白的青年时期是在蜀中度过的，《与韩荆州书》云"十五好剑术，遍干诸侯"，《行路难·其二》云"君不见昔时燕家重郭隗，拥篲折节无嫌猜。剧辛乐毅感恩分，输肝剖胆效英才"。诗人具有天马行空的想象力，艺术形象丰富多变，在时空转换中表现自己不懈的追求。文章潇洒放逸，起笔落笔弹指一挥间，尽显英雄豪情。这首诗表面写行路难，但依旧表现出积极的入世观，借用自然景物和典故，加以渲染。可谓"兴酣落笔摇五岳，诗成笑傲凌沧州"，自然山川和个人气概交融，表现出士大夫对个人人生理想的执着，形成独特的风格。请同学们回顾一下其他能表达李白心志的作品和诗句。

生1：我摘抄的一句很喜欢的诗句，在《赠韦秘书子春》中，"终与安社稷，功成去五湖"，说明李白还是很有追求的，反映了儒家积极的人生观。

师：的确，他在干谒求仕时，也说"功成拂衣去，摇曳沧洲傍"，说明首先还是功成，功成是第一追求。

生2：李白的志向表达，还有句很出名的"生不用封万户侯，但愿一识韩荆州"，表现了他的积极入世。无论遭遇怎样的仕途坎坷，他始终是积极的，有对李林甫和杨国忠的抗议，也有对当时时局的不安。

师：清代的龚自珍说："庄屈实二，不可以并；并之以为心，自白始。儒、仙、侠实三，不可以合，合之以为气，又自白始。"李白这首诗，一方面表达了他在尔虞我诈的朝廷中生存的艰难和痛苦，另一方面也表现了他不屈的傲岸风骨。在这样的矛盾中，让我们看到了那个丰富而立体的李白。

● **教学反思**

关于李白的争论，学生提出了各自的看法，掀起了本节课的高潮。吴格明在《批判性思维素养应当是语文课程的重要目标》中指出："首先，批判性思维的意义在于认知。这种思维品质是获得知识、追求真理的重要条件。因为真知必须经得起质疑和反思。没有质疑和反思，就难免被假知识、伪科学所蒙骗。而批判性思维则可以使我们在获取知识和追求真理时始终保持警惕，并能及时地剔除假知识。"

这个教学环节里，学生在对已有概念的自我校准中，生发了新的问题，即到底该如何去认识李白的这种积极的人生观。教师结合李白的个性特征再一次引导学生理解李白，再一次带着学生完成了对诗人作品的深层次解读，进而领略了那个时代的英雄主义，那源自先秦屈原的抗争精神和热情，那"兴酣落笔摇五岳，诗成笑傲凌沧州"的举重若轻。

四子言志：文言教学中的思维启迪策略

——《子路、曾皙、冉有、公西华侍坐》教学案例研究

华东师范大学第一附属中学　罗莉

● 背景与分析

一、教材分析

《子路、曾皙、冉有、公西华侍坐》（后文简称《侍坐》）出自《论语·先进》，是入选沪教版必修教材高中三年级下册第六单元的一篇经典文言文。"陶冶情操，养育心灵"是本单元设置在导语部分的引言主题，旨在引导学生依据具体的语言情境和不同对象，运用积累的语言学习材料和语文知识框架，在特定的历史文化背景中理解分析与评价，收获形象的思维能力，从而有理有据地表达和阐述自己对于"人生境界"与"艺术境界"的发现，形成自己对语言与文学的独到见解。

作为论语中篇幅最长的一节，《侍坐》对于研究孔子的思想和教育理念具有重要的参考价值。本文与其他阐述孔子思想及理念的文本不同，它借助特有的人物形象呈现，而非单纯说理，配合孔门四弟子的言行记录，刻画了一组鲜活生动的人物形象。《侍坐》入选高中必修教材篇目，不仅为学习主体展现了融洽的师生氛围和熠熠生辉的教育思想，更传递了孔子远大的政治抱负与精神追求。

二、名家评述

"四子言志"作为《侍坐》的核心内容，对于子路、曾皙、冉有、公西华所述的志向，学者所持的观点并不统一，尤以"曾皙之志"为典型代表，争论不一。

"莫春者，春服既成，冠者五六人，童子六七人，浴乎沂，风乎舞雩，咏而归。"

1. 杨伯峻：春游说

学者杨伯峻在《论语译注》中是这样翻译的："暮春三月，春天衣服都穿定了，我陪同五六位成年人，六七个小孩，在沂水旁边洗洗澡，在舞雩台上吹吹风，一路唱歌，一路走回来。"

在杨伯峻先生的笔下，曾皙述志的画面，是一幅在大自然里沐浴临风，一路酺歌的美丽景象。而暮春郊游，是一种自觉投身自然怀抱与恬然自适的乐趣，流露的高雅的性情，也表达了他对自由、闲适生活的向往与喜爱。

2. 王充：雩祭说

东汉学者王充在《论衡·明雩篇》中说："暮者，晚也，春谓四月也。春服既成，谓四月之服成也。冠者、童子，雩祭乐人也。浴乎沂，涉沂水也，象龙之从水中出也。风（讽）乎舞雩，风（讽），歌也。咏而归（馈），咏歌馈祭也。"

"浴"，按其本意应是"去身垢"，是古人洁身祭祀的基本要求。冠者、童子都是雩祭乐人，他们在祭祀时，须涉沂水；十二三个人鱼贯而行，象征着龙从水中跃出。"风"，解释为"唱歌"；而"咏"的意思则是"吟诵诗词、赞语"；"归"通"馈"，馈赠、进献之意。《礼记》云："雩祭，祭水旱也。"曾皙所描述的暮春图景是人们求雨的祀祭，正如沿用周朝的礼仪主持一场祈雨仪式：带领十二三人，于沂水中洗净身上的污垢，从水中鱼贯而出，如蛟龙出水，登上舞雩祭台，高唱着祈雨的歌谣，吟诵着祈祷上天的赞语，心底虔诚，寄托"礼教"的理想。孔子是一个有理想抱负的人，他心中致力于开创"太平盛世"，主张"克己复礼"，而只有"道之以德，齐之以礼"的治世处方，方能恢复社会秩序，安邦治国。

3. 杜道生：讲学说

学者杜道生在《论语新注新译》中写道："曾皙期望作为的则是教育，正是孔子之志，正是孔子在历史上之伟大业绩。"他用形象化的方式描绘了对青少年的教育情况。

孔子所处的时代，授业讲学不一定非局促一室、正襟危坐不可。《论语·颜渊》："樊迟从游于舞雩之下，曰：敢问崇德、修慝、辨惑。"樊迟跟随孔子在舞雩台下游览向孔子提问，孔子提出的包括如何"崇德、修慝、辨惑"的个人修养，也将"讲学说"所传递的教学理念与氛围呈于台面。

三、学情分析

进入高中以后，沪教版语文教材将部分儒学经典文章安排在了高三学年。此前，在第五单元中，学生已学习了《论语七则》和《孟子二章》的相关内容，在积累了一定的语言文化材料的基础上，就文学作品所宣扬的政治主张、教育原则、伦理观念、道德修养等方面的领悟与体会，比之过去有了更为深刻的理解，脑海中有了一个较为清晰的文言框架。

《侍坐》取文章第一句作为标题,是《论语·先进》记叙孔子师生谈论各人志向的情景小结。对学生而言,每日需要经历的课堂生活与文本"师生问答"的内容不谋而合,场景再现的文本学习,也有助于引发学生的思考与共鸣。

但阅读此类具有代表意义的古代文言作品,部分学生缺乏兴趣,主动性不高,需要在教师的推动下才能完成相关任务。由此,高中阶段应逐步在思路上开拓一种新的境界,发展逻辑思维,在基本能够概括、辨识和归纳文本内容的基础上,培养批判性思维的深刻性与灵活性,结合现实意义对文言文作品的阅读展开辩证思维的阅读与鉴赏。

四、核心问题

《侍坐》是《论语》中自成段落最长的一章,其文学意蕴深远,主要表达孔子的教育理念和政治抱负两大主题。一是"因材施教"原则在孔子教育理念中的体现;二是"吾与点也"评价与孔子政治抱负的契合度。

◉ 教学设计

一、教学目标

(1)掌握重点实词和语句的翻译,了解孔子及《论语》基本常识。
(2)把握人物的鲜明个性,概括孔子的教育理念与政治主张。
(3)分析人物对话,探讨孔子不同评价背后的原因与深层指向。

二、课前预习

(1)预习圈画《侍坐》的字词注释,朗读课文两遍。
(2)复述文本,用自己的语言概括故事情节内容。

三、教学难点、重点

结合文本与社会文化背景,探讨孔子对四名弟子不同评价与态度背后的原因,并归纳这反映了孔子怎样的政治思想和主张。

四、方法与手段

1. 阅读梳理

学生通过反复阅读培养语言知觉。在基本通顺的基础上,借助文下注解与工具书，掌握文言实词、虚词及特殊句式的意义与用法，圈划关键词句以梳理文本大意。

2. 课程评价

《侍坐》记述了孔子与弟子关于"立志"的言行，直接还原了教师与学生的日常相处场景。本课以学生的视角，尝试从观摩者的角度评价孔子的教学方法与理念，依托《课程评价》的设计思路组织教学，在激发学生学习兴趣的同时帮助学生体会孔子的教育理念。

3. 小组合作

本课人物性格分析不难理解，但孔子对四名弟子不同的评价与态度值得玩味。学习通过小组互助的方式，表达和阐发自己的观点，在分享观点的过程中辩证思考，力求语言准确，讲求逻辑，呈现自己独创性的批判思维。

◎ 过程与反思

一、片段一

● 课堂回放

师：在中华传统文化的经典作品中，《论语》有其独特的精神力量。我们在第五单元学习了《论语七则》，对孔子在治国理政方面的主张有了一些了解，你是否还能回忆出一些经典的文段并予以说明？

生1：君子无终食之间违仁，造次必于是，颠沛必于是。（坚守仁本）

生2：一箪食，一瓢饮，在陋巷，人不堪其忧，回也不改其乐。（淡泊乐道）

生3：三人行，必有我师焉。择其善者而从之，其不善者而改之。（学会从师）

师：请大家齐读课文，尝试圈划表现故事情节发展的句段。

（齐读课文）

生1："子路、曾皙、冉有、公西华侍坐"一句描绘了四名弟子陪长者孔子闲坐的场景，该句作为故事开端的第一句交代了故事发生的背景。

生2："夫子哂之。"本句叙述了孔子的神态，注释译为"微笑"，是孔子对第一位弟子言论的见解评价。

生3："何伤乎？亦各言其志也"一句叙述了孔子的语言，是孔子对最后一位还未发言的弟子的鼓励。

生4："夫子喟然叹曰：'吾与点也！'"本句也是叙述了孔子语言，将孔子的态度展露无遗，表明其赞赏"曾皙"的言论，将故事的情节带入了一个高潮。

师：大家找得不错，基本能将故事的情节梳理清楚。但各位同学忽略了一个细节,它出现在第一段,讲述了今天师生对话的中心内容。我们一起再把第一段朗读一遍,大家看是否能找到相应的语句?

(朗读课文)

师:大家找得怎么样?

生:"如或知尔,则何以哉?"

师:没错,就是这句话给了学生一个"台阶"下,创设了一个表达的平台,将本文的中心内容串联了起来。孔子由谈论各自的"志向"发起提问,继而引起了四位弟子各色的"述志"片段。我们可以给文本的框架做如下的梳理:孔子问志→弟子述志→孔子评志。

● **教学反思**

一般而言,文学作品尤其是文言文篇目的阅读,能使学生在一定程度上静下心来,集中精力和时间在反复阅读的过程中重点解决一到两个问题。有些文本可以采取略读的方式,有些却需要仔细推敲,从横向与纵向的维度深化对文本框架的梳理,在第一时间充分内化篇章所需要表达的核心内容。

当然,本文的难点不在于故事情节的梳理,此番教学可考虑适当缩短框架部分的教学内容,从而预留更充分的时间,让学习主体主动思辨,例如可以就所谓的"给学生下台阶"这个片段,做一番思维火花的探讨。

二、片段二

● **课堂回放**

师:孔子弟子三千,七十二贤人,请以小组合作的方式,依据文本完成表1,推敲本文出现的四位弟子的人物性格与形象。(3~5分钟完成)

表1 《侍坐》中四位弟子的性格特征(一)

人物	述志	性格	手法
子路	可使有勇,且知方也。(从政)	率尔而对曰。(自信坦诚,鲁莽轻率)	神态、语言描写
冉有	可使足民。如其礼乐,以俟君子。(从政)	无文本。(谦虚谨慎)	语言描写
公西华	宗庙之事,如会同,端章甫,愿为小相焉。(从政)	无文本。(谦虚谨慎)	语言描写

（续表）

人物	述志	性格	手法
曾晳	莫春者,春服既成,冠者五六人,童子六七人,浴乎沂,风乎舞雩,咏而归。（从心）	舍、作、浴、风、咏。（淡泊从容,豁达自得）	动作、神态、语言描写

师：我们来看这组同学的当堂习作,梳理得不错,但也从一个方面反映了我们同学还不能从整体上把握人物形象的问题。对话,顾名思义是由两个人展开,因此,除了弟子以外,我们不能把"孔子"这位提问者抛诸脑后。

生1：除了第一位弟子的"述志",孔子哂之,其余并未直接给出评价。

师：在文章的最后一段,孔子"评志"的部分,其实就有直接的文本对应弟子的人物性格形象。我们可以从文本挖掘到一些信息,进而支撑我们的人物性格探索。

生："是故哂之""唯……也与""安……者""唯……也与""非……而何""孰能……"

师：每个人都在对话里呈现了自己的志趣,那么依据文本,公西华比之冉有完全一样吗？

生2：他在述志的时候,提到"愿为小相",比之更谦虚。

师："宗庙之事,如会同,端章甫",公西华的言语中无不透露出他想要从事"礼乐教化"的信息,但由于"冉有"已经表达了"如其礼乐,以俟君子",公西华便委婉地将话语转圜为"愿学焉"。因此,我们可对比两位弟子的言论得出新的形象分析。

生3：他很会说话,委婉得体。

师：我们把语言再表达得精炼一些,即"娴于辞令"。最后,我们来总结一下这四位弟子的人物性格特征,以完善表2的内容。

表2 《侍坐》中四位弟子的性格特征（二）

人物	述志	性格	手法
子路	可使有勇,且知方也。（从政）	率尔而对曰。其言不让,是故哂之。（自信坦诚,鲁莽轻率）	神态、语言描写

（续表）

人物	述志	性格	手法
冉有	可使足民。如其礼乐，以俟君子。（从政）	唯求则非邦也与？安见方六七十，如五六十而非邦也者？（谦虚谨慎）	语言描写
公西华	宗庙之事，如会同，端章甫，愿为小相焉。（从政）	唯赤则非邦也与？宗庙会同，非诸侯而何？赤也为之小，孰能为之大？（谦恭有礼，娴于辞令）	语言描写
曾皙	莫春者，春服既成，冠者五六人，童子六七人，浴乎沂，风乎舞雩，咏而归。（从心）	舍、作、浴、风、咏。吾与点也。（淡泊从容，豁达自得）	动作、神态、语言描写

师：表现人物形象的刻画手法，无外乎从正面和侧面两个角度进行描写。从表2中我们发现大部分同学都能找到相关的术语如"动作描写、语言描写"去对应文本的语段，但这些都属于表达方式的层面。从整体来看，孔子对四名弟子的态度还是比较明晰的。

生：他更赞同曾皙的志趣。

师：没错，那么从宏观上来把握，我们可以从写作手法的角度予以探析。"吾与点也"传递的内容是赞同与欣赏，而前文不褒不贬的态度正好为后文的赞扬作了一定的铺垫，我们把这一手法称之为"欲扬先抑"。

● **教学反思**

《侍坐》一文将孔子及其弟子的盘坐闲谈经历以简约的文字记录下来，通过动作神态、对话语言的准确描写，从"子路"的"率尔对曰"，到"曾皙"的"舍瑟而作"；从"冉有"的"仅使足民"，到"公西华"的"愿为小相"，每一帧描写都生动细腻地刻画了传神的人物个性，使鲜活的人物形象跃然纸上。教师此番片段教学，通过小组合作的方式，将本文"精于描写，个性鲜明"的手法逐步解析。同时，以表格自主学习的方式比较完整地再现了思辨性思维的培养。

三、片段三

● **课堂回放**

师：孔子是我国历史上伟大的教育家，从聚徒讲学，到提出"有教无类"，其教育思想在时间的洗礼下经久不衰。请大家阅读 PPT，概括其中所体现的教育理念。

（［PPT 展示］子路问："闻斯行诸?"子曰："有父兄在，如之何其闻斯行之?"冉有问："闻斯行诸?"子曰："闻斯行之。"公西华曰："由也问：'闻斯行诸?'子曰：'有父兄在。'求也问：'闻斯行诸?'子曰'闻斯行之'。赤也惑，敢问。"子曰："求也退，故进之；由也兼人，故退之。"）

生：因材施教，识人知人。

师：概括得非常到位。就"凡事一听到就行动吗?"这件事，孔子对冉求和仲由两位弟子给予了不同的答复。

师：请同学思考，《侍坐》中是否体现了这一教育理念呢？

生 1：我认为有所体现，孔子对四位弟子给予了不同的评价与态度，这就是一种"因材施教"。

师：能再具体一些吗？我们思考分析这一类问题时，不能止步于给出观点，而不就文本或者不立足于社会历史背景加以探讨。"因材施教"指的是"依据受教者不同的资材，而给予不同的教导"。"评志"的结果不同，并不能代表其施教的科学性。

生 2：我认为基本符合"因材施教"的教学理念，对于直率莽撞的子路，孔子以"哂之"的方式委婉提醒，并不当面挫伤他的自信；对于冉有与公西华的谦虚谨慎，孔子则肯定了他们的才能，并予以鼓励的态度；对于曾皙别具一格的旷达肆意，孔子又不加掩饰地表达了他的欣赏与赞许。对待四人不同的态度，孔子是从人物性格入手，在知人的基础上表达立场与评价的，称得上是"因材施教"的典范。

师：说得不错，既结合了"因材施教"的特征，又联系了文本的依据，值得我们学习。

师：类似这样的考题在我们的现代文考卷中也经常出现，旨在考查同学们的逻辑思辨能力。其实只有把自己给说服了，才能条分缕析地说服考官。从另一方面来说，如果我们要驳斥"因材施教"的理念，该如何作答？

生：我们所能寻找的文本目前局限于本篇课文呈现的内容，而一个人的人物性格特征不是简单的叙述就能够完全呈现的，孔子即便给出了不同的态度与评价，也不能说就一定完美地配适每一个个体，毕竟"己所不欲，勿施于人"也是孔子自己所说。

师：是不错的思考，联系社会历史背景，这道题留作课后作业，请写下你的思考。

● **教学反思**

"因材施教"是人们公认的科学教育原则,孔子身体力行为今天的教师做出了榜样。本段教学比较清晰地展示了学生与教师针对孔子教育理念的思维启迪过程,从正反两面寻找有力的论据,从而佐证自己的观点。

当然,本段教学也有值得改进的地方。例如"因材施教"只是一个方面,如果从首段的话语背景来看,孔子"放低姿态,循循善诱"的情境导向,将师生关系直接转变成了朋友关系——"以吾一日长乎尔"的姿态,在某种程度上说是教学内容真实性的直接反馈。

四、片段四

● **课堂回放**

师:《侍坐》中师生问答的场景描述是本文的一大特色,犹如你们每天都在经历的课堂生活。今天我们尝试转换角色,以课程评价员的身份对孔子的此次教学做一次科学的评价(3分钟内完成表3)。

表3　"孔门课堂"评价

评价项目	评价要点	分值	得分	评语
教学内容	内容符合学生需求	20		
教学氛围	氛围民主融洽	20		
教师表现	关注学生差异	20		
学生表现	兴趣盎然,思维活跃	20		
教学效果	有进一步学习的意愿	20		
总计				

生1:我给了满分,因为孔子的课堂充分体现了"循循善诱、因材施教、诲人不倦"的科学教育方法,这些都可以从教师和学生的表现中体现,以学生的"述志"和教师的"评志"陈述为例。

师:这位同学评价很高,看来结合之前的文本探讨,同学们还是十分认可孔子的教育思想理念的。

生2:我没有就整个课程表进行评分,而是着眼在了"教学氛围"这一栏,给出了18分的分值。

师:可以说说你的理由吗?

生2:孔子对子路的态度是"哂之",而对曾晳却大加赞赏,其实无论二人性格如何，课堂上的鲜明态度会在一定程度上挫伤学生继续表达的意愿，从而不敢呈现真实的志趣。

师：这位同学的表达比较有意思，我们可以对"是故哂之"和"吾与点也"作出更详细的探究与思考。

师：《论语》是语录体的散文集，它是孔子的门人和再传弟子所辑录的言行录，比较全面地反映了孔子的哲学、政治、文化和教育思想，对探寻孔子的治学与治国理念有着举足轻重的意义。我们来看一看《论语》里其他的片段，请同学们概括一下。

（[PPT 展示]《论语·公冶长》篇。孟武伯问："子路仁乎？"子曰："不知也。"又问，子曰："由也，千乘之国，可使治其赋也，不知其仁也。""求也何如？"子曰："求也，千室之邑、百乘之家，可使为之宰也，不知其仁也。""赤也何如？"子曰："赤也，束带立于朝，可使与宾客言也，不知其仁也。"）

生1：这是孔子与孟武伯的对话，表现了孔子对子路、冉有、公西华三名弟子的评价。

师：不错，那么这个评价是褒是贬？

生1：虽然对于"仁"的解答没有给出答案，但对这三人，孔子给予了充分褒扬。

师：说得不错。尽管最重要的标准"仁"，孔子并未轻易许人。但在这一篇章中，老师孔子认为他们各有专长，有的可以管理军事，有的可以管理内政，有的可以主持外交，充分肯定了他们才能和性情。对应到本课《侍坐》的文本，我们其实可以采取一个横向的比对，同样出自《论语》，这些客观的记录者们为我们呈现了更加丰富立体的孔子，他不会随意给予褒奖，更不会随意在课堂上对一个人加以"哂之"。请大家再次体味一下"哂之"的意味，也就比较明晰了。

生2：注释里解释为"微笑"，但字典里"哂"含有一点儿讽刺的意味，我想这里的"微笑"就是意味深长的表征了吧。

师：体会得不错，孔子的"哂之"并不是直接批评子路的"述志"，只是针对他个人的性格特征给予了"因材施教"的评价，既肯定了他的勇气与信心，也对"率尔"的仓促发出了善意的微笑，毕竟理想说出来容易，但真正要落实到行动上还需要各方面因素的助力。

（[PPT 展示]子曰："由也好勇过我，无所取材。"）

生1："曾皙之志"又作何解呢？孔子为何大加赞赏？

师：我们首先要对曾皙的志趣做一番解析。

生2：曾皙用富有诗意的语言，描绘了一幅春光明媚、惠风和畅的美景"暮春咏归图"。

师：不错，这似乎有些答非所问，为了更好地理解"曾晳之志"，我们还需要联系一定的社会历史背景。《史记·孔子世家》说："鲁终不用孔子，孔子亦不求仕。"春秋战国时期，社会动乱，战争频繁。孔子一生为推行自己的政治主张周游列国，但处处碰壁，不为所用。这种不满与对"治世太平"的期望使得悠游自在的"暮春咏归"成为令人心向往之的生活图景，"风乎舞雩"的教化礼乐又寓于其中，自然得到了孔子的赞美与欣赏。

师：课后作业。关于"曾晳之志"，历代看法不一。有王充的"雩祭说"，意在强调"以礼祈雨"的太平盛世；杨伯峻的"春游说"，旨在表达"暮春郊游"的闲适自在；亦有杜道生的"讲学说"，描摹了适意自在的授学场景。请你就本课所学，谈谈你对"曾晳之志"的思考。

● **教学反思**

《普通高中语文课程标准(2017年版2020年修订)》提出，要为学生创设良好的学习情境，倡导自主、合作、探究的语文学习方式，我在这一片段的教学很好地诠释了对自主探究的思考，注重学生在深入阅读的过程中进行反思，敢于提出自己的独特见解，并乐于和他人交流切磋，共同提高。

王阳明说："圣人教人，不是个束缚他通做一般，只如狂者便从狂处成就他，狷者便从狷处成就他。人才之气如何同得？"对待名家大儒的观点，作为教师，只提供参考而非全盘输入，这样的教学与启迪，就充分体现了批判性思维的教学应用，有助于学生思维火花的迸发，加深他们对中国传统文学经典的理解与认识。

不过，对于"曾晳之志"与另外三子之志的本质差异，课堂并未给予完整的解答，与之前半段的《孔门课堂评价表》关联度也不甚紧密，可再斟酌教学次序和问题引导的方式。

文言史传文教学中的逻辑思维培养

——以《秦晋殽之战》的教学为例

上海市继光高级中学　金文

● 背景与分析

一、教材分析

在先秦历史散文中,《左传》以叙写战争而著称,《秦晋殽之战》是其中一篇典型的记述战争的文章。文中并未浓墨重彩地描绘激烈的战争场面,只寥寥数笔交待了战争的时间、地点和结果,而把写作重点落在了战前的各项准备、战后人物的反应及表现上。在行文过程中,《秦晋殽之战》借助不同人物的语言传递出严密的逻辑推理,以简练、深刻、富有概括性的逻辑语言,揭示了影响战争胜负的种种因素——政治、外交、预谋和决策,其中"决策"更是在战争中起到了至关重要的作用,而"决策"的正确与否又是由逻辑推理的正误所决定的。《秦晋殽之战》略写战争经过,详述战争本质,以其所蕴含的强大逻辑之力向读者总结了历史的经验与教训,显示了其作为史学作品古为今用、以史为鉴的价值。

二、名家评述

两晋时期的学者贺循认为"左氏之传,史之极也。文采若云月,高深若山海"。唐代学者刘知几在评价《左传》时说:"寻左氏载诸大夫词令,行人应答,其文典而美,其语博而奥;述远古则委曲如存,征近代则循环可覆。必料其功用厚薄,指意深浅。"近代学者梁启超评价道:"《左传》文章优美,其记事文对于极复杂之事项——如五大战役等,纲领提挈得极严谨而分明,情节叙述得极委曲而简洁,可谓极技术之能事。"

三、学情分析

《普通高中语文课程标准(2017 年版 2020 年修订)》将思维发展与提升列为学科核心素养之一,引导学生在语言运用的过程中获得包括逻辑思维在内的各类思维的发展与提升。在"课程目标"中明确指出"运用基本的语言规律和逻辑规则,判别语言运用的正误,准确、生动、有逻辑地表达自己的认识"。课标中的这些要求与高中学生思维特点的发展规律是吻合的。随着年龄的增长、心智的成熟,学生的逻辑思维能力在高中阶段逐渐形成并得以发展,但在其语言表达中时常还会出现逻辑混乱的情况,表现为说理不够严密、漏洞百出,这一现象背后所折射出的正是学生逻辑思维能力的缺陷。思维和语言之间是互为表里、相辅相成的,在教学中应当以语言与逻辑关系为抓手,借助逻辑推理的相关知识,指导学生通过比较、质疑、探究等方式分析语言中的逻辑推理形式,从中完善逻辑思维过程,由此进入文本深层,探究文本的内在意蕴。

四、核心问题

基于上述对教材和学情的分析,本课例旨在解决的核心问题是通过研读和探究文言史传类作品中人物语言背后的逻辑推理形式,实现学生逻辑思维能力的提高,促进学生形成逻辑更为严密的语言表达能力,实现语言和思维的同步提升。

◎ 教学设计

一、教学目标

(1) 积累常见的文言词语和文言语法现象。

(2) 品读作品中的人物语言描写,学习、判断其中的逻辑推理形式。

(3) 体会作品的逻辑推理特色与思想内容表达之间的关系,从而理解作品的写作意图。

(4) 深化学生的逻辑思维能力,形成科学实证的态度。

二、课前预习

(1) 借助文言词典,疏通文义,梳理作品中的文言语法现象。

(2) 根据文义,分析秦败晋胜的原因。

三、教学重点、难点

重点：品读作品中的人物语言描写，学习、判断其中的逻辑推理形式。
难点：体会作品的逻辑推理特色与思想内容表达之间的关系。

四、方法与手段

以教材中"蹇叔劝谏""王孙满论秦师""孟明撤兵"和"秦穆公哭师"四个片段中的人物语言为学习材料，先从对材料的分析中提炼出人物语言背后的逻辑推理形式，再从前后材料的比较中归结逻辑推理形式的基本特点，引导学生运用逻辑推理形式对文中相关的其他材料展开自主学习与探究，并在此基础上主动运用批判性思维审视和探究作品的思想内容。

◦ 过程与反思

一、片段一

● 课堂回放

师：通过课前预习，同学们依照文意，对于秦国失败的原因做了客观的思考和分析，大家都认为其中一个原因是秦穆公没有听取蹇叔的意见。那么蹇叔的看法到底有没有道理呢？请大家说说蹇叔是怎样劝谏秦穆公不要出兵的。

生1：蹇叔认为郑国太遥远了，秦国军队会十分疲劳，而且会有所防备。

生2：蹇叔还觉得千里迢迢去攻打郑国，容易暴露自己的行踪。

师：同学们都讲到了蹇叔反对秦穆公攻打郑国的一些具体理由，但没有把蹇叔劝说秦穆公的逻辑思路归纳出来。我们来逐句分析一下蹇叔这段话内容之间的逻辑关系。首先，蹇叔这段话的结论是什么？

生3：应该是远袭郑国的策略不可取。

师：好的。那么蹇叔是怎样得出这个结论的呢？

生3：蹇叔的第一层理由是郑国离秦国很远，秦军会"师劳力竭"，郑国也会有所防备。

师：换言之，在蹇叔看来，要想攻下秦国，需要什么条件？

生3：要有源源不断的军队和物资的补充支援。

师：是的，蹇叔这句话告诉了秦穆公取得胜利的充分条件，紧接着蹇叔又提出"勤而无所，必有悖心"，这句话和前一句有何关系？

生 4:这句话是在前一句的基础上进一步论证,好像是在说攻不下郑国的后果。

师:你说得对。如果秦军一路辛劳却不能攻取郑国,那么就会军心动摇。最后这句"且行千里,其谁不知"又有何作用呢?

生 4:"且"在这里有递进的意思,说明这句话是在前两句的基础上的进一步推理。

师:你能再具体说说蹇叔推理出了什么吗?

生 4:就是作战路途遥远,对手一定会知道消息,然后提前准备,秦军的偷袭就不会成功。

师:很好。所以蹇叔的第三层推断就是在告诉秦穆公,要远袭成功还有一个重要条件,那就是军事行动必须十分隐蔽,但实际上并不可能,因为路途太遥远了。现在,同学们对蹇叔的劝说思路应该比较清楚了,请一位同学来归结一下。

生 5:蹇叔认为要想成功攻克郑国需要两个充分条件:一是要有后援,否则会动摇军心;二是行动要隐蔽,否则对方会有所防备。但这两个条件秦国都不具备,因为郑国离秦国太远了,所以攻打郑国并不可行。

师:你概括得非常好!蹇叔的三句话形成层层递进的推断过程,逻辑思维层次分明,言简意赅,具有极强的说服力。可是,秦穆公并没有采纳蹇叔的意见,文中虽然没有写秦穆公的语言,但我们不妨来推断下秦穆公当时的思维过程。

生 6:秦穆公应该是这么想的:"我有机会取得郑国,扩张领土。机不可失,时不再来,所以我要出兵攻郑。"

师:大家觉得秦穆公的思维出了什么问题?

生 7:有机会不代表肯定可以,他的判断太不充分,过于冒险了。

生 8:他有点冲动了,没有认清计划的可行性就妄下结论,思虑欠周。

师:同学们说得很有道理。秦穆公的逻辑推理缺乏严密性,因而得出了一个不科学的结论,为他之后出兵的失败埋下了伏笔。可见,开战前正确的战略决断是影响战争胜负的重要因素。而正确的决断离不开对形势的全面分析与合理推断。

● 教学反思

培养学生的逻辑思维能力,首先需要引导学生对逻辑推理形式进行辨识和分析。在这个教学片段中,学生起初对秦国失败的原因虽有一定的认识,但尚停留在文字表面,还未能认识到秦国失败的根本原因之一在于统治者(秦穆公)思维的失当,蹇叔这番劝谏之语的严密推理恰恰反衬出了秦穆公思维的不合理性。为了增强学生的思维深度,教师以问题为导向,带领学生审读蹇叔话语中蕴含的逻辑推理形式,体会句子与句子之间缜密的逻辑关系。教师还借助了部分有关形式逻辑的知识帮助学生对语言进行思考和判断,进而引导学生逐渐看到人物语言背后的思维方式,认识到秦国战败的更深层次的原因,同时也初步感受到《秦晋殽之战》的写作意图并不在战争本身,而是更多聚焦于影响战争走向的因素。

二、片段二

● 课堂回放

师:在《秦晋殽之战》中还有一个人物也预测到了秦国的失败,这个人就是王孙满。请同学们仿照刚才我们对蹇叔话语的分析方法,梳理王孙满那番话语的逻辑思路。

(学生思考一段时间)

生1:我认为王孙满观察到秦国军队表现后说的那番话的逻辑推理和蹇叔的话有些相似。

师:你能具体分析一下吗?

生1:王孙满的第一句话说的是秦国轻而无礼,一定会失败,也就是说军队要取胜的一个充分条件是不能轻慢无礼。后面一句接着说轻慢无礼带来的后果是"寡谋和粗疏",这就会导致战败。可见,多谋和细心也是取胜的充分条件。而秦国的军队不具备这几个条件,所以王孙满得出了秦军必败的结论。

师:你说得真好!看来你已经学会怎样去分析语言表达背后的逻辑推理形式了。王孙满和蹇叔的话语逻辑确实有异曲同工之处,那么谁来进一步归纳一下这种推理形式的主要特点呢?

生2:好像都是先提出一个前提条件,这个条件都是一般性的道理。结论则都是秦军失败的个别事例。而且条件和结论都有必然的逻辑联系。

师:你归纳得很到位!这种推理形式我们称之为演绎推理。通过王孙满的这段逻辑推理,我们又获悉了影响战争胜负走向的另一些因素,那就是?

生1:不能违背道义,做好细致准备。

● 教学反思

在学习了逻辑推理的知识之后,逻辑思维的培养便能向前一步,继续引导学生通过比较、归纳等方法,有理有据地阐述自己的发现。在上面的教学片段中,教师试图启发学生运用之前的所学对新的内容(即"王孙满论秦师")进行分析。学生通过前后两段文字的比较,感知到演绎推理在语言表达中的运用,并认识到"前提"和"结论"是逻辑推理中的两大要素,而且两者之间还需具有必然的逻辑关系,才能构成有效的逻辑推理。学生在走近逻辑推理的同时,对文本旨意的理解也随之加深,感悟到战争取胜的关键离不开对战前形势的合理判断,也离不开"礼"和"谋"。

三、片段三

● **课堂回放**

师:我们常说"兵怂怂一个,将怂怂一窝"。秦军的寡谋与粗疏更体现在将帅的身上,文章是怎么表现这一点的? 我们一起来读一读。

生1:文章重点写了秦国将帅孟明的话。

生2:孟明这段话应该又是一段逻辑推理吧。

师:(笑)看来大家对本文的逻辑推理特色已经很有感觉了。的确,孟明这段话背后的逻辑也值得我们去玩味。请大家根据之前的所学,分析下孟明这段话的逻辑推理。

生3:他先假设了一个前提,那就是郑国已经有所防备了,所以再去打郑国就没什么希望能够成功。然后他觉得既然攻不下郑国,就容易被郑国包围,所以还是撤退为妙。

师:你说得很好! 孟明的推理从逻辑形式上来看似乎并没有什么问题。但是文章最后秦孝公迎接败兵时说自己的过错之一就是没有撤换孟明,秦孝公这么说是在推卸自己的责任吗?

(学生思考一段时间)

生3:孟明的推理过程虽然没什么问题,但是和蹇叔、王孙满的推理不一样的是,孟明推理的前提好像不对。但我有点说不清……

师:孟明推理的前提是郑国有所防备了,这个前提条件有什么问题吗? 大家再看下文本,孟明是怎么得出郑国有防备这个前提的?

生4:是从郑国商人弦高口里获知的。

生3:哦,对了! 弦高是郑国人,他跟秦军这么讲其实是缓兵之计,好让郑国提前备战。

师:是的,所以在弦高遇到秦军时,郑国知道秦军要攻打他们吗?

生:(齐声)不知道。

师:好,我们再回过来看孟明的推理,大家现在能看出问题所在了吗?

生4:看出来了,孟明仅仅以弦高一人的言辞就选择撤兵了,事先既未派"细作"去侦查,事后对弦高的言词也未落实。

师：对！也就是说孟明这番推理的大前提是错误的，错误的前提导致了一连串错误的推理，使他草率地做出了撤兵的决断，耗费了体力，更伤害了士气，为之后被晋国打败埋下了隐患。由此，我们可以说，秦军的失败还在于将帅的寡谋与粗疏。从刚才的分析中，同学们对于逻辑推理有了怎样的新认识？

生5：逻辑推理的前提条件真实与否很重要，只有前提正确了，才能得出正确的结论。

师：那么怎样才能确保前提的真实与正确？

生5：需要全面地思考，不能片面看待问题。

生6：还需要实践，孟明如果能去验证一下弦高的话，或许就不会急于撤兵了。

师：很好！通过大家的交流和讨论，我们对于逻辑推理有了更加深刻的认识，相信大家今后在面对问题时思考也会更加缜密严谨。下面，请一位同学来归纳下《秦晋殽之战》给我们的启示。

生7：这篇课文告诉人们，不仅是战争，任何事物的发展都是有其规律的，遵守规律，才不会以失败收场。

师：这位同学归纳得很到位，秦国的失败，正是秦穆公逻辑的失败，也是秦帅逻辑的失败，因为他们的决策都违背了事物发展的规律。

- **教学反思**

逻辑思维的培养还在于引导学生辨析逻辑运用的正误、完善自身的思维认知。"孟明撤兵"一段中，孟明仅从弦高的一番话便草率而片面地判定郑国已经有所防备，从而得出撤兵的决断。其话语虽然也体现了逻辑推理的过程，但是由于其对大前提的错误判断而最终推导出了一系列错误结论，这个结论影响了秦晋之战的走向，是秦国战败的原因之一。讲授该部分内容时，我引导学生运用之前所学到的逻辑推理知识对孟明的逻辑推理进行分析，学生逐渐发现孟明的逻辑推理有形而无实，作为秦军将领，战前的粗疏和无谋暴露无遗。不但如此，学生通过对孟明之过的分析，还明白了要确保逻辑推理的前提正确，就离不开对条件的全面思考及验证，虚假的前提就会得出错误的结论。以上这一教学过程不仅完善了学生对于逻辑推理的认知，还培养了学生全面看待问题的思维习惯，有助于其批判性思维的发展。

四、片段四

- **课堂回放**

师：对于秦军的失败，身为国君的秦穆公究竟有没有认识到错误呢？

生1：我认为他有。最后一段写他穿着孝服，痛哭流涕地迎接军队回来，而且还主动向将士们承认了自己的错误，这一点还是很不容易的。

生2：我觉得没有。秦穆公这么做只是为了讨好将士，以忏悔的方式赢得众人的原谅，振奋士气，为下次报仇雪耻做准备。

师：看来对这个问题大家持有不同的看法。请大家试着用今天学习的逻辑推理来推断下秦穆公当时的思维过程，以此为论据证明各自的看法。

生3：秦穆公对将士们说的话以"违蹇叔"和"不替孟明"为前提，而这两个前提在前文中已经得到证实，可见秦穆公逻辑推理的前提是正确的。在这个正确的前提下，他得出了过错在自己的结论，并进一步得出"不以一眚掩大德"。既肯定了自身的错误，承担了失败的责任，又起到了安抚军心的作用。

生4：我认为秦穆公的逻辑应该是"只有安抚士气才能重整旗鼓，方可一雪前耻"，所以他的认错只是假象，真正目的是以后东山再起，实现扩张的野心。

师：同学们的说法都有一定的道理。首先要肯定的是大家对于本文的逻辑推理特色已经有了较好的把握，并能运用所学形成自己对某个问题的认识和判断。其次，至于秦穆公"哭师"的实质到底是真心认错还是虚假表演，这篇史传文并没有给出明确的答案，需要我们从其他史料中进行探究、考察，才能得出合理的结论。全面分析，实践验证，得出结论，这正是我们今天课上始终强调的。我想今天课后大家可以围绕这篇课文的结尾，继续展开研究，查阅和梳理相关资料，期待在下一次的课上，听到大家更加完善的分析和更有理据的结论。

● **教学反思**

逻辑思维的培养在于引导学生运用逻辑方法，优化思维过程，激发学生的批判性思维，并运用这种思维审视语言文字作品，形成自己对语言和文学的认识。这节课最后一个片段的教学正是试图以本文开放式的结局为切入口，启发学生思考秦穆公话语中的隐含前提，并从文本中搜集、发掘更多的信息来考察前提的合理性，以此来论证自己对"秦穆公哭师"的看法。此举的目的并不在于得出某个所谓的正确答案，而是为了引导学生运用逻辑方法分析问题并得出结论，通过分析反思自己的语文实践活动，不断完善自己的逻辑思维过程，从而深化对作品写作意图的理解和感悟，为其批判性思维的发展创造条件。

五、总结

中国古代的史传文作品，无论是《左传》《战国策》，还是《史记》《汉书》，都善于通过人物的语言描写来刻画历史人物,反映历史面貌。以往的文言史传文教学较多地关注语言描写对人物形象的塑造,而很少从逻辑思维培养的角度去指导学生展开学习。新课标中"思维发展与提升"这一核心素养的提出,无疑给文言史传文教学注入了新的元素和活力。史传文中很多人物的话语本身很简练,但其背后的逻辑性和说服力却很强大。《秦晋殽之战》正是这样一篇有助于提高学生逻辑思维能力的教学材料。基于语言与思维密不可分的关系,倘若在语文教学中能对史传文中人物语言表达中的逻辑思维加以挖掘和探究,那么就可以使文言史传文充当起培养和训练学生逻辑思维能力的绝好素材,教师可以运用文中富有逻辑性的人物语言材料来指导学生建构逻辑思路,开拓思维路径,逐渐内化自己的思维方式,进而不断提升思维的品质。

学习的意义究竟是什么

——《劝学》《师说》思辨教学案例

上海财经大学附属北郊高级中学　周颖

◎ 背景与分析

《劝学》是战国时期思想家、文学家荀子的一篇论说文,是《荀子》一书的首篇。

《师说》作于唐贞元十八年(802 年)韩愈任四川博士时,这篇文章是他写给学生李蟠的。

学习的意义究竟是什么?

阅读古代论说名篇,不仅仅应该文言并重,更应该注重提升和发展学生的思维水平。《劝学》和《师说》是统编高中语文教材必修上第六单元的一组课文。统编高中教材围绕语文学习任务群进行编制,在体系和组元方式上都有所突破,教材结构发生了比较大的变化。本单元的人文主题是"学习之道",涉及"思辨性阅读与交流"任务群。该任务群旨在引导学生学习思辨性阅读和表达,发展实证、推理与发现的能力,增强思维的逻辑性和深刻性,认清事物的本质,辨别是非、善恶、美丑、提高理性思维水平。

新课标强调在真实的语言运用情境中开展阅读与鉴赏、梳理与探究、表达与交流等语文实践活动,落实任务群教学,实施基于学生学习的教学设计。另外,统编教材渗入单元教学的理念,注重单元的贯通性,不能仅仅以单篇的内容来落实教学,要打通篇目与篇目之间的联系,将单篇与整体单元教学进行统筹,理解单篇在单元中的价值。

《劝学》和《师说》是一组课文,它们都是古代先贤阐述学习之道的名篇,流传千年。为什么两位先贤都提倡学习?荀子对学的意义和价值做出了生动而细致的阐释。韩愈呼吁从师学习,直接而迫切,从表面上看他是要批判当时不从师学习的社会风气,但其实有更深层的动机,就是恢复道统,传承儒道。他们提倡学习的目的有相通的地方,但也有各自不同的针对性。他们说理的方法,或许各有不同,但是表述都严密而有逻辑。学习是一个与学子们息息相关的话题,是他们生活的重要组成部分,然而,到底为什么要学习? 这需要深思,且需要反思。在当今社会,不乏功利主义或者学习无用论等不良的学习观,学子们应该持怎样的态度,到底如何看待学习的意义? 到底应该怎样学,学习了是不是就一定会使人得到提升? 如果不对学习的意义进行反思,学习的动机不端正,那么学子们便难以在繁重的学习中找到一种持久前行的内驱力。所以全面把握《劝学》和《师说》中两位先贤所论述的学习的意义,进一步对学习进行深入反思,树立正确的学习观,也是这两个经典文本的核心价值所在。

◎ 教学设计

一、教学目标

(1) 通过对比,把握两位作者的观点与说理角度。
(2) 理解学习的意义。

二、课前预习

(1) 借助文言词典,疏通文义。
(2) 思考:我们为什么要学习?

三、教学重点、难点

引导学生结合自身理解学习的意义,引发他们对为何学习、如何学习展开理性思考。

四、方法与手段

比较阅读法、问题引导法。

◎ 过程与反思

师:今天我们要来学习一组课文《劝学》和《师说》,我想请同学们先来解读一下标题的含义。

生1:"劝学"的意思是鼓励学习,"师说","师"是从师学习的意思,"说"是一种说理的文体,也就是要阐发从师学习的道理。

师:很好,大家通过对标题的解读,可以发现两篇文章涉及的话题都是学习,这是一个大家非常熟悉,与每个人息息相关的话题。因为从出生开始,我们就在学习各种不同的知识和技能。这也是一个永恒的话题,千年之前的先贤就开始不懈地探索学习之道。两位先贤都提倡学习,这是为什么呢?首先我想请大家根据《劝学》,思考荀子为什么提倡学习?

生2:因为荀子主张"性恶论",他认为人性本恶,所以他要提倡学习。

师:为什么荀子觉得人性本恶,就需要学习?你是从哪里看出来的?

生2:因为作者说"木直中绳,𫐓以为轮,其曲中规。虽有槁暴,不复挺者,𫐓使之然也"。

师:那这句话与学习有什么关系?

生2:作者说𫐓了木头就能做成轮子,变弯曲,学习的过程就好比"𫐓",而木头变弯曲就好比,学习能让人发生改变。

师:还有吗?

生2:学习能让人的状态变得更好。因为作者说"青,取之于蓝,而青于蓝;冰,水为之,而寒于水"。"青"比喻的是学习之前的状态,"蓝"比喻的是学习之后的状态,之后的状态比之前的状态更好了。

师:你说得太好了,大家还有发现吗?

生3:我也觉得学习能让人的状态变得更好。我在第二节有所发现,作者说"登高而招,臂非加长也,而见者远;顺风而呼,声非加疾也,而闻者彰"。学习的过程就好比登高和顺风,"见者远"就是远处的人也能看见,"闻者彰",听的人能够听得很清楚,说的也是通过学习能够让人取得更好的效果。

师:我们发觉在《劝学》中荀子是使用比喻论证来阐述学习的意义和作用的,在《劝学》中比喻论证不止一组,第一节一共有五组,第二节主要有四组,这九组表达的意思一样吗?

生4:我觉得第一段一开始不明显,后来比较明显是讲一种由外力而发生的改变,使人变得更好。第二段讲君子生性是没有差异的,所以要学习。

师:很好,那么你能不能关注一下第二段中"非……,而……的"这样一组句式表达,如果强调结果,用"而"这个转折引出学习的效果已经不错了,作者为何要用"非……"这个句式,他要强调突出什么?

生4:他要强调"人本来就没有改变"或者说人可能有一种天生就存在的劣势。所以作者这里讲学习能使人的状态变好,是因为觉得学习可以弥补人天生的不足。

师:那现在你能不能结合荀子的思想主张来说说他为什么对学习的意义有这样的理解?

生4:因为他觉得人性本恶,所以人不能完全靠自己来改变和约束自己,而要通过学习。所以当荀子讲学习作用的时候,他先强调了一种外力的约束、改变的作用,再从人自身有不足的角度告诉我们,其实人需要这样一种外力的作用来弥补自己的不足。

师:你回答得非常好。荀子之所以对学习的意义进行这样一番阐述正是体现了他对人性的不信任,是性恶论导致他有了这样的一番思考,大量的设喻说理使荀子对于学习意义的阐述形象而细致。

师:下面请大家根据《师说》中的相关内容,分析思考韩愈为什么提倡学习?

生5:因为韩愈说人不是生下来就懂得道理的,人都有疑惑,如果有了疑惑不找老师学习,那么疑惑就还是疑惑,终究不能解决。

师:对,韩愈从人不是生下来就懂知识和道理的角度,告诉我们要解答疑惑就一定要跟从老师学习。还有其他发现吗?

生5:老师,因为韩愈说当时的社会"师道之不传也久矣! 欲人之无惑也难矣!"

师:用你自己的话来概括。

生5:当时的社会从师学习的风尚丢失已经很久了,人们有了疑惑却还是不跟从老师学习。

师:作者是如何来具体阐述当时不从师学习的风尚的?

生6:韩愈通过对比论证,把"古之圣人"和"今之众人"作对比,把自己不学和让孩子学作对比,把巫医乐师百工从师学习和巫医乐师百工之人不愿意从师学习作对比,指出了不从师学习的危害性。

师:我们仔细思考一下,到底是谁不学? 不学什么?

生6:是当时的成年人,特别是士大夫之族不从师学习,而那些社会地位比较低的人还是学习的。

师:作者觉得应该学的是什么? 什么不是作者探讨的学习内容?

生7:作者认为"句读"不是他所指的学习的内容,而应该学习"传其道解其惑者也",所以不学的是儒家之道。

师:可见当时社会中不学习的主要是贵族士大夫,不学习的是儒家之道。

师:根据我们的补充材料,韩愈的"道"具体指什么? 结合韩愈《原道》的相关段落来具体说说看。

生8:普遍的爱称为仁,行事而合乎事理的行为叫作义,通过施行仁义而能达到的就是道。

师：所以道是什么？

生8：道是施行仁义后达到的一种境界。

师：根据补充的《原道》中的另一段文字，我们看到韩愈觉得当时的道怎么了？

生9：从孟子开始，道就不传了，失传了。

师：那么大家再联系课文思考一下，说说看韩愈提倡从师学习，表面上看是针对当时的人不愿意从师学习，师道不传，实际上更深层的是针对什么？

生9：针对儒家的仁义之道不传的问题。

师：所以韩愈希望怎样？

生9：要传承儒家之道，要让大家学习儒家仁义之道。

师：对！传承儒学之道，恢复道统，其实是文章隐藏的一个主题，而道统的传承需要老师。在第一节中有哪一句暗含了这个意思？

生10："道之所存，师之所存也。"

师：韩愈有传承道统的迫切，而贵族们没有学道的自觉性，在《师说》中韩愈提倡学习显示了他作为一个道统传承者的自觉和焦虑。这才是他提倡从师学习深层次的原因。

师：那么大家总结一下，两位先贤提倡学习，是因为他们认为学习有怎样的意义？

生11：都觉得学习能够提高人的修养，完善人的人格。

师：是的，荀子和韩愈都认为学习可以使自我人格和修养得到提升。但现在社会上充斥着"学习无用论"，对此，你怎么看？请结合自身学习经历，谈谈你的思考。大家以小组为单位，先讨论一下。

生12：我不同意学习无用论，我觉得学习可以让自己收获许多知识，也可以完善自己的道德和修养。我们现在上语文课学习韩愈说的施行仁义之道，可以获得为人处世的启发啊！

师：谢谢，你第一个表达了自己的想法，说得不错，那么我想请同学们思考一下，你觉得有人认为学习无用，这是为什么？

生13：我觉得那些讲学习无用的人，其实也不是真的讲学习无用，只是收获一些基本的知识技能可能不是他们认为的"有用"，他们说的有用无用或许是相对于能不能赚大钱、找一份好工作而言的。

师：也就是说有人觉得学习无用根本上是因为什么？

生14：他们很功利。

生15：我觉得有一些人，反正本身就不想学习，可能也没办法，也没有好好学。

师：你讲的是一种被动式的学习状态吗？

生15：是的，他可能本身也没有觉得学习有多大意思。

师："学"和"学习能产生积极的意义"是一回事儿吗？

生15：不是的。

师：那怎样跨越这中间的距离？你觉得应该怎么办？

生15：其实我觉得学习还是很有意思的，如果不考试的话。我们学那么多科目，真的收获了各方面知识，核心价值观的教育也提升了我的思想境界。学习不是仅仅为了考试，学书本上的知识是学，学礼仪，学做人，也是学。其实我觉得放下比较功利的心态，才能收获更多。

生16：我挺同意刚才这位同学的看法。学习能不能让人提升和学什么、怎么学是有关系的。如果光为了考试学习，现在有用以后也没有什么用，还是要把学到的知识运用到我们以后的生活、工作中去。我们现在学一些书本上的知识，以后还要学很多实际运用的技能。学习是一直要学的，学各种各样的知识，不单单是书本上的，还要学做人、社交等，方方面面。

师：我觉得这位同学的想法很符合我们现在讲的"终身学习"的观念，说得非常好。所以其实我们要辩证地看待学习的意义，有意义和无意义不是截然对立的，它其实还是取决于我们怎么学，学什么，用什么样的心态学。无论如何我们应树立正确的学习观，摒弃功利的心态，广泛地学，活到老学到老，从学习中获得收获。

师：最后给大家布置一项作业。请拓展阅读《论语》中有关"学习的章句"及韩愈的《进学解》，进一步探究学习之道，以"我的学习观"为题，写一篇演讲稿。

● **教学反思**

阅读古代论说名篇，不仅仅应该文言并重，更应该注重提升和发展学生的思维水平。逻辑思维能力一直是学生的短板，学生欠缺高品质的思辨性阅读，思辨性表达的品质自然不容乐观。所以阅读古代论说名篇，应该引导学生理性思维，让他们通过阅读，准确把握作者的观点、态度，关注作者思考问题的角度，学习他们有针对性地表达观点的方法并且学会发现问题，从合适的角度以恰当的方式阐述自己的看法，从而获得思想的启迪。我觉得从相关教学设计的课堂实践情况来看，主要有如下几点反思。

第一，打通篇目，在比较思维的实践中更好地把握文本的独特性和相关性。

在以往的教学中，我们往往习惯于单篇课文的教学设计。而单篇的教学，对教学内容缺乏相应的整合，有时候会限制学生全面而深入地对一个问题展开思考。对于一组课文的学习，首先应该捕捉有价值的问题，统整教学内容，在比较思维的实践中把握文本的相关性和独特性，增加解读的深度。

我选择了"两位先贤为什么都提倡学习"这个主问题来统整教学内容，引导学生展开全面的分析和思考，《劝学》和《师说》都是结构严谨、论述细致的议论文，两位作者都针对"为什么要学习"这个问题进行了论述。析理立论的过程中，荀子将比喻论证运用到了极致，而韩愈则用对比论证批判了当时的社会风气。在教学时，我充分利用了这两篇文章阐述观点的不同方法，引导学生发现材料的内在逻辑关系，由表及里地层层分析两位作者阐发观点的不同角度。通过横向比较发现，他们针对的点虽然不一样，但对于学习有一个共同的态度：肯定了学习的积极意义。由此引导学生把握荀子和韩愈提倡学习目的的异同，提升学生语言的感知力和思维的严密性，让他们在整合性的阅读与表达活动中，思维得到具体、有效的训练。

第二，从文本内到文本外，以材料的互证促思维的丰富与深入。

阅读语言作品，需要勾连文本内部，从文本内找依据，但更应该"入乎其内，出乎其外"，选择适切的文本外的材料以帮助学生进行进一步的分析和推断。

说理应有针对性，韩愈和荀子都提倡学习，但是他们阐述的角度不同，因为他们有着不同的思想主张。所以在导学案中，我分别从《荀子·性恶篇》、柳宗元《答韦中立论师道书》和韩愈《原道》摘取了相关选段作为补充材料，以此由外而内地印证课文中的相关结论。"人之性恶，其善者伪也……故必将有师法之化，礼义之道，然后出于辞让，合于文理，而归于治。"《荀子·性恶篇》提供了荀子对于人性本恶的看法以及学习对于改变人性作用的阐述，可以作为对《劝学》的补充和印证；《答韦中立论师道书》通过柳宗元的叙述，指出了当时人们更加不愿意从师学习和韩愈敢为人师的事实；《原道》中"斯吾所谓道也，非向所谓老与佛之道也。尧以是传之舜，舜以是传之禹，禹以是传之汤，汤以是传之文、武、周公。文、武、周公传之孔子，孔子传之孟轲，轲之死，不得其传焉"让人觉察出韩愈对于道统不传问题的关注和担忧，这和课文中提及的师道之不传以及当时的成年人，特别是士大夫之族不学儒家之道的情况互相印证。作者在《师说》中仅仅通过对比论证，点到而止，这容易被学生忽视，因此在分析韩愈为什么要提倡学习时，应该通过对这些材料的挖掘而寻求更合理的深层解释。

"所有的思维都需要信息的支持",问题的分析和解决,是建立在有价值的信息的基础上的。有足够的信息基础,学生才能进行符合逻辑的推理。而在这样的过程中,学生也完成了一个相对完整的思维过程,对文本也有了更新、更高层次的认识。

第三,从阅读到表达,以多元的思考促理性的思辨。

学习的意义究竟是什么?在学生比较全面而深入地把握两位作者的观点和说理角度后,我觉得应该在此基础上,引导他们对学习的意义进行进一步反思。

荀子和韩愈对于学习意义的理解和态度立场本身不存在矛盾和冲突,且都认为学习可以使人格和修养得到提升,他们都关注到了学习的积极意义。所以从思辨性阅读到思辨性表达,我设计了这样一个论题:荀子和韩愈都认为学习能使人自我提升,但现在社会上不乏"学习无用论",对这两种不同的观点,你怎么看?请结合自身学习经历,谈谈你的思考。

思辨的关键在于多元的思考,理性平等的交流。而批判性思维更是一种理性的、反思性的思维。此环节营造了一个多元思考的环境,激发学生对学习意义和如何学习展开理性的思考。从教学实践来看,学生可以对这一组矛盾的学习观进行深入思考,继而形成自己对于学习价值的独立看法,挖掘"学习无用论"这一现象背后的深层原因。在思维的深入过程中,认识到学习的意义与无意义并非此消彼长,这也涉及个体学什么、怎么学,在多元思考的基础上促成理性的思辨,经过全面完整的思考过程得出符合逻辑的结论,给出理性的表达。这是他们对自身学习经历的反思,在自我的不断反省和批判中,形成适应自身发展和社会发展的学习观。

总体来说,整堂课目标设定较为合理,话题是学生比较感兴趣且息息相关的"学习",所以课堂氛围比较好。整堂课让学生经由完整的思考过程走向有理有据的表达交流,最终走向对高阶思维的自觉追求。

笔情绝俗，妙"比"生花

——《兰亭集序》教学中的批判性思维能力培养

上海市第五十二中学　庞春子

● 背景与分析

一、教材分析

《兰亭集序》作为一篇书序，既有写景叙事，也有感物抒怀，从游宴活动谈到作者的生死观，虽然有人生无常、"死生亦大矣"的感慨，但一反魏晋时期流行的消极虚妄的人生态度，暗含把握当下人生，不宜空谈玄理的真实达观的态度。

二、名家评述

金圣叹《天下才子必读书》卷九："此文一意反复生死之事甚疾，现前好景可念，更不许顺口说有妙理妙语，真古今第一情种也。"

李兆洛《骈体文钞》卷二十一："雅人深致，玩其抑扬之趣。"

吴楚材、吴调侯《古文观止》卷七："通篇着眼在死生二字。只为当时士大夫务清谈，鲜实效。一死生而齐彭殇，无经济大略，故触景兴怀，俯仰若有余病。但逸少旷达人，故虽苍凉感叹之中，自有无穷逸趣。"

浦起龙《古文眉诠》卷四十二："非止序禊事也，序诗意也。修短死生，皆一时诗意所感，故其言如此。笔情绝俗，高出选体。"

余诚《重汀古文释义新编》卷七："因游宴之乐，写人生死之可悲，则兰亭一会，固未可等诸寻常小集。而排斥当日竟尚清谈；倾惑朝廷者之意，亦寓言下。林西仲谓古人游览之文，亦不苟作如此。信非诬也。至其文情之高旷，文致之轻松，更难备述。"

三、学情分析

高三学生,对文言文翻译有了一定的基础。他们对人生也有了一定的认识,但由于经历浅,感悟并不深刻,也较难真正理解作者的生死观,以及作者在文中的情感变化。因此,在教学中,从学生的实际情况出发,以对比阅读法、问题引导法等深入浅出地引导,让学生理解文章的核心教育价值。

四、核心问题

本文教学从文本出发,通过词语、感情脉络的变化及和同类文章的比较阅读,挖掘文章蕴含的思想内涵,引导学生深刻领悟作品展现的诗意的人生境界,让学生体会中国古代士大夫的山水审美情怀和他们精神上的超脱姿态。培养思辨精神,做到能够清晰准确地表达、逻辑严谨地推理、合理地论证。

◦ 教学设计

一、教学目标

(1)语言建构与运用:积累并掌握相关文学常识和文言基础知识。

(2)思维发展与提升:正确认识作者感情由"乐"转"痛"再到"悲"的原因,体会作者对生命的认识感受,学会以一种合理、反思、心灵开放的方式进行思考。

(3)审美鉴赏与创造:抓住几个鉴赏点对比阅读,品味作者的感情倾向,增强对生命观点的感悟。

(4)文化传承与理解:感受文章之美,增强文化自信。

二、课前预习

(1)"序"的理解。

(2)作者生平及时代背景。

(3)"魏晋风度"的理解。

(4)与《滕王阁序》对比阅读。

三、教学难点、重点

重点:理清作者的感情脉络为何由"乐"转"痛"和"悲",分析其原因。

难点:深入理解作者在感情的起伏变化中寄托的生命感悟,并进行客观公允的评价。

四、方法与手段

比较阅读法、问题引导法、自主学习法、合作探究法。

⊙ 过程与反思

一、片段一

● 课堂回放

师:《兰亭集序》是王羲之的乘兴之作,没想到成就了一篇千古美文,同时也成就了"天下第一行书"。鉴赏这幅书法作品,我们会发现上面有多处涂抹修改的痕迹,但我们依稀可辨认得出那些隐约可辨的字迹,请同学们仔细揣摩、对比这些改动的地方,看看涂抹修改之前和之后哪个更好?(王羲之的《兰亭集序》真迹早已随唐太宗葬入昭陵而失传,现在流传下来的诸摹本中以唐朝冯承素所摹最为逼真,基本保留了原作的面貌)

师:"此地有崇山峻岭,茂林修竹。又有清流激湍,映带左右"一句中的"崇山"二字无疑是后加上去的,请考虑一下添加得是否合适?

生1:"崇山"二字添加得好。只有加上这两个字,才与下文的"茂林修竹、清流激湍、映带左右"组成一组整句,节奏和音韵也更加和谐。

师:的确。大家猜测既然行文以四字句为主,王羲之不可能写出"此地有崇山峻岭,茂林修竹……"这样节奏不和谐的句子。当然这只是一种推断,但当我们反复品读时,的确觉得这两个字加得很好。

师:"或取诸怀抱,悟言一室之内;或因寄所托,放浪形骸之外"一句中,"或因寄所托"的"因"字是后来盖上去的,原本是个"外"字。哪个好?

生2:我觉得"因"字比"外"字好。"或外寄所托,放浪形骸之外",两个"外"字重复。

师:是的。用"外"字,在句式上失去了整齐美,在音韵上也失去了和谐美。以"因"易"外",读之,齐整和谐,自然天成。

师:"向之所欣,俯仰之间已为陈迹,犹不能不以之兴怀"句中的"向之所欣"本为"于今所欣",为什么更改了两个字呢?

生3:我认为"向"有"以前"的意思。"于今所欣"就是讲现在正喜欢的东西,已经变为陈迹是矛盾的。"向"有"以前"的意思就可以说通了。以前所喜欢的,转瞬之间已为陈迹。

师:鉴赏,首先要把握词语义,这一点你做得很好!

师:在序文即将结束之时,作者发出了"后之视今,亦犹今之视昔,悲夫"的感慨。此处涂抹删改得最为明显。"悲夫"是由"大可悲也"删改而成。同学们觉得哪个用词好?

生2:我觉得"大可悲也"好。"大"有非常的意思。

生3:我认为"悲夫"好。"大可悲也"是个判断,而"悲夫"是个感叹句,语气更加强烈。

师:"大可悲也"虽有"悲"于其中,但感情色彩不浓,悲得不够深重。而"悲夫"就不同了,是个感叹句,虽独一个"悲"字,却感情色彩强烈,让人感到沉重,悲从中来,是神妙之笔。

师:有人说《兰亭集序》是王羲之喝醉酒后挥洒而成,但也有人对这种观点持反对态度。无论怎样,这是一份"草稿"无疑。正因为是草稿,王羲之在当时特定的情境下,随兴所至,挥洒而成,正好也让我们"看到了"这篇美文的本真面貌。

● 教学反思

乌申斯基曾经说过:"比较是一切思维的基础,我们正是通过比较了解世界上的一切的。"比较是人们认识问题、分析问题的基本思维形式,是人们认识、鉴别事物的一种方法,它能够反映事物的本质属性,揭示事物的相互关系和差别。通过比较,求同存异,鉴别选择。我给学生讲授此文时,结合教材所附书法作品插图,对删改之处让学生作对比、推敲,这样学生在品味《兰亭集序》遣词达意的妙处时收获更大。

语言的涵泳、咀嚼与品味原本就是文学类文本教学的核心之一,也是文学作品解读最重要的切入点。抓住文本中的语言点,以问题驱动学生思考,运用对比法将思辨能力的培养和训练自然融入课堂,是培养学生批判性思维能力的重要途径之一。

二、片段二

● 课堂回放

师:当代学者郭沫若先生曾认为《兰亭集序》"高高兴兴在饮酒赋诗,悲得太没有道理",认为作者兴怀悲慨,与兰亭集会情境不合,如何认识? 古人云"良辰美景,赏心乐事",乃人生之至乐! 本文也说"信可乐也",文章由"乐"至"悲",情感是否太突兀?

生1:不突兀。前面写山水之乐,而后提及"情随事迁,感慨系之",由此引出了"悲",最后阐发生死之感,乐极而悲。

师:现在请问大家,从原文看,"悲"从何来?

生 2:人生很短暂,所以,有时候很高兴,但一想到人生苦短,就有些悲哀。

师:用原文说呢?

生 2:"人之相与,俯仰一世""向之所欣,俯仰之间,已为陈迹"。

师:的确,"人之相与,俯仰一世"。古人的笔下,常常出现对人生的至感,就像他们说的,"人生如白驹过隙",我们也不过是"光阴之逆旅,百代之过客"。所以,作者在段末引古人言曰,怎么说?

生 3:"古人云:'死生亦大矣。'岂不痛哉!"

师:虽然此时良辰美景,赏心乐事,乃人生之至乐!可终究要面对人老、事迁、景陈、寿短,岂不痛哉?人生美好短暂,生命终归于沉寂。

师:清代的林云铭在《古文析义》一文中写道:"篇中从可乐处说到可悲,着眼生死二字,有深意存焉。晋尚清谈,当时士大夫无不从风而靡,剽窃老庄唾余(喻别人一些零星言论或意见),漠然无情,外其形骸,以仁义为土梗(泥土塑的偶像),名教为桎梏,遂致风俗颓弊,国步(国运)败移。右军有心人也,虽欲力肆抵排,而狂澜难挽,不得不于胜会之时,忽然以死生之痛,感慨伤怀,而长歌当哭,以为感动。"

● 教学反思

语文学科核心素养的"思维发展与提升"如何落地,是教师的教学难点。而批判性思维就是培养"思维发展与提升"的最好途径之一。它是以一种合理、反思、心灵开放的方式进行思考,从而清晰准确地表达、逻辑严谨地推理,合理地论证。

批判性思维是人思维发展的高级阶段。简单说来,它的主要特征就是如何质疑,即"会提问",这是批判性思维的起点。如何判断,即"会解答",用有说服力的论证和推理给出解释和判断,包括新的、与众不同的解释和判断。

在作者欣赏诗情画意的良辰美景时,笔锋一收,转向对乐与忧、生与死的感慨,产生"痛"和"悲"的感情。对于沉浸在幸福之中的高中生来说,这种感情来得有点突兀,甚至有点不可思议。所以此处设置一个问题:文章由"乐"至"悲",情感是否太突兀?先让学生领悟课文的具体语句,真正理解作者因何而痛。让学生从课文的具体语句说起,再用自己的话概括,这样自然就理解文章内容了,所谓的难点也就水到渠成地解决了。回归文本,理解文本,再分析感慨,才能层层递进如剥笋般理解文章。

同时,这也克服了学生阅读时经常脱离文本、依靠感觉,以及思维简单化、模式化、刻板化的弊端。通过忠于文本,加深对文章的理解,促进学生全面、客观、一分为二地思考问题和看待问题,并最终超越文本,形成自己独特的评价。

三、片段三

● **课堂回放**

师:文中的情感"悲"与"痛",有何不同?

师:"痛"指什么? 这种痛是痛苦、痛心还是痛惜?

生2:不是痛苦、痛心,而是痛惜。

师:那作者为什么而痛?

生3:关于如何面对世俗生活,作者概括了两类不同的人生态度:"取诸怀抱,悟言一室之内"以及"因寄所托,放浪形骸之外"。面对世俗生活,人们的爱好和取舍千差万别,但人生的忧患是相同的,即"当其欣于所遇……感慨系之矣"。

师:为什么会有"悲夫"的感慨? "悲"是悲伤、悲哀、悲叹,还是悲观?

生1:"悲"是乐极生悲,是悲伤。

生2:是悲叹。"今之视昔","每览昔人……不能喻之于怀"说明我与古人同悲。"后之视今,亦犹今之视昔",后人读我的文章犹如我读前人文章一样。

生3:"痛"是个体之痛,自痛、自怜,而"悲"是对个体之痛的理性思考,是由己悲人的,更加深刻。

师:很好! 王羲之所生活的东晋是政治极为严酷的时代,杀伐严重,社会动荡,因此有人谈玄悟道,混同生死,及时行乐。但其实,生与死又怎能够一样呢? 王羲之领悟到了这个切实的矛盾,他从人生的实际感受对道家学说提出了质疑。

师:那么王羲之对人生的态度到底是消极的,还是积极的呢? 请结合最后一段分析。

(学生分组讨论交流)

生1:我认为他对人生的态度是消极的。因为文中的情感脉络是由"乐"转"痛"和"悲"。

生2:我认为他对人生的态度是积极的。因为文中写道:"故列叙时人,录其所述,虽世殊事异,所以兴怀,其致一也。后之览者,亦将有感于斯文。"可见,他并没有一味地消沉,而是想为后世留下点什么。

生3:不是消极的。文中写道:"固知一死生为虚诞,齐彭殇为妄作",把死与生看作一样,把长寿与短寿看作一样,这是"老庄"的观点。"老庄"主张"无为",一切顺其自然,而作者对这种观点是持否定态度的。况且王羲之本身文学、书法上的成就证明他是有所作为的。

师:是的。无论放浪形骸,还是自得自足,都源于对"人生苦短"的无奈。魏晋人在表面看似颓废、消极、悲观的死亡感慨中,深藏着对生命执著的追求和留恋。

师:(总结)一悲古人生死感叹,深有同感:死生亦大矣;二悲今人一死生齐彭殇的虚妄:当今士大夫们大多崇尚虚无,消极颓废;三悲后人叩问今人:将来人们也会像我们现在一样临今人之文而感叹。古人、今人、后人同悲,可谓千古一悲!文章由"我"的个体之"痛"和"悲"推己及人,更加深刻感人。人类社会从古到今,不管历经多少年,对生命本质的体验、感悟是相似的。这是古今同痛,千古同悲!这里的"悲"不同于前面的"痛","痛"的是人生苦短,好景不长;"悲"的是人生代代,永无休止,这是对个体之痛的理性思考。

● **教学反思**

批判性思维是一种理性的、反思性的、深度思维,也就是我们常说的高阶思维。它就是《礼记·中庸》里说的"审问、慎思、明辨"。"审问",以理性的态度去审视、质疑、追问;"慎思",以谨慎的态度去正思、反思、发散性思考;"明辨",通过辨析、辩论、争鸣,形成清晰的判断能力。

那么语文批判性思维教学的落脚点在哪里?批判性思维教学应不着痕迹地融入教学设计和教学活动,做到在语文教学设计活动中批判性思维不缺席。批判性思维阅读教学的基本途径,包括忠实地读——读懂文本,批判地读——发现问题,建设性地读——解决问题。

在教师的点拨下,学生们的回答都很精彩,并真正明白了作者为什么借用古人的话感慨"死生亦大矣"。作者已感慨人生短暂,死生无常,为何还要进一步"悲"呢?这里很容易理解成"悲观",所以在此插进时代背景的介绍,让学生明白当时士大夫的人生观,崇尚老庄哲学,大谈玄理,思想虚无,寄情山水,此时再问"悲"什么,就有来由了。

四、片段四

● **课堂回放**

师:请阅读《滕王阁序》与《兰亭集序》,从内容、手法、语言运用等方面对比其异同。小组讨论,代表发言。

第一小组:相同点都是写美景,写乐事。王勃的《滕王阁序》写山水之美,宴会之乐，胜友如云，高朋满座，良辰美景。兰亭集会，作者用简淡的笔墨描写出集会时的盛况。远有崇山峻岭，近有茂林修竹，群贤毕至。"一觞一咏，畅叙幽情"——笔触简洁，写尽了兰亭集会的流风雅韵。

第二小组：不同点是《滕王阁序》用墨如泼，写出万千气象。王勃笔下，景物的境界是阔大的。登高望远，襟三江，带五湖，控蛮荆，引瓯越。作者笔下的色彩是艳丽的，落霞绚烂，碧水澄澈。《兰亭集序》笔调清新，王羲之用白描的手法描写兰亭的山水美景，山岭树木，天气流水。每种景物只用一字修饰，"崇"山"峻"岭，"茂"林"修"竹，"清"流"激"湍，真是做到了惜墨如金。

第三小组：相同点都是由乐到悲。王勃由宇宙之大想到人生渺小，由群毕至贤想到自己"三尺微命，一介书生"。虽"有怀投笔"，却"无路请缨"，于是，文章也由热情洋溢转为扼腕叹息，"关山难越，谁悲失路之人？"由"冯唐易老，李广难封"而自伤身世。而王羲之由"快然自足"的"曾不知老之将至"，想到人生短暂，"向之所欣，俯仰之间，已为陈迹"。

师：那王勃的"悲"和王羲之的"悲"完全一样吗？

第四小组：不太一样。王勃认为贾谊被贬，非无圣主；梁鸿被逐，岂乏明时。文中又乐观旷达地喊出："老当益壮，宁移白首之心？穷且益坚，不坠青云之志。"这就从原先的压抑当中感受到了振奋。王羲之悲的是人生苦短，在文章中，他始终没有走出悲的境地。由"向之所欣，俯仰之间，已为陈迹"引起"岂不痛哉"开始，到"后之视今，亦由今之视昔"而发出"悲夫"结束，始终处于一种难以压抑的悲哀之中。

师：为什么会有这种不同呢？

第五小组：王勃写作《滕王阁序》时还是年轻气盛，悲情后很自然地转入豪言壮语。此外，王勃生活的年代正值唐朝初年，社会富庶，国势昌盛，这可能是王勃走出情感低谷的时代根源。而王羲之写作本文时，已经历了宦海沉浮，因感到报国无门，便愤然辞官退隐。可以说，他是经历、参透了世事的。因此，他的这种悲叹也可能是对世事的失望。再者，王羲之身处东晋乱世，所以他摆脱不了的悲，既是个人的身世之感，更是对社会黑暗的感叹。

● **教学反思**

比较阅读是学生基于同类型主题或同一作者的不同作品等进行比较式阅读，它强调作品之间的对比。教师首先应该启发学生的发散性阅读思路，拓宽学生的阅读视野，增大阅读量，在同中求异、异中求同的阅读对比中，帮助学生丰富对作品的理解，并在比较中提升语文核心素养。

全班同学分组领任务，五组同学分别从内容、手法、语言等方面对比《滕王阁序》与《兰亭集序》两篇文章的异同。小组讨论，代表发言。从发言质量上看，达到并超过了预期目标。

总之，比较阅读教学法可以激发学生学习语文的兴趣，扩大知识面，有助于培养学生的阅读能力、分析能力和思辨能力，是一种行之有效的教学方法。

"入世"还是"避世"

——《子路、曾皙、冉有、公西华侍坐》教学案例研究

华东师范大学第二附属中学（宝山校区）　施雯

● 背景与分析

一、教材分析

《子路、曾皙、冉有、公西华侍坐》选自《论语·先进》。《论语》是我国先秦时期的语录体文集，记录了孔子及其弟子的言行。它堪称儒家最经典、最原始的"百科全书"。孔子作为伟大的思想家、教育家，被后人尊为"万事之表"，对后世的影响极为深远。他从30岁收徒讲学，至73岁去世，四五十年间，与学生互敬互爱，平等相待。《侍坐》一文记录的是孔子和子路、曾皙、冉有、公西华这四个弟子"言志"的一段话。本文属于教育类专篇，与其他"子曰"篇相比，本文刻画的人物形象性格鲜明，具有较强的文学性和思想性。

二、名家评述

张人和主编的《中国古代文学作品讲析》中谈到本文，指其写作上有以下几个特点。

首先，全文文字不多，篇幅较短，但记事完整，有层次，有重点。记述孔子同他四个弟子的谈话：先写弟子侍坐；次写孔子的发问和子路抢先回答；再写冉求、公西华和曾皙的回答，及孔子对曾皙看法的赞同；最后写曾皙的发问和孔子的评论。脉络层次清晰可见，重点记述的人物是孔子，弟子中着重记述的是子路和曾皙，特别是曾皙。余者泼墨甚少，有详有略。

其次，记事中能够展示出一定的人物性格。文中记述的五个人，性格各异。孔子在同弟子的谈话中，表现得从容不迫，含蓄深沉；能够恰当而巧妙地表达自己的意见，亲切和蔼，循循善诱。子路直率，但不谦虚。冉有谦虚，但志

向不大。公西华谦虚。曾皙的性格表现得最突出。文中写他会弹瑟,志向与另三位同学不同,他更愿意在明媚的春天,同一群青少年朋友到郊外去游泳吹风,快乐歌唱,这表明他的志趣不在从政,而是陶醉于自然。文中又写他待另三位同学出去后,问孔子为什么笑子路。这些记述都清楚地展现出曾皙清高洒脱、细心谨慎的性格特征。

最后,语言精炼,包括一些描写的文字也都言简义赅。如"夫子哂之""鼓瑟希""铿尔""舍瑟而作"等,把人物的情态、风貌逼真地刻画了出来。此外,本文结尾处孔子的回答用反问的形式,显得含蓄有力。

三、学情分析

高三年级的学生具备一定的文言阅读基础,结合课后注解基本能够疏通文意,对人物形象与性格也有一定把握。但对教材文本的深入品读能力还稍欠缺,思维品质还需进一步提升。

四、核心问题

《普通高中语文课程标准》中提出了"欣赏文学作品,能有自己的情感体验,初步领悟作品的内涵,从中获得对自然、社会、人生的有益启示。对作品的思想感情倾向,能联系文化背景做出自己的评价,对作品中感人的情境和形象,能说出自己的体验"的要求。学生只有在阅读中质疑了、批判了,才能对文本形成自己的感悟,才能养成探究性阅读和创造性阅读的习惯,提高阅读质量。文言文的教学是去伪存真,扬善弃恶的过程,是对我国优秀经典文化传承发展的重要环节。在教学中,教师不能用共性去抹杀个性,要引导学生积极主动思考,用批判性眼光看待问题,让每位学生都成为拥有"独立之精神、自由之灵魂"的生命个体。

◉ 教学设计

一、教学目标

(1)探析孔子的教育观和政治主张。
(2)品味子路、曾皙、冉有、公西华的志向与人物性格。
(3)从批判性角度对《侍坐》文本进行多重角度探析。

二、课前预习

（1）了解有关孔子与《论语》的文学文化常识。

（2）结合注解疏通文义。

（3）提出你在阅读时的质疑。

三、教学难点、重点

以批判性思维解读《侍坐》。

四、方法与手段

提问法、讨论法、合作学习指导法。

● 过程与反思

一、片段一

● 课堂回放

师：经过同学们分角色朗读，孔子这四位弟子的形象栩栩如生地出现在我们眼前，下面请大家来品读一下人物志向与性格特点。

生1：我觉得子路是四位学生中最直率的。他"率尔而对"，并且说三年后就能让国家的百姓变得有勇气且懂得道理。他的志向很宏大，敢于承诺，就是不知道结果会怎样。相比之下冉有就显得很谦虚，他说他能让方圆六七十里或五六十里的小国百姓富足，至于礼乐就等到修养更高的君子来完成。公西华就更加谦虚了，他不敢说能胜任，但愿意去学，而且愿意做主持礼赞的司仪。曾晳和前三位学生不一样，他更加注重享乐，淡泊名利，想过恬淡闲适的生活。

生2：我来补充一下，公西华愿为小相，但"宗庙之事，如会同"，事关国家大政，所以这不是小相，而是承担了国家的大任。曾晳的确是贪图享乐之人。

师：子路鲁莽、直率，有雄心壮志，也敢夸下海口，相比而言，冉有就比较谦逊，同样是为期三年的治理，但国家规模较小，治国目标也限于"足民"，与子路"同志"却不同谋，表现出较为低调的治世态度。公西华则更加谦虚委婉，"非曰能之，愿学焉"，这是谦虚委婉的说法，也许含有对前两位同学，尤其是子路的不以为然。"宗庙之事，如会同"事关国家大政，"为小相"则表明自己愿意参政而不求至贵。那么，曾晳是贪图享乐的人吗？对曾晳性格的品评还有哪位同学可以补充呢？

生3：我觉得曾皙不是贪图享乐之人，他也是有志向的，只是这个志向不是治国，而是希望国泰民安。具体怎么做他并没有说，但我看到当其他弟子在谈论志向时，他却在弹琴，说明他对音乐有着热爱之情，他能谈到"风乎舞雩，咏而归"，可见他是希望用礼乐来教化百姓的，这应该就是他的理想。

师：曾皙在回答孔子的问题时，先是"舍瑟而作"，接着表明自己的志向是"异乎三子者之撰"。他是个与众不同的学生，向老师描绘了一幅暮春时节，百姓同游同乐的美好图景。这其中表现出一种更为洒脱的精神境界。用礼乐来治国，这就和我们之前在介绍孔子时所谈及的"以礼治国"相吻合。

● **教学反思**

以上教学环节中，组织学生进行了分角色饰演。朗读是阅读教学中常见的重要训练，分角色饰演正是朗读的延伸。《侍坐》一文人物性格特征明显，语言生动，非常适合学生分角色饰演。在学生扮演角色的过程中，加入他们自己对人物性格的把握、揣度，有利于他们深入解读主旨，提升学习效率。

在孔子的循循善诱之下，四名学子言志抒怀，他们共处于一个宽松民主的教育氛围中，充分张扬了各自的个性。子路莽撞、率真；冉有谦虚、谨慎；公西华委婉谦逊，以上三人的性格特点，学生能够很容易地分析到位。但对曾皙的形象品读则需要深入思考，前两位同学的回答浮于表面，说曾皙只是闲适恬淡的享乐心境，是因为他们没有关注到冉有所说"如其礼乐，以俟君子"；没有关注到公西华所说"端章甫，愿为小相"。这两位谨慎发言的学生都谈到了礼乐之事，冉有不敢去想礼乐，公西华也只敢做司仪官，可见在春秋时期，礼乐是治国最高的境界，孔子一生都在为此奔波努力，游说各方，希望诸侯国能采纳他的仁政主张。因此曾皙所描绘的和谐之景即是孔子梦寐以求的治国之盛景。

二、片段二

● **课堂回放**

师：在孔子的引导下，几位学生的主体性得到充分的体现，个性也得到全面的发挥。此前我们布置了预习作业，希望同学们提出自己的疑问，林晨同学问："夫子哂之"的"哂"字是微笑还是含有嘲笑之意？蒋灏缘同学问："夫子喟然叹曰"的"喟然"如何来解读？可见我们同学都仔细地读过课文，并进行了深入思考。在此，老师也有个问题想问大家：你们觉得《侍坐》中"吾与点也"是无奈的赞同，还是对曾皙志同道合的欣赏？请证明你所支持的观点。接下来请进行小组讨论。

（学生小组讨论）

● **教学反思**

文言文教学中,预习是必不可少的。放手让学生根据课本上的注解或工具书来疏通文义,比在课堂上由老师逐字逐句地讲授灌输更能达到良好的教学效果。在预习环节,最重要的是请学生提出自己的阅读质疑。高中文言文教学旨在发掘古典文化中的人文精神,让学生通过文言文的学习,领悟其中深厚的人文精神,提升思维品质与审美鉴赏能力,达到塑造自我,提升核心素养,传承中华民族博大文化的目的。但同时,自汉代至近代的历史文化又相对缺少逻辑理性的精神积淀,种种盲目迷信、不尊重客观规律,以人治代替法治的现象客观存在。而文言文正是这两种良莠文化特征的集中反映。因此在教学中,应该让学生有思考、有发现。教师可结合学生的预习质疑,抛出一个主问题,引导学生围绕主问题展开思考,对《侍坐》的文本进行多方面的解读。学生在主问题的引领下,会发现更多与主问题相关联的分支,而对分支问题进行大胆的质疑、批判则需要他们自主寻找立论依据,用可靠的证据来证明自己的观点。

三、片段三

● **课堂回放**

师:下面为同学们提供三个背景材料。背景一,史料记载,孔子是 69 岁结束周游列国,回到鲁国,于 73 岁去世的。《侍坐》所记载的情景发生的时间据推断应该是孔子 71 岁到 72 岁之间,也就是孔子去世的前一两年。

背景二,宋代大理学家朱熹说,曾皙的理想看起来不过是"即其所居之位,乐其日用之常,初无舍己为人之意"。

背景三,在《礼记·表记》中"子曰:君子不失足于人,不失色于人,不失口于人。是故君子貌足畏也,色足惮也,言足信也。"

生:老师,除了您提供给我们的这三个资料外,我们还想了解一下子路、曾皙、冉有和公西华的生平,或者您允许我们自己去查一下。

● **教学反思**

考虑到教学时间的问题,而且担心学生阅读文史典籍会有一定的畏难情绪,我一开始并没有给学生查阅资料的机会,而是直接将孔子的晚年经历、朱熹对曾皙的评价与《礼记》中的相关材料出示给学生。没想到同学们在讨论时,提出了想要了解人物生平经历的想法,可见我低估了他们自主学习的诉求与能力。查找背景资料,也是学生广泛涉猎、潜心阅读的过程,这时需要老师耐心指导,引导学生借助工具书、网络资源自行解决。

在这一环节中,组织学生进行分组讨论,集合小组成员的力量,相互协作,对问题进行反复论证。语文课堂的小组讨论,必须关注学生知识和能力基础,从学生实际出发,做好调控工作,采取灵活方式,这样才不会流于形式,才能真正达到高效,才能真正让学生成为学习的主人,才能真正培养学生的创新思维与创新品质。

四、片段四

● 课堂回放

师:刚刚小组讨论时,我听到大家的观点并不统一,接下来,请同学们自由组合,形成两方阵营,我们以辩论的形式展开讨论。

生1:我们支持的观点是,晚年的孔子赞同曾皙的主张,对其是志同道合的欣赏。因为他周游列国,年事已高,此时已经疲倦了。他希望能有人理解他,因此当曾皙描绘出一幅暮春游览的盛景时,他大为赞赏。

生2:我们的观点是孔子无奈地同意曾皙的说法。刚刚前面的同学也说是晚年的孔子疲倦了,孔子的政治主张是什么?是积极的儒家入世观,而曾皙这么佛系、淡薄,他们怎么可能志同道合,难道说孔子晚年改变主张,信奉道教,无为而治了?

生3:我来补充一下我方观点。连朱熹也说曾皙的理想看起来不过是"即其所居之位,乐其日用之常,初无舍己为人之意"。这句话是说曾皙做了他该做的事,在他该在的位置上,没有宏图大志,但点滴汇成江河,他还是积极入世的,所以和孔子思想吻合,孔子对他大为赞赏。

生4:我觉得你们的观点是有待商榷的,老师给我们的《礼记》中提到"君子不失足于人,不失色于人",但你们没发现,曾皙在同学和老师面前失礼了吗?别人回答老师问题时,他自顾自地弹琴,当老师问到他时,他还发出"铿尔"的声音,铿尔是清脆的声音,感觉有点目无尊长,孔子怎么会喜欢这样的学生?他一直主张"以礼治国",曾皙这样的做法太无礼了,所以我们支持孔子是无奈地"与点"。

生5:我们知道,曾皙弹琴,并且描绘了在高台上吹风,唱着歌回家的画面,这些都和孔子以礼乐来教化百姓主张高度吻合,所以孔子赞赏曾皙是由内而发,并不是无奈的表示。

生6:刚刚我们用手机在网上查到,子路的年龄比孔子小十岁,曾皙是曾参的父亲,曾参也是孔子的学生,而且文章的标题是"子路、曾皙、冉有、公西华侍坐"。按照符合礼制的观点,曾皙的年龄应该比子路小,比冉有和公西华大。

但在述志时,曾皙是最后回答的,他还在别人都离开后,去问孔子为什么"哂",这样做实在不妥,我们还是觉得孔子并不是真正欣赏他,只是因年事已高,累了、乏了,避世了。

师:感谢两方同学带给我们的精彩辩论,说到孔子,纵观他的一生,他将"礼"与"仁"作为自己的政治思想,积极入世周游列国推行他的治国方针,他主张"为政以德""以礼治国",认为用道德和礼教来治理国家是最高尚的治国之道。在《侍坐》中,孔子对率性的子路以"哂之",这种略带讥诮的笑容说明他对子路的鲁莽刚直有些不满。敦厚谦让的冉有说自己的理政能力"比及三年,可使民足",却对"礼乐"大事"以俟君子",公西华"非曰能之,愿学焉",这两位学生的表现均让崇尚以礼治国的孔子深为不满。于是他"喟然叹曰",感慨只有曾皙描绘的淳朴民风、太平盛世才是他心目中礼治治国的最高境界。当然也有同学觉得晚年的孔子已经表现出消极的避世观了。同学们分析得也有一定道理,孔子是69岁结束周游列国,回到鲁国,73岁去世的。《侍坐》所记载的情景发生的时间据推断应该是孔子71岁到72岁之间,也就是孔子去世的前一两年。事实证明孔子周游列国最终是失败的,在当时崇尚霸权的形势下没有哪个诸侯国敢采纳孔子"以礼治国"的主张。当孔子理想破灭以后,他的思想就有可能发生转变,从积极的入世观变为消极的隐退。只求暮春郊游时的寄情山水、怡然自得、与世无争、顺其自然的道家避世心态。曾皙的洒脱、飘逸恰恰符合晚年孔子的心态,于是他喟然叹曰:"吾与点也。"

至于曾皙,于丹在《〈论语〉心得》中这样写道:"原来刚才他一直在专心致志地弹着瑟,听到老师问自己,他让瑟声逐渐逐渐缓和下来,缓和到最后一声,'铿尔'。曾皙不慌不忙,'舍瑟而作',毕恭毕敬站起身来对答老师的问话。"宋代大理学家朱熹对此有一个比较权威的解读。他说:"曾皙的理想看起来不过是'即其所居之位,乐其日用之常,初无舍己为人之意'。"好像他做的都是些日常小事,没有什么舍己为人的大理想。但是曾皙的内心是完满充盈的,他以自身人格的完善为前提,以万物各得其所为理想,这就比另外那三人想从事一个具体的职业,并在那个职业上做出成绩要高出一个层次。这就是孔夫子说过的"君子不器"。可见曾皙是一位为人随和、情趣高雅、有很高礼乐修养的学生。孔子本人也有很高的音乐造诣,曾皙的表现恰恰迎合了孔子认为只有音乐才能完善人格修养和实现社会大治的观点,最终得到了"吾与点也"这句评价。

持反对观点的同学可能发现,文章的标题"子路、曾皙、冉有、公西华侍坐"中的这一排序完全符合儒家由长及幼的礼仪,而文中四位弟子发言的顺序并没有按照由长及幼的礼仪顺序：先是子路"率尔而对曰"，接着是冉有和公西华，曾皙并没有按照礼仪顺序述志。并且在《礼记·表记》中："子曰：君子不失足于人，不失色于人，不失口于人。是故君子貌足畏也，色足惮也，言足信也。"可见孔子要求弟子的举手投足、神色言谈都不失礼于人。曾皙在老师问志时，只顾着自己弹琴，仿佛没有听见老师的提问，实则在察言观色，观察老师对其他几位学生述志的态度。作为最后发言的学生，他先以"异乎三子者之撰"表明自己与众不同。接着他巧妙地回避了自己的从政理想，向老师描绘了一幅"智者乐山、仁者乐水"的和谐画面。不仅如此，在师兄弟们都离开之后，他明明知道老师的态度却还追着老师点评其他三人所述的志向，一副颇有心计，小人得志的面容出现在读者眼前。孔子最后的评志，并没有助长曾皙得志后膨胀的气焰，可见，孔子对曾皙的人品并不赞同。

《侍坐》一文的阐述解析，历来是以宋代理学大师朱熹的观点为主流思想。我们可以结合背景，层层深入，找出疑点，论证自己的观点，探究人物性格，让文本的解读不再囿于前人的经验和论断，有自己的创新。

● **教学反思**

语文课堂既需要文本细读，也需要整体感知。西方人在解读文学作品时，都非常重视逻辑分析和语法分析，采用分析、演绎、归纳、综合等论证方法；中国人则比较重视整体、直觉、意象、意境。而今我们既要引导学生用逻辑的思维反思建构自己的思维模式，在课堂上为学生提供各种运用批判性知识的特定情境，使学生意识到思辨性思维对文本解读的帮助；也要用整体感知的方式，引导学生"悟"出真谛。在语文教学过程中，对学生进行批判性思维强化训练，要求教师不仅仅向学生传授已有的知识，更要向学生传授获得知识的有效途径，还要教导学生敢于对既有知识大胆进行批判、质疑，甚至运用可靠的证据来修正或推翻原有的结论。

取法文言文表达艺术，助力高中生议论文写作

——以《劝学》为例

上海市鲁迅中学　钱炜临

◦ 背景与分析

　　读写结合是运用阅读教学资源提高学生写作水平的方法。但是，现今的高中语文课堂往往阅读归阅读讲解，写作归写作训练。对传统文化经典作品的教学，即经典文言诗文的教学，依然较为注重疏通文义，挖掘文本思想价值，缺乏文言诗文助力议论文写作的读写结合意识。写作之源在阅读，传统文化经典作品传承千百年，有其独特魅力，其表达艺术，更是值得我们学习。《普通高中语文课程标准（2017 年版 2020 年修订）》中学习任务群 8 为"中华传统文化经典研习"，其中学习目标与内容第 5 条为"学习传统文化经典作品的表达艺术，提高自己的写作水平"。

　　那么，如何建立文言文阅读与议论文写作之间的桥梁呢？我认为这是一个具有研究价值的问题，是符合新课标教学理念下的教学方式变革的。我将结合统编教材中的《劝学》一文，谈谈指导学生传统文化经典作品读写结合的尝试。

　　在教学前，我观察了学生从高一入学以来的所有作文，发现学生议论文写作中，论证方法较为单一，多为举例论证，很少使用比喻论证。即使运用了比喻论证，论证过程也不严谨不严密，不重视论据与论点的内在逻辑联系。

◦ 教学设计

　　《劝学》一文（文本源自统编教材必修上册第六单元）表明观点的句子仅为四句，分别为："君子曰：学不可以已。""君子博学而日参省乎己，则知明而行无过矣。""君子生非异也，善假于物也。""积善成德，而神明自得，圣心备焉。"其余均为设喻部分，设喻说理这一表达艺术，是本文的显著特点。

　　总体来看，《劝学》设喻说理，博大精深，围绕一个"学"字展开，有五层含义。一以"青冰木金"喻学习会引起变化，二以"登高顺风"喻学习实际上是一种借助，三以"积土积水"喻学习要不断积累，四以"驽马锲"喻学习不可以停止，五以"蚓"喻学习要做到专一。《劝学》中的设喻说理有三个特点：一是设喻契合说理；二是设喻选材贴近生活；三是设喻丰富而有层次感（见图1）。

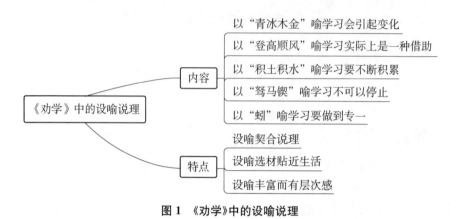

图1　《劝学》中的设喻说理

　　由是，我在布置预习作业时，请学生在《劝学》以外的课文中，寻找一个运用设喻说理的例子，并简要分析设了什么喻，说了什么理，以此，达到以下三个目的：第一，引导学生认识什么叫"设喻说理"，通过学生递交的作业来了解学生学习的起点；第二，引导学生在搜索的过程中扩大阅读面，实现泛读；第三，引导学生通过阅读设喻说理的例文，明白其中的道理，在学科中进行润物无声的德育渗透。由此，学生通过先期自主学习，感性认识了"设喻说理"。

　　从递交的作业来看，学生寻找的例子涉及《邹忌讽齐王纳谏》《秋水》《诸子喻山水》《为学》《游褒禅山记》《谏太宗十思疏》等篇目，作业情况分析如下：第一，对设喻说理有一定的涉猎，除个别识别有误（如认为《游褒禅山记》是设喻说理），基本上能够初步识别"设喻说理"；第二，学生对所选篇目所言之理基本理解；第三，对"喻"与"理"之间的生动联系（即喻理内在联系）认识不足，在分析时仅会机械化地写一句"使抽象的道理形象化"，不能体会设喻契合说理的妙处。

　　例如，学生写道："在《秋水》篇中，作者通过河伯见海神，以此为喻，论证'学问是无止境的。人在宇宙中很渺小，人的见识有限，经过比较，就会显出不足；如果骄傲自满，就难免贻笑大方'的哲学道理。通过设喻说理，将抽象的道理形象化。"在这个答案中，"喻"的部分分析得过于简单，未阐明喻理的相似点,以此推出所论证的哲理,缺乏内在联系。

我进一步审视学生的预习作业发现,其问题核心是不能理解喻理内在联系。为解决这个问题,使学生有效师法《劝学》设喻说理,提升自己比喻论证的使用能力,我决定聚焦第一段设喻说理,以此作为本课"阅读教学"部分重点,在写作实践部分设置分层练习,满足不同层次学生的练习需求。

◎ 过程与反思

一、深入文本,品析设喻说理

《劝学》设喻说理颇具特色,我借助表格,着重引导学生解读文本,理解"喻""理""喻理内在联系"(见图 2)。

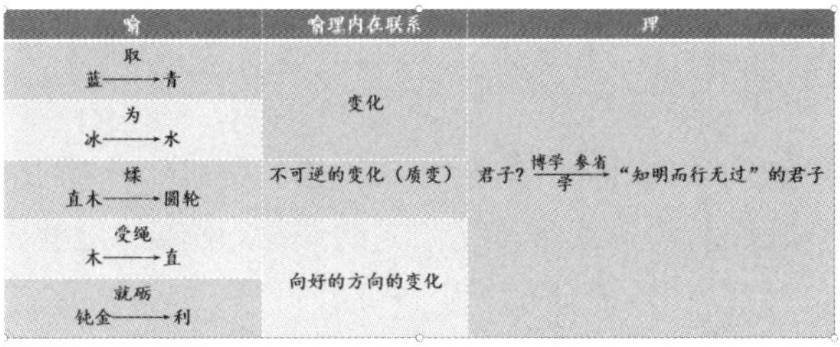

图 2 《劝学》设喻说理中的"喻"和"理"

首先,我引导学生,分析"喻"时要注重对字面内涵意思的解读。例如,解读"金就砺则利"时,不能只看到"金→利"。"金"到"利",没有任何关系,因为"金"(金属做的刀具)本身就可以是"利"器。通过"就砺"而成"利"的"金"应是"钝金"(钝金→利)。经过示范引导,学生解读"木直中绳,𫐓以为轮"时,没有单纯地只看到"木→轮",而是发现了课文其实要告诉我们的是"直木"通过"𫐓"这一复杂工序而终成"圆轮"(直木→圆轮)。这样引导学生由字面义引申思考深层含义,学生才能发现原来这些变化不容易,只有"不已"的学习才能达成这样的变化,为后续"喻理内在联系"的理解做铺垫。

其次,我引导学生理解"喻理内在联系"时,注意"喻"和"理"之间的契合度,注意五个设喻之间的逻辑关系,理清它们的层次。例如,"青,出于蓝,而青于蓝"与"冰,水为之,而寒于水"为一个层次,意在表现"蓝""水"的变化,凸显"学习使人产生变化";"木直中绳"一句则为另一层次,意在表现"直木"的质变,凸显"学习使人产生质变";"金就砺则利""木受绳则直"为一个层次,意在表现"钝金""原木"的精进之变,凸显"学习使人有好的变化"。以契合度引导学生理解,让学生把握设喻说理的核心要素,发现设喻说理之间的逻辑关联,才能让他们发现设喻的丰富性,但也要注意层次感。

以上两步都是以生为本进行思维训练,为后续写作实践训练做铺垫。基于以上的有效交流,学生明确了《劝学》设喻说理的三大特点,提升了"设喻说理"的认知水平。

二、充分交流,践写设喻说理

通过聚焦文本第一段的设喻说理,学生有了一定感性认知。想要由感性认知转化为理性思考,须以文字形式输出,即整合所学,展开写作实践。为此,我出示了两段写作片段,请学生品评,积极思考,发现问题。

片段一:思,不可以已,因为认识事物需要一个很长的过程。酒经过发酵变得比米更香醇;陶瓷经过煅烧变得比黏土更坚硬。所以事物经过内化的磨炼与升华将改变外在的形态和性质,人经过思考钻研,就能使自己的外在表现更卓越。

片段二:思考是不可以停止的,因为认识事物需要一个很长的过程。好比一棵树苗,可爱却娇弱,经年累月接受阳光的照拂,雨露的滋养,方能长成参天大树。一个人长久地思考,而且每天检查反省自己,那么他就能对事物有所认知,达到一定成就了。

学生紧紧扣住设喻说理的特点品评两个片段。针对片段一,学生认为如下。①喻证有误。应该是米经过发酵形成了酒,比米更香醇。黏土经过煅烧比陶土更坚硬。这一句喻证是模仿了"青,出于蓝,而青于蓝",但却没有模仿到内在核心的联系。②喻理不契合。片段中的喻证意在论证"思考的必要性",也就是"我们不可以没有思考""思考有什么价值",这与论点"思,不可以已,因为认识事物需要一个很长的过程"缺乏联系,没有体现出"很长的过程"。由于喻证的设立与论点不契合,因而得出的结论也有偏差。如果将"思,不可以已,因为认识事物需要一个很长的过程"这个中心论点换成其他,例如"学,不可以已,因为广博的学习,可以增长我们的见识"也能成立。可见,论证过程不够严谨周密。

针对片段二,学生认为设喻契合说理,如能增设喻证,使得喻证更丰富些则更好。在此基础上,我请学生进行写作实践,可以选择修改片段一、增补片段二或者另起炉灶,自行创作,满足不同层次学生的学习需求。在课堂上,学生大多选择修改片段一,如"米经过数年贮藏发酵之后,变成醇美的酒,而这酒却比米更香醇。黏土经过七七四十九道工序,反复煅烧后才能变成精美的陶瓷,而这陶瓷比黏土更坚硬"。此处,"经过数年""七七四十九道工序""反复"等词都能体现"很长的过程",修改妥当。

虽然,上课时鲜有学生选择增补片段二这一写作任务,但其实喻证法的使用,因其为形象化说理,属于或然性推理,是一种从个别到个别、从特殊到特殊的推理方式,其结论不一定为真,具有一定程度上的可靠性,故而在说理的严密性上较其他方法有所欠缺。所以,在使用过程中,如能从多角度深入多侧面解说,则能较好地规避其弱点。例如,《劝学》第一段就以"青冰"来论证学习会使人发生变化,以直木𫐓圆轮来论证学习会使人发生不可逆的质变,以原木受绳成直木和钝金磨砺成利器来论证学习会使人发生向好的变化。用多个喻证将"学习使人发生变化"之理说得更清晰,论述更为周密。

◎ 教学反思

我以《劝学》为例,探究"如何师法传统文化经典作品,提升学生议论文写作能力",结合课堂教学实践过程与效果,可以得出传统文化经典作品读写结合的教学策略。

(1)找准并聚焦一个教学点。探究传统文化经典作品的表达艺术,找出适合运用到现今议论文写作的教学点,确定课堂教学的核心概念。

(2)了解学情,重视预习作业的设计。引导先期自主学习,通过找寻相关例子,引导学生从"读"的角度了解课堂学习的核心概念,并从学生的作业反馈中了解学生学习的起点。

(3)写作实践应进行分层设计。考虑到学生的认知水平和个体差异,阅读结合写作时,可以修改问题片段为主要训练抓手,降低写作实践难度,循序渐进,有梯度地引导学生。同时也提供其他课堂写作实践的方式,例如模仿补写、自行创作等,满足不同层次学生的学习需求。

(4)课堂交流要充分,要重视学生思维火花的碰撞。在课堂上,生、生、师生对话不能浮于表面,而要围绕核心问题展开充分的交流。通过有效的交流,教师可以发现学生的认知差异,从而及时跟进教学,学生可以相互学习,更理性地认识学习的内容。

此外,我认为还可以从以下两个角度进行进一步探索,以丰富教学策略。

(1)纵向探索。比较阅读孔子、孟子、荀子等不同时代儒家圣人不同的设喻说理的方式,学习其特点,根据自己的实际写作程度,运用到自己的写作中。

(2)横向探索。以统编教材"学习之道"单元中《师说》来进行"对比论证",比较不同论证方法的论证效果。

三、结语

经此探究，我主要有两点体会。其一，教师应当正确处理读写之间的关系。通过挖掘文言文新的教学资源，品析传统文化经典作品的表达艺术，找到适合议论文写作的表达艺术，紧扣读与写的内在联系。其二，教师应以生为本，寻找教学资源。从学生的学情出发，发现学生的认知偏差和认知差异，了解学生的学习需求，挖掘学生学习的兴趣点，以培养思维品质为目的，选择合适的习题来进行写作训练。

诗歌教学中的思维培养策略

——《琵琶行》教学案例研究

华东师范大学第一附属中学　徐俊贤

● 背景与分析

一、教材分析

《琵琶行》是上教版高三第二学期第六单元的一篇叙事长诗。此诗通过对琵琶女高超的弹奏技艺和她不幸经历的描述，表达了诗人对她的深切同情，也抒发了诗人对自己无辜被贬的愤懑之情。它作为白居易的代表作品，语言流转匀称，优美和谐，特别是描绘琵琶的演奏，比喻贴切，化虚为实，呈现出鲜明的音乐形象。全诗叙事与抒情紧密结合，塑造出完整鲜明的人物形象；这是一篇音乐与文字，音乐与情感水乳交融的卓越作品，给人以极大的艺术享受。《琵琶行》的教学价值主要在于赏析诗歌的艺术特色，以及把握理解诗人表达的人与人之间惺惺相惜的共情。

二、名家评述

宋代朱熹在《朱子语类》中说：白乐天《琵琶行》云"嘈嘈切切错杂弹，大珠小珠落玉盘"云云，这是和而淫；至"凄凄不似向前声，满座重闻皆掩泣"，这是淡而伤。清代沈德潜在《唐诗别裁》有云："写同病相怜之意，恻恻动人。"而在清代邹弢《精选评注五朝诗学津梁》中有这样的评价："结以两相叹感收之，此行似江潮涌雪，余波荡漾，有悠然不尽之妙。凡作长题，步步映衬，处处点缀，组织处，悠扬处，层出不穷，笔意鲜艳无过白香山者。"这几位名家的评价都是从细腻深沉的情感和卓越高超的手法两个方面高度肯定了这篇作品，也点出了它的学习价值。

三、学情分析

高三年级的学生已经具备了一定的诗歌鉴赏知识和能力,加上《琵琶行》作为一首叙事类长诗,学生在理解字面含义上应该没有太大问题,他们完全具有独立阅读和理解的能力。加之其中有白居易的传世名句,学生的学习兴趣也比较大。只是篇幅过长,可能会有一点畏难心理。所以首要是加强诵读,以此作为突破口,在朗朗上口的基础上,把握整体内容,进一步深入探究其思想和情感。

四、核心问题

这个案例主要探讨和希望解决的问题是让高三的学生真正走进文本,通过文字所传递的信息,真正理解为什么两个身份地位迥然不同的陌生人能产生惺惺相惜的真挚情感,信任彼此,互相倾诉身世和分享人生感悟。

◉ 教学设计

一、教学目标

(1)知识和能力:辨别和学会运用描写声音变化的多种艺术手法,并能分析其作用。

(2)过程和方法:正音顺句,初解文本;反复诵读,感知诗意;潜心品读,分析讨论。

(3)情感态度和价值观:体会"同是天涯沦落人,相逢何必曾相识"的丰富情感内涵,把握人物形象和社会意义。

二、课前预习

(1)借助古汉语词典与课后注释,疏通文字,理解诗意。

(2)查阅白居易的主要生平和诗歌创作的主要风格。

(3)寻找其他一些描写声音的古诗文作品作为课前的小组拓展学习材料。

三、教学重点、难点

重点:掌握作者运用多种艺术手法描写声音的高超技法,并分析其效果。

难点:引导学生从对人物身世命运的分析中解读作品的思想感情,把握意境,并理解作者对音乐的描写以及其如何将乐曲的情调和演奏者、听者的感情融为一体。

四、方法与手段

朗读法、点拨法、探究法。

过程与反思

一、片段一

● 课堂回放(一)

师:琵琶女有着很高的演奏造诣,你认为哪些地方可以体现出来?

生:我觉得她不仅仅技艺高超,更是一位演奏家。我想谈谈对于"转轴拨弦三两声,未成曲调先有情"的想法。她先不直接进入正式弹奏,而是通过演奏者在准备演奏前的姿态气韵让听众认真专注起来。因为我自己也学过吉他,所以知道每次演奏前的调弦是非常重要的。

师:真好,你这是结合了自己的生活经历和演奏经验来谈,更有发言权了。那说说调音的重要性吧。

生:就转这个轴啊,今天我们的弦乐器上也有转轴这个过程,因为琴弦弹奏一段时间后会松掉,所以如果弹奏前没有调好音,可能弹奏时就会出现音不准的情况。我们去音乐厅听演奏会的时候也会看到乐队在演奏前会用几分钟时间来调音。

师:对。其实不只学乐器的同学,大概每个人都有类似的经验。张爱玲在其散文中就说过她最爱听。因为那个东西要成为旋律,可是比所有的旋律都有一种更动人的感觉,就是因为大家希望找到一个合身的对味的方式。

生:调音还有一个作用,就是给琴弦温度。天气寒冷的时候,琴弦很冷很硬,需要先热身。

师:我听到了一个很棒的词语"温度",这个刚好又跟你说的这句诗中的哪个部分相照应呢?

生:是"未成曲调先有情"。

师:对,那么你说的这个温度,除了给予乐器本身的温度之外,这三两声给予听众什么呢?

生:我觉得其实她也在观察底下的听众是不是知音,或者说是不是行家。就是他们仅仅是为了取乐还是真的会欣赏音乐。而"未成曲调先有情"这句,恰恰说明白居易也是懂音乐的听众。

师：说得非常好。因为真正的艺术永远应该是有一个对话的过程。同时也强调了演奏者和聆听者都要沉得住气，这才是大家风范。今天我们读这首诗，也可以懂得在任何一个领域当中，我们的出场都要知道对自己的敬重，这里面其实也是一种品格。

- **课堂回放（二）**

生："低眉信手续续弹，说尽心中无限事"中"低眉"也是非常传神的描写，能展现出琵琶女演奏的大家风范。

师：有意思，那请你详细说说看。

生：我们看演唱会的时候，歌手一出场就跟观众很热烈地互动，这是为了营造演唱会热烈的气氛。但是乐器演奏不能这样，如果一上台就一直与台下热情交流，好像在说你们赶快鼓掌，这样肯定不能弹奏好。

师：那"低眉"是什么状态呢？

生："低眉"就是她根本不看听众一眼，完全沉浸在自己的演奏里。其实我觉得她也在考量，这些人到底是不是值得我好好演奏。因为听众的层次不一样，表演者的表达也会不同。

师：好，你说到了表演者和听众之间的对话，就是先给彼此一段时间试探，看看是不是要让我把最好的东西拿出来，是不是这样？

生：对的，就是这样。

师：那你认为白居易是不是真的懂琵琶、懂音乐呢？

生：我觉得白居易不仅是一个文学家，也是一个音乐家。他是很懂得音律的。诗的开头"主人忘归"还有"移船邀见""千呼万唤"都说明他是能辨别好坏的，所以才执着地邀请见面。诗歌后面也说他谪居时山歌村笛是"呕哑嘲哳难为听"的。

师：你很善于关注细节，也注意到了前后的照应，观点的表达很有理据。就是说，这篇诗作在叙事过程中不仅在写琵琶女，也描绘了诗人的形象和特点，他是一个音乐方面的内行人。其实唐代的很多诗人都爱好音乐，对欣赏音乐也都有很深造诣。在这方面傅雷、陈寅恪等都有论述，我推荐大家课后去读一些相关文章。

- **教学反思**

这两段课堂上的师生对话，给我很大的启发和感触。它涉及的是关于如何处理教学"预设"与"生成"的关系问题。因为在课前的教学预设中，我的教学重点是落在对白居易如何通过各种艺术手法来描绘琵琶女高超的演奏技艺上的。这本来也是《琵琶行》这首作品的一个关键教学点。但是当我想通过"如何体现出高超技艺"的问题引入关于大量艺术手法的分析时，学生却关注到了事先我自己都没有特别注意到的部分，这让我很意外，但更多的是惊喜。尤其是学生能通过逻辑严谨的推理，准确清晰地表达他的观点，并引起其他同学兴趣的时候，我马上意识到不如抛弃"预设"，而去关注更有价值的"生成"。如果能积极利用每一个契机进行"生成"，那么学生不仅能获得学科知识方面的发展，更能获得人文素养的提升。

传统模式下的教学活动是教师课前精心"备课"，预设教学各环节，然后形成"教案"。这本是教师对待教学活动的本分，但如果在教学过程中，"教案"成为整个施教活动的唯一依据，不顾学生的实际需求和课堂情境变化的话，这种教学过程仅是学生对教学"目标"和"任务"的认同和顺应，压抑了学生的积极性和创造性。

《普通高中语文课程标准（实验稿）》把语文课程的理念定位了"全面提高学生的语文素养"，倡导"自主、合作、探究"的学习方式，认为"学生是学习和发展的主体"，要求教师"爱护学生的好奇心、求知欲，充分激发学生的主动意识和进取精神"。这就要求我们在教学中要"一切为了学生"，与时俱进，随着课堂教学情境的变化适时调整教学策略，充分挖掘有利的时机，促进教学的生成，真正实现学生对语文学习的"自主""合作"与"探究"。也就是说，教学不仅是有计划、预设的，更是一个开放、动态和生成的过程。这里强调的是学生与教育情境之间的交互作用问题，要将那种预定教学目标的"框架化"转变为学生的自主"体验化"。在这个案例中，教师并没有刻板地执行在备课中预定的教学方案和策略，当学生的思维发生转向，教学情境发生变化，教学"生成"的契机出现以后，教师能够及时地调整教学策略，满足学生主体的学习欲望和需求，以学生的学习实际为教学的立足点和出发点，真正体现了"教是为了学""教师为学生的学习服务"的思想。从中我们得到了这样的启示：我们所倡导的教学设计不应是绝对化的，而应是有伸缩性的；不应是只关注"教"的过程，更要关注"学"的过程；不应是模式化和程序化的，而应是个性化和灵活化的；不应是僵化和静态的，而应是动态和生成性的。教师考虑更多的不应是自己如何严格地实施教学设计方案，而是这个方案如何更好地适应学生的学习；教学活动不应是教师施教行为的展示，而应是学生学习行为、学习资源如何得到有效的开发、组合与优化；教学结果不应评价教师是否如期完成了教学任务，而应评价学生在这个学习过程中是否有所收获。

二、片段二

● 课堂回放(一)

师："同是天涯沦落人,相逢何必曾相识"是《琵琶行》中著名的句子。你对此是怎么理解的呢? 能不能结合你的生活经历和经验来谈谈看?

生:打动我的是"同是"二字。"同"表示他们有相同之处。

师:他们的相同之处是?

生:他们都是天涯沦落人:一个年老色衰嫁作商人妇,独守空船饱尝孤独的滋味;还有一个被贬离开京城,遭遇仕途上的打击。

师:说得不错。那么他们除了人生同样遇到了打击,遭遇了苦难,还有其他相同之处吗? 他们失去了很多,他们有没有共同拥有的东西?

生:嗯,有的。他们都有才华有能力,在他们各自的领域里有卓越的才能。但是这些才能缺少让人发现和赏识的机会,所以他们相互理解,成为有缘人。

师:你刚刚用到了"卓越"这个词语,对于他们两个人所拥有的"卓越",你能不能更具体地阐释下你的理解呢?

生:我觉得琵琶女的"卓越"表现在三个方面。一是她天资聪颖,学习能力非常强,"十三学得琵琶成,名属教坊第一部。曲罢曾教善才服"这几句都能看出来;二是她年轻时艳冠群芳,或者说风华绝代,从"妆成每被秋娘妒。五陵年少争缠头,一曲红绡不知数"可以看出;三是她演奏琵琶的水平炉火纯青,一曲结束,"东船西舫悄无言,唯见江心秋月白"。

师:表达得很流畅,而且还有理有据。真好。那白居易呢?

生:白居易的"卓越"一是他才华横溢,把与琵琶女的这段相遇写成一篇千古名篇就是最好的证明。我们大多数人也就回家感叹几声大概就过去了。二是,他的才华不仅在于文学创作,他对音乐的感受力和理解力也是相当不错的,这一点通过琵琶女的反应也可以看出来。

师:我同意。不过我觉得琵琶女还有一种能力,这也是大概人到中年才有的感受,之前也是没有读到的。同学们试着再读一读琵琶女自述身世的部分,最后体会下"夜深忽梦少年事,梦啼妆泪红阑干"两句。

生:是一种领悟人生的能力。

师:并且她把对于人生的领悟和感受融入了她的演奏中,所以才能这样感人至深。

● 课堂回放(二)

师:在大家的生活经历中有没有过对陌生人产生"同是天涯沦落人,相逢何必曾相识"的感受呢?

师:白居易在那个时候虽然贬谪,但他依然是九江郡司马,在地位上他还是一个官员。同时他又是一个著名的文人,无论是阶级、性别、年龄、学识、经历都与琵琶女不同,他真的会跟一个过气的歌妓产生一种"同是天涯沦落人,相逢何必曾相识"的感受吗? 我想听听同学们的看法。

生:我认为是可以的。因为从哲学上来说,人在本质上是平等的。这个平等也包括人类的情感是相通相近的。我记得高二学习赫尔曼·黑塞的《获得教养的途径》时,文章最后一段说道:每一部作品每一个作家都有独特性和个性,作家和作品全部的美和魅力正是基于这种独特性和个性;但与此同时,我们也越来越清楚地看到,世界各民族的成千上万种声音都怀着同一些梦想,忍受着同样的痛苦;一个真正的读者会看见一个超现实的幻象,看见那统一起来的人类的容颜。

师:说得真好。你还调动了我们之前学习的内容加以证明。看来人们确实可以打破阶级、性别、年龄、学识和经历的隔阂产生感情的共鸣。人对人是有一种关心的,这可能就是我们所讲的同情的本意,所以他才会讲出这么动人的句子。这是一种相似经历的共情,这种共情我们的人生体验中应该也有。

生:我记得以前阑尾炎开刀住院的时候体验过。我做完手术被送进病房,看着睡在我左右两边的病友,突然就有"同病相怜"的感受了,应该就是"同是天涯沦落人"。

生:到了一个陌生的地方,就会自然而然地产生这种感觉。比如在国外旅行时遇到中国人,就会马上产生一种亲切感,也会有大家都漂泊他乡的相似感受,距离好像一下就拉近了。

生:我觉得这会出现在我们人生的每个阶段,不同的情境里都会有不同的感怀和对人生况味的体会。

师:"重唧唧"更多表达的是一种感触。从之前沉浸在悠扬的琵琶声里到听完琵琶女身世后的这种感触,引出了后面的千古名句——同是天涯沦落人,相逢何必曾相识。我希望同学们能一直记得这句诗,它会在你人生的每个阶段给你不同的感慨。两个人,彼此没有牵连,也没有挂碍,见面彼此不相识,而告别之后也不会再相见。这种深受佛学影响的豁达体现在很多唐诗里,比如李白的"永结无情游,相期邈云汉""与尔同销万古愁",这是人和人情感的牵连中所体现出来的一种本质的透彻。

生:还有一个原因我也认为他们是真的产生了平等,真正地彼此理解了。在琵琶女第二次弹完琵琶后"整顿衣裳起敛容",并且把她的生活经历和盘托出,说明其实她是信任这些人的。正因为她觉得他们听懂了自己的音乐,以及音乐背后体现的丰富深沉的内涵,所以她才会如此诚实恳切、毫无保留地把经历说出来。而同样的,白居易肯定也因为对方的坦荡豁达,所以把自己的感受,自己的经历告诉对方。因为一般我们第一次跟别人相见时都会比较谨慎,很少向陌生人谈论自己的身世。同样的,作为九江郡司马,他也不一定要告诉一个陌生的琵琶女,自己现在处在人生的困顿中,是离京被外放的,毕竟这也不是值得炫耀的事情。

师:我很同意你的说法。他们彼此的生命因为对方这个陌生人而重新焕发出了一种光彩。

生:诗中一共写了三次她弹琵琶,第二次是详写。但我觉得最后一次的略写最打动我。"感我此言良久立",琵琶女站立了很久,而不是马上受到了感动就急急忙忙地弹奏,所以又一次证明她这次才是找到知音之后的一种弹奏,而这次的弹奏又跟之前的那一次完全不一样。这次作者又选择了留白的写法,他并没有说音乐如此的美妙,只是说听到音乐的人都流下了眼泪,用侧面描写的手法,再一次强调和烘托出了琵琶语,不再是关注弹奏的技艺,而是完全沉浸在情感的共鸣中了。

● 课堂反思

能在课堂上和学生进行这样的交流和讨论是非常幸福的。在语文学科的课堂上,我常常会产生一种挫败感,总感觉师生间很难产生比较充分和深入的交流,更多的好像都是闭合性的问题。即便是设置了开放性问题期待学生更多的参与和表达,学生的交流也常常落在几个词语和短句上,戛然而止,乏善可陈。一方面,大背景下的这一代的年轻人更习惯人与人的交流以图像表情包和片段式短语为主,缺乏口头表达的训练和交流机会。另一方面,也还是教师没有能提供更多的方法来帮助他们开启思维,激发交流的愿望。这两个片段都是我在课堂上对于培养学生语言表达能力和批判性思维能力的尝试。

《琵琶行》作为文学史上的佳作,有很多值得学习和思考的内容。除了欣赏作者对于声音的生动描述外,在我看来,本文的核心价值还在于如何理解陌生人之间情感共鸣的真实性,以及这种情感共鸣之于每个人的巨大价值和意义。所以需要通过立足文本,深入文本,鼓励学生联系生活经历,利用他们的学习储备进行迁移,帮助他们完成更丰富具体的理解,激发他们更准确而清晰的表达。

语言表达能力是高中学生应该具备的基本能力。《普通高中语文课程标准(2017年版2020年修订)》指出:"能运用语言文字表达自己的审美体验,表达自己的情感、态度和观念,表现和创造自己心中的美好形象。"这个目标体现了社会对高中学生语文能力的更高要求,不仅要掌握语言的相关知识,更要拥有熟练运用语言进行较深内容的阐述和表达的能力。

批判性思维是一种需要经过训练才能获得的能力,包括清晰准确的表达、逻辑严谨的推理、合理的论证,以及思辨的思维能力。我们知道,逻辑思维的形成是一个从辨识、分析、比较、归纳到概括的过程。批判性思维不是为了批判而批判,而是通过分析和评估做出更好的判断和分析。运用批判性思维去审视文学作品,可以不断提高思维的深刻性、灵活性和独创性。

诸子散文教学中的批判性思维培养策略

——《〈老子〉四章》与《五石之瓠》教学案例研究

上海市澄衷高级中学　瞿晨颖

⊙ 背景与分析

一、教材分析

《〈老子〉四章》与《五石之瓠》是语文选择性必修上册第二单元的第五课。该单元选取了先秦诸子散文若干,有儒家名篇、道家名篇,还有墨家名篇。通过该单元的学习,学生可以接触到先秦时期百家争鸣的盛世文学,对"百家"有进一步的认识,拓宽知识领域。该篇涉及道家内容,很多学生对"老庄"很陌生,这个陌生不是对人物之不知,而是现在学生之通病,对内涵对其价值之无视,学习缺乏主动性,较难走进文本、深入文本。第五课的内容,较学生之前的儒家经典的学习经验,无论是文本内容还是语言的风格形式均发生了巨大变化。这些激变对于高中学生思维的提升其实是有推动作用的,本课例希望运用批判性思维的一些特点去学习先秦诸子散文,以点及面,进而培养学生批判性思维能力。

二、名家评述

萧统在《文选序》中说:"老、庄之作,管、孟之流,盖以立意为宗,不以能文为本。"

任继愈在《中国哲学史的里程碑:老子的"无"》里写道:"老子思想的深刻性在于,善于从纷乱多样性的现象中,概括出'无'这一负概念。其可贵处在于把负概念给予积极肯定的内容。老子的'无为'不是一无所为,而是用'无'的原则去'为'。"

三、学情分析

我任教的学校是一所区重点中学。从本学期的任教情况来看,学生普遍较活泼,也有一些学生在学习上不喜动脑思考,语言的表达上较简单。尤为突出的就是思维上懒散,人云亦云,抑或从不思考,高高挂起。我着力于在教学设计中,运用批判性思维的方法去敲动学生,让学生自己提出问题,思考问题,表现为设计课堂的各个环节,去推动更多学生参与课堂,让他们在思维上有所提升。

四、核心问题

（1）如何激发学生的学习热情,改变他们接受式的学习方式,让他们学会自己去收集、分析、比较和思考各类资料和信息?

（2）如何激发学生思维,促使他们分析经典、解读经典,学会理性说理、理性怀疑?

（3）如何通过批判性思维,将经典和现实联系起来,挖掘经典的现实批判意义?

◦ 教学设计

一、教学目标

（1）在熟读成诵的基础上,理解重点词句的含义,掌握重点句法、词法,培养文言语感。

（2）读懂经典文本的基本内涵,把握道家的基本思想特点,学习道家或简约或恣肆的言说方式,结合现实生活,学习古人智慧,培养理性思辨精神。

（3）认识中华民族先秦原典的文化价值,在当今纷繁复杂的社会中生发出为人处世的准则,培养多角度、批判性看事物的思维。

二、课前预习

（1）熟读成诵。

（2）对照注释,通读两篇文章。

（3）观看《儒道之争》和《老庄之别》的视频,阅读《逍遥游》注释版,选读《国学的天空》。

三、教学重点、难点

（1）道家思想的基本内涵。

（2）理解儒家、道家思想的文化价值，思考当下为何学习先秦诸子经典。

⊙ 过程与反思

一、片段一

● 课堂回放

师：我们已经学习了论语十二章，首先请各组派一位代表上黑板来给孔子画个像。

（四位学生笔下的孔子如下）

生1：火柴人孔子。我不是很擅长画画，学了不少儒家作品后，我觉得孔子就是个普通人，挺有趣的，我就画了个火柴人。他是站着的，如同他本人一样，他是黑暗时代中的蜡烛，同时有些佝偻着背，他是负重前行的。

生2：一个苍老的棱角分明的脸庞。在我看来，孔子是一位朴实的老人，他有毅力，将"仁以为己任"，所以他的脸庞有点苍老沧桑。

生3：满脸褶皱的一张脸。我和叶同学的观点差不多，孔子首先始终以长者的身份出现，有许多为人处世修身的经典话语，经历了很多。

生4：笑意盈盈的半身像。在我心里，孔子是位和蔼的老师，总是循循善诱，对他的学生不停地启发，脸上总是带着笑容，让人温暖。

师：除了"火柴人"孔子，其他三幅都是头像或者半身像，不知什么原因。在同学们的心目中，孔子的形象很饱满很具体，今天给孔子画像是为了引出今天的主角——道家学派，因为儒家历来被称为"有为"，而今天我们要学习的是"无为"的道家。什么是"无为"？真的是什么都不做吗？道家的言说方式和儒家有何不同？让我们一起走近神秘的道家。

● 教学反思

这是课前的导入部分，没有采用视频音频等方式，以前后勾连为宗旨，采用学生上台绘画的形式，直观形象地为教学的展开做铺垫。情境的创设以贴近学生生活实际，学生感兴趣的、可操作的方式来设计，力求用新颖的形式吸引学生。在课堂的起点就激发学生探究两者的区别，树立"比较"意识，任何内容的学习都是需要去发现不同的。

在课堂操作中发现学生的绘画展现有雷同。可以再提些具体要求，比如是全身的,或者有背景的,有解说的,在开展某个环节的具体活动时,教师的要求还需要准确和翔实。儒家是学生较熟悉的先秦诸子百家代表之一,可以将儒家思想的特点,结合第三课中孟子的内容加以概括回顾。

二、片段二

● **教学片段**

师:全班齐读第一章,解释加点词。思考这章老子说的是一个什么问题。

生 1:车子中的三十根辐条汇集到一个毂当中……(学生开始解释全篇)。

师:前面三个是作者所列举的生活中的现象和事例,请关注最后一句话。

生 1:本章谈论的是"有"和"无"的问题。

师:请说说这个"无"的含义。

生 1:没有。

生 2:空。

师:很好,这个"无"的含义需要结合三个生活中的现象再想一想,我请一位同学作小结。

生 3:车毂中空隙的地方,陶器中空的地方,还有房屋开了门窗后空的地方。

师:很好,再请大家思考一下本章最后一句话中"有"指代的内容。

生 4:"有"指车子、陶器、房屋,这句是对本章的一个小结。

生 5:车子、陶器、房屋可以给人们带来好处,是"无"起的作用。

师:"有"和"无"之间是什么关系? 请用现实生活中的实例来说明。

生 6:"有"和"无"是相辅相成的关系,"无"的作用很大。我想到了自行车中的避震器,它中间也是空的,正是利用了这个原理制造了避震器,如果它是实心的,那就不能发挥作用了。

生 7:"无"的作用可能更大一些,我想到了我们现在的交友。朋友之间,是不是应该有点距离,不用时时刻刻都在一起,有空间会更好。

师:同学们的回答都很棒,很精准,还有许多同学没有机会说,我们写在课后的练习上。有一个问题留给大家思考,那今天的车轮没有"空"的部分,老子的说法又如何理解呢?

● **教后反思**

第一章在四章中篇幅最短,本以为是最容易的,但在实际教学中,学生对于老子的文字还是陌生的,有距离的。除了全文的翻译外,对于词意的理解、文章的结构等在教学时都进行了详细的讲解,只有学生真正读懂了文义,才能走近经典。

语文课堂的重点阵地是对学生思维的培养,语文的教学内容是那些鲜活的语言,在对语言的理解和运用过程中,学生的思维才能被激活,他们才会去思考语言背后的内涵。批判性思维是当下大力倡导的技能,我希望在教学中贯穿学生批判性思维的培养,其中的重点不是去批判,而是让学生有逻辑地思考一个个结论,去查证和反思这些结论的正确性,从而决定自己去信什么和做什么的思维。文章内部的结构和逻辑关系、论证思路是我们在教授古诗文时要特别关注的。

诸子散文凝结了先贤们无穷的智慧,如何让这些智慧传递给今天的学生,也是教师必须思考的问题。"文化传承与理解"是学科核心素养的最后一点,自然是最难的,不光是口头用些名家评述去介绍就行,只有学生将文本和他们的生活实际相结合,从直接经验出发,才能悟出其中的精妙之处。"避震器"和"交友"两个阐述,我觉得讲得非常好。感受经典的魅力,与学生的真实经历发生共振才是最好的体验。可惜的是课堂时间还是有限,要完成既定的教学任务,所以只请了两位学生发言,这里如果请更多学生参与进来,效果会更好。

另外,我最后的提问是想请学生继续思考,老子思想中的"无"就是绝对正确的吗?几乎没有学生有这个疑问,这个问题其实可以通过批判性思维去深度思考,但在教学中却没有很好地运用。

三、片段三

● 课堂回放

师:学习了《〈老子〉四章》,同学们发现老子独特的言说方式了吗?请和儒家作比较,并完成表1。

表1　儒家和道家言说方式的比较

核心概念	言说方式	产生原因
儒家		
道家		

● 教学反思

对言说方式作一个梳理,并将道家和儒家内容进行比较,让学生总结思考,这种情况下表格的运用有助于思维的提升。在梳理文章的具体内容后,需要理性地对语言形式进行思考。在语文核心素养的培养中,"语言建构与运用"处在尤为重要的位置。学生任何的习得与发展,根基在语言的理解和运用,所以对于作品的语言形式,几乎在每篇课文中都会涉及。表格中将"产生原因"也列入,是希望通过课外的阅读、资料的收集与分析,从时代社会背景角度明确先秦诸子观点与立场的迥异,进而在言说方式上说明其鲜明的特点。

四、片段四

● 课堂回放

师:上一节课,我们已经初步学习了《〈老子〉四章》的相关内容。本篇有两个寓言故事《五石之瓠》和《不龟手之药》,请你说说作者的用意。

生1:惠子所说的"五石之瓠"是说庄子的无用。

师:请详细说说庄子的"无用"。

生1:用来盛水浆,坚不能自举,不坚固;把它当作水瓢,又太宽大了,没有什么可以盛受的东西。

师:很好。这个"无用"指的是庄子?

生2:不,应该是说庄子的学说,说他的学说在实际生活中没啥用,什么都不能干,惠子挺毒的。

师:非常到位,就是指事物的使用价值,意在讽刺庄子的学说大而无用。我们继续,那庄子是如何反驳的呢?即《不龟手之药》这个寓言故事,包含的意义又是什么?

生3:同一样东西,用在不同的地方可以发挥不一样的作用。

师:非常到位。那在这个寓言故事中庄子是如何反驳惠子的呢?

生4:我的学说是有独特价值的,你只是有蓬之心不能领会罢了。

师:书后的"学习提示"提到了这个大葫芦是有独特价值的,那同学们可以体会得到这个葫芦在庄子眼中的独特价值吗?联系课前预习的《逍遥游》,说说你的看法。

生5:葫芦可以做腰舟,做小船,浮于江湖。

生6:腰间一大葫芦,很帅啊!

生7:《逍遥游》开篇的"鲲化为鹏"的故事和这个葫芦的故事是不是有点相似啊?

师:有点意思,请具体说说。

生7:葫芦不用拿去干啥,它似乎就成为一种象征,挺好的。万事万物是不是都是可以转化的,就看我们怎么看了。

生8：有评论说，这是一种"无待"之乐，没有了等待，就进入了一种理想的状态，就是最高境界。

生9：就像易中天说老庄里提到的，庄子的发妻去世时，庄子没有流泪，反而歌唱着，歌唱生命的新的开始，实在是很玄妙啊，却是三大"玄书"。

生10：真正的美在内在，不是那些实用之用，它们固然是好的，但是我觉得真正的美在内而不在外，葫芦在惠子看来没什么用，但是庄子喜爱它，看到了它的美就很好啊。

……

● 教学反思

感觉学生更爱庄子，老子的那部分课堂气氛有些沉闷，而庄子部分的内容，引发了学生很多讨论。为什么会有这么大的差别？应该是课前预习的差别造成的。我觉得《庄子》难度太大，所以事先给学生下发了《百家讲坛》中三个有关道家的视频，其中对庄子的讲述较多；并且将《逍遥游》的其他五段也下发给了学生，让他们先行学习，所以学生对《庄子·逍遥游》的内容有一定了解；庄子的思想，在学生看来很"高级"，很有突破性，所以引发的共鸣更多一些。另外，在课后的单元测验中也发现，学生对于《五石之瓠》的掌握更好，对寓言的理解更深刻。

所以在教材变革的今天，教师对于补充内容的选择十分关键。但是要注意不能扔给学生就结束了，而是需要在课堂上运用，甚至可以在上课过程中截取其中一段加以运用，学生还是需要以形象思维为基础的。

五、片段五

● 课堂回放

师：老子和庄子的风格在你看来是怎样的？

生1：老子的文风是简洁的，老子是个严肃的老人。

生2：老子的文风是犀利的，许多内容简单直接。

生3：老子的文风是讲道理，亮观点，但他没有论证，只有道理。

生4：庄子写得很随性、自由，和老子截然不同。

生5：庄子秉持的观点就是自由，不拘于外物，所以他的文风是鲁迅先生说到的"恣肆"，雄浑阔大。

● 教学反思

之前比较了道家和儒家的不同，这个问题的设计是对老子、庄子同属一家中的风格的比较。抓住文本内容，即使是一家，仍然存在鲜明的差异，学生同样应该去比较发现。我在问题设计上还是缺乏思考,对于比较的角度还可以更开阔、更细致,如思想观念的比较、论证方法的比较、语言技巧的比较,另外如果使用表格的形式,效果会更好。

六、片段六

● 课堂回放

师:两千多年前的春秋战国时代,出现了百花齐放、百家争鸣的盛况。时光不能复制,但我们是否发现今天和那时有些相像呢? 今天的世界,中国异军突起,国力越来越强大,面对的是各种不同的思想和声音,我们该怎么办? 如孔子一样建立自己的规范,还是如老子"道法自然",顺从自然规律,还是如庄子一般腰系大瓠,行走江湖呢? 我们现在的中国,需要更多的孔子、老子还是庄子呢?

生1:我觉得我们还是需要更多的孔子。我觉得庄子太唯美,老子太权谋,而孔子更实在。社会的发展应该还是需要孔子的思想理论的。

生2:我说不上来,都挺好的……

生3:还是孔子吧,孔子讲求伦理,讲仁爱,讲担当,感觉很有序,很踏实。庄子太梦幻了,在社会中无法实现,大家会不理解的。

生4:庄子吧,人生苦短,不是应该轻松一些吗?

师:同学们注意,题目中是今天中国的情况,我们是不是也该设身处地地思考呢?

生5:那一定是孔子,后疫情时代,中国内忧外患,我们需要国家内部的团结与发展,地球村已经不见了,所以中国需要自己的,适合我们自身国情的发展理论,那孔子老人家所倡导的就是国家的"礼"。

生6:老子做事遵从规律,重视开头,对于今天的中国不也是很好的意见吗? 我们现在必须团结一切可以团结的对象,形成推动发展的强大合力。

生7:老子、庄子生活的年代和孔子还是截然不同的,所以在观点上有很大的差异。很欣赏这样的百花齐放,我们今天的社会、世界是不是也应该谁都有呢?

师:这位同学的想法非常好,我们学习先秦诸子不也是为了在今天看到这样的百家争鸣吗? 只有一家是不是也就不是那种味道了呢? 我们把这题作为本周的随笔,请大家各抒己见,畅所欲言吧。

● 教学反思

统编教材的作业设计非常难。因为有了单元的意识,有了整体的意识,所以不能再单篇地进行。将课本内容与现实生活相结合，是我设计作业的一个出发点。学生的实际应用，结合现实的思考是批判性思维的一个显著特点。语文的外延就是生活，设计现实情境，联系生活现状，才能引发思索和碰撞。有了和生活的联系，学生才乐学、愿学。

在思维的提升上，必须有这样整篇的写作作业。碎片化的语言、碎片化的阅读、课堂的零星发言，对于思维有百害而无一利，所以在作业或是课堂实时发言与写作中融入批判性的设计，会对学生思维的提升和学科素养的培养发挥重要的作用。

下编

研究文论

浅论批判性思维的提问技巧

华东师范大学第一附属中学　李支舜

随着教学模式以及教师、学生学习观和评价观的转变,课堂对话提问回到现代教学的核心,成为教师开启学生心智,引发学生思考、参与和探究的重要教学手段。巴西教育学者弗莱雷认为:"没有了对话,就没有了交流;没有了交流,也就没有真正的教育。"对话起于质疑提问,通过交流完成探究。

一、施教之功,贵在引导

对于学生而言,提问的前提,贵在有疑。"不学不成,不问不知"。有疑才会有问,有问才会有思,有思才会有学。宋人朱熹说:"读书无疑者须教有疑,有疑者却要无疑,到这里方是长进。"明人陈献章说:"前辈谓学者有疑,小疑则小进,大疑则大进。疑者,觉悟之机也。一番觉悟,一番长进。"明代著名地理学家徐霞客在读《禹贡》一书时,对书中"岷山导江"的说法提出了疑问。后来,他通过实地考察,终于得出了金沙江是长江上源的新结论,比史书上的传统说法进了一步。著名科学家李四光有句名言:"不怀疑不能见真理。"这句话颇为深刻,大胆怀疑是获得真理的途径。著名数学家华罗庚之所以能在数学领域取得优异成绩,正是由于他对书本上现成的公式、定理和结论,能够大胆怀疑,科学释疑。读书贵有疑,有疑,就要独立思考,敢于大胆地探索和追求。

课程教学改革要求学生是学习的主人,教师是学生学习的组织者、引导者和合作者。"施教之功,贵在引导,而引导之法,贵在善问"。善于设疑、提问,是教师转变课堂教学角色,提高教学效率的关键。好奇和探究是人的本能,学生自主学习的过程,也是认识世界、探究世界的过程。对此,苏联教育家苏霍姆林斯基曾说:"在人的心灵深处,都有一种根深蒂固的需要,就是希望自己是一个发现者、研究者和探索者,在儿童的精神世界里,这种需要特别强烈。"有效的课堂提问可以使学生在有趣、现实的问题情境中,产生对知识和学习浓厚的好奇心和求知欲,从而提高课堂教学和学生学习效率。学习本身是激发好奇心和探究精神,发现问题、解决问题的过程。因此,在学习过程中,如何设计问题、发现问题、解决问题,如何学会通过高效、智慧的提问来激发学生学习的主动性,深化学生的认知和学习参与度,是教学改革中教师课堂教学关注的重点。可见,有效的课堂提问是教与学成功的关键。

现实中,许多教师由于未能掌握有效提问的技巧,往往为了提问而提问,把启发式教学变成了问答式教学,使课堂提问流于形式。究其原因,主要是未能抓住问题的核心,对问题的设计不够科学,未能激发学生的批判性思维。从教与学双方而言,提问集中起来重点要解答两个问题:一是什么是有效的提问;二是什么是有效的提问策略。

二、引导之法,重在善问

在教学中,我们通常把"问题"分为"主问题"和"次问题",这是从文本内容的整体与局部出发,看"问题"是否"牵一发而动全身"。

也有人把"问题"分为"基本问题"和"非基本问题"两类,认为所谓"基本问题"可从三个维度来看。一是指"重要的""永恒的",在这个意义上的基本问题会贯穿人的一生并自然而然地出现。此类问题从本质上看范围广且普遍存在,如:什么是公平、正义? 科学与宗教可以和谐相处吗? 这类基本问题普遍存在,但是我们也会很快发现这类问题的答案是不确定的,甚至比我们本来设想得更为复杂多样。换句话说,在我们一生中,都在对此类问题进行反思、厘清并丰富经验。二是指"基本的""基础的"。在这个意义上的基本问题,反映了对某一学科领域关键问题的探究。此类问题指向某一领域的本质以及技术知识领域的尖端科学,它们在自身领域里历来都是十分重要和活跃的。如"有哪部历史能够逃脱其作者的社会和生活史"这个问题,在过去 100 多年里一直被学者们广泛而热烈地辩论着。类似"时空有多大""目前世界气候的典型性和非正常性发展到了何种程度"这样的问题,在有关物理学的弦理论和气候学的全球气候变化的讨论中,往往处于辩论的中心。三是指它对于个人理解的"重要性"和"必要性",这是学校教育中学生在学习核心课程内容时所需要的。如优秀的作者是如何吸引和抓住读者的? 光是以什么样的形式进行波状传播的? 通过对此类问题的积极探讨,学习者学会了将无关、凌乱的信息进行联结,由此得到关键性的理解,并能够将自己的知识和技能进行有效的应用和迁移。

如此对"问题"的分类,大多是从"问题"的性质出发进行理解与分析,并没有从思维层面来看"问题"。如果从批判性思维的角度来看"问题",它可以分为三种类型。

（1）基于事实的问题。只有一个正确答案的问题,事实题属于这一类。如:李白的名、字、号是什么？什么是"古文运动"？元曲四大家是哪四个人？

（2）基于偏好的问题。问题随着个体的不同偏好而拥有不同的答案,属于纯粹的主观意见,这些问题会让你去表达出某种偏好。如:李白、杜甫的诗,你喜欢哪一位？你对高考作文中出现文言体怎么看？你喜欢昆剧《牡丹亭》吗？

（3）基于判断的问题。需要进行论证,同时答案可以不止一个。这些问题是具有辩证意义的,答案有更好和更坏之分。我们根据答案的可能范围,搜寻最佳答案。如一位教师在教学《孔雀东南飞》时,因要讨论人物形象,设计了这样一个问题:诗的最后,男女主人公双双殉情。那么,是谁先殉情的？抛出的问题并没有难倒同学们,按照故事情节的发展很容易找到答案:兰芝先殉情。兰芝先"举身赴清池","府吏闻此变"后,才有仲卿"自挂东南枝"。此问完了之后,又抛出了第二个问题:能不能让他俩殉情的先后顺序颠倒一下,让仲卿先"自挂东南枝",然后,让兰芝"举身赴清池"？这个问题抛出后,同学们默不作声,陷入思考之中。有同学回答:"我觉得可以。他俩都是忠于爱情而死的,先死后死,无妨大雅。"同学中有人点头,显然,一部分同学同意了。但是,一位同学经过深思后发表了一番颇有见地的回答:"我认为两位主人公死的先后顺序不能颠倒。因为在诗中,仲卿处处妥协,既想做一个好丈夫,又想做一个大孝子,而兰芝对其兄的逼迫,敢于理直气壮地仰头答,坚决反抗,以争自由。对仲卿来说,只有兰芝'赴清池',他才可能泯灭自己的幻想。所以说,没有兰芝的'举身赴清池',就不可能有仲卿的'自挂东南枝'。但是,我们不能因为兰芝的光辉而抹煞仲卿。"有了这位同学的启发,另一位同学也站起来说:"仲卿对爱情是忠贞的。作为那个时代的丈夫和儿子,仲卿的妥协退让,也不是不可理解的。他最终舍弃了'大孝子',用死保全了他们忠贞如一的爱情,这是值得肯定的。当然,正因为如此,也只能让仲卿后死。"……讨论还在热烈进行着,学生的交流始终是在寻找论据,进行判断和推理,而这位老师关于人物形象的教学目标也悄然实现了。

从图1可知,"事实的问题"体系单一,答案唯一,属于客观题;"偏好的问题"没有体系,主观性强,以个人的偏好为主,很难评判是非;"判断的问题"有体系,有逻辑,需要证据和推理,答案也有优劣之分。

在提问题时,教师必须先了解问题的类型。在你提出某一问题时,可以做

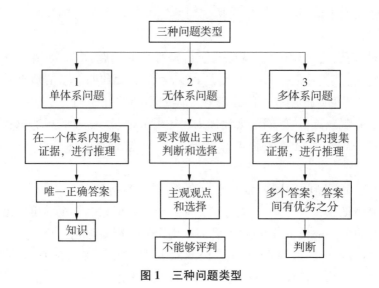

图 1　三种问题类型

如下的确认：这是一个有唯一答案的问题吗？这是一个要有主观选择的问题吗？这是一个要求你考虑不同答案的问题吗？

　　只有关于偏好的问题，需要绝对的主观意见。基于判断的问题是与论证判断有关的。我们应该运用普遍的思维标准，如清晰度、深度、一致性等来理性地评估问题的答案。一些人会把判断型的问题当作事实问题或主观偏好问题。他们认为，提问要么引发事实性的回应，要么引发观点性的阐述。但是，真正有价值的问题往往是判断型问题。这类问题在现代社会几乎全部被忽略，它反映了人们对理性判断的忽略。如，我们希望法官的法律判断是理性判断的问题，因为其法律判断是根据可靠的证据和有效的法律推理展开的。一个依据伦理和法律义务所作的判断是不会因某人的主观偏好或个人意见转移的。以可靠论证为依托的判断超越了事实和观点本身，并从来不等于事实或是观点。尽管通常我们运用事实来进行论证，但论证远超于陈述事实之外。此外，良好的论证并不能被描述为"观点"。当然，我们有时称判断的结论为"观点"，但我们不仅仅重视观点，也重视得出这个论断和观点的可靠论证基础。

　　当判断型问题被当作偏好问题来对待时，个体好像掌握了批判性思维，但这种批判性思维是虚假的。在这种情况下，个体非批判性地提出所有人的主观偏好都是等同的假设，不重视思维标准，我们甚至能够预期他们提出这样的问题：如果我不喜欢这些标准会怎样？我为什么不可以使用自己的标准呢？

我没有使用自我观点的权利吗？我是一个感性的人，那又会怎样？我喜欢跟随直觉又怎样？我觉得直觉比论证更重要又会怎样？我不相信"理性"又会怎样？当人们拒绝对问题进行合理推理和深度思考时，他们混淆了提供合理论证支持观点和仅仅坚持某个观点正确之间的差别。相反，对思维负责的人能够知道判断型的问题是需要考虑多种论证方式的问题。换句话说，对思维负责的人能识别出需要良好论证的问题，并且能够对这些问题进行推理和论证。这意味着他们能意识到这类问题可以有不止一个合理解答的方式。更重要的是，他们有责任感，不惮推理论证过程中的困难，在得出最终结论前能够认真考虑与自己截然相反的观点。只有清楚当下问题对我们的不同需求时，我们才能全面理解我们所面对的教学任务。

三、问得有效，妙在视角

在日常的课堂教学中，我们习惯了基于事实问题的"填鸭式"教育，结果遇到偏好或者判断型问题时，也习惯寻求一个标准答案。在文本解读时，我们常常把偏好性问题和判断性问题，特别是道德判断混淆在一起。对于需要进行论证的判断性问题，往往看到一个相对好的论证，就容易全盘接受论证者的看法。但实际上对于稍微复杂一点的判断性问题，有多种观察维度，有不同的论证路径，甚至是不同的论证结论。

训练学生的批判性思维，教师提问的思维层次显得尤为重要，教师可就一个话题提出三个问题，分别是事实性问题、偏好性问题，还有判断性问题，以此有意识地训练学生的思维，让每一个问题都能指向学生的思维。如此久而久之，学生就会有一个大的提升。我们必须不断提醒自己：只有提出问题，思维才能展开。没有问题等同于不理解，学生就没有获得，表面的问题等同于肤浅的理解，不清楚的问题等同于含糊的理解。我们应该努力用清晰的问题激发学生的思维，并引导学生去思考，促进其思维的发展。解决了"问题"的类型，明确了每个"问题"的价值，我们就要思考怎样提问。在语文课堂教学中，文本解读需要对话，对话依靠有效的提问。那么怎样提问呢？我们可以从以下几个方面考虑，让学生进入语言情境。

1. 从关键词或关键句入手设计问题

在《沁园春·长沙》中，诗人毛泽东面对大自然万类生物，融入了自己对人生的积极追求，对家国命运的由衷关怀。可以抓住"怅寥廓"一句中的"怅"字发问：①什么叫"怅"？②诗人为何而"怅"？诗人立而观景，借景抒情，蓄积的情感终于爆发为直白的发问，升华为哲理的思索。这时候，站在我们面前的已不是一般的游人,也不是普通的诗人,而是一个关怀天下的哲人。

吴均在《与朱元思书》一文的第一段末句说:"奇山异水,天下独绝。"这一句领起了下文中的第二、三段,在文中起到总领全文的作用。可以扣住此句设计一个提挈全文的问题:下文中哪些句子写了奇山,哪些句子写了异水,作者是怎样表现它们的"独绝"的?

2. 从文章的结构脉络入手设计问题

任何一篇文章都有作者的写作思路,并在文章的结构脉络中得以体现。从文章的结构脉络入手设计问题,有助于学生整体感知课文内容,把握文章的结构特点和写作思路,提高整体感知文章内容的能力。如《石钟山记》一文,结构紧凑,文笔畅达,一气呵成。教师采用"三'笑'串全文"的统摄方法,在学生阅读全文并初步理解的基础上,要求学生找出文中最能表达苏轼心理活动的词,经过讨论统一到三个"笑"字上,分别是:"余固笑而不信也""笑谓迈曰"和"而笑李渤之陋也"。然后设计一个主问题,即:三"笑"分别是在什么情况下出现的? 这"笑"表现了作者怎样的心理活动? 针对三"笑"溯"笑"之源,探"笑"之真谛,进而更好地感知课文内容。

又如讲授《林黛玉进贾府》,需要讲到细节描写,教师设计了这样两个问题:①课文中几次写到哭? 分别是谁哭? ②"哭"所表达的人物感情是否一样呢? 这样的问题切合中学生认知水平,切口小,开掘深,紧紧抓住人物细节,将大观园内一个个人物的身份、地位、性格、内心世界生动地凸现出来。

3. 从事件的发展变化和人、事、理之间的关系入手设计问题

这种设计适合于故事情节复杂曲折,人物关系纷繁的叙事类作品。如《鲁提辖拳打镇关西》这篇小说人物众多、情节复杂、描写细腻,我就从三个主要人物之间的关系入手,设计了一个问题:文中人物鲁提辖、镇关西、金氏父女,他们是怎样互相对待的? 各分三个步骤说明。围绕这一问题,引导学生理顺小说的情节变化,鲁提辖对金氏父女是一问(为何哭),二赠(赠银两),三救(救出虎口);镇关西对金氏父女是一占(霸占金翠莲),二弃(赶走金翠莲),三诈(诈骗银两);鲁提辖对镇关西是一耍(消遣他),二揭(揭其罪),三打(三拳打死);镇关西对鲁提辖是一从(顺从伺候),二拼(拼命),三求(求饶)。通过这样的梳理,人物关系一目了然,情节发展条理分明,鲁提辖的形象也就呼之欲出了。

4. 从文章的主题思想入手设计问题

每一篇文章的写作,都蕴含着作者一定的写作意图,或抒发作者的爱国情怀,或高扬人性的美好品格,或表达对人情冷暖的关注,或表达作者对人生的感悟,或蕴含对世人的警示,或揭示某种社会现实等。这些蕴含在文章深层的

主旨,有待于教师设计出各种阅读问题加以引导点拨,帮助学生进行理解,以此培养学生把握文章中心思想的能力。如讲《林黛玉进贾府》时分析林黛玉的性格特征,有人设计了这样一个问题:文中贾母问黛玉念何书,黛玉答"只刚念了《四书》"。后来,宝玉问:"妹妹可曾读书?"黛玉答:"不曾读,只上了一年学,些须认得几个字。"黛玉这种矛盾的回答,是不是曹雪芹的疏忽? 问题抛出使学生心理处于冲突而又渴望得到解决的状态,经过一番讨论,学生对林黛玉"步步留心,时时在意"有了较深刻的理解。

　　5. 从文章的语言特色入手设计问题

　　著名语文教育专家于漪说:"千万别脱离了文本,千万别冷落了语言。"陈钟梁老师说:"语文课是美的,这种美潜伏在语言的深处。语文课首先要上出语文味儿,要上得朴素自然,要向学生传递语言深处的美。"也有人说:"语文教学应该是'贴着文本的地面,漫步在言语的丛林,穿行在字里行间'。"可见,教师在对一篇文质兼美的课文进行教学问题设计的时候,首先想到的应当是对语言的品味,这是语文教学的根本所在。

　　任何一篇文章的写作,都体现了作者一定的语言风格,或生动形象,或清新自然,或通俗易懂,或含义深刻,或幽默风趣,或富于人生哲理,或引经据典,或化用名诗名言等,从而表达作者丰富的思想感情。为此,在阅读教学的过程中,通过问题设计,可培养良好的用语习惯,领悟生动的语言文字,品析、鉴赏语言特色。如特级教师邓彤在全国课堂教学大赛中上了一节示范课,课题是从古典文学名著《红楼梦》中节选出来的《宝玉挨打》。按大多数语文教师惯常的教学思路,要先大说特说《红楼梦》在中国文学史乃至世界文学史上的地位以及相关剧情,然后播放《宝玉挨打》的电视片段,其后接触文本,让学生分组讨论、探究一系列问题或赏析语言。而邓老师却未按此思路设计,她用张爱玲和王蒙等几位现代作家对《红楼梦》颇具新意的评价来激趣导入,然后扣住小说题目"宝玉挨打"设计了两个问题:①为何挨打? ②贾政如何打宝玉? 品味几个"打"的动词。

　　在解决了这两个问题之后,再让学生对小说中使用精妙的一个词、一个句子、一个细节、一段情节进行精彩评点(教师先做了一个评点示例)就显得信手拈来、水到渠成了。这一节语文课没有声、色、光、电等多媒体手段的渲染,也没有热闹非凡的辩论、说唱、表演,只是紧扣住题目设计了两个问题,小说错综复杂的情节就理顺了,人物关系也弄清了,小说的主题、写法也明确了,整堂课始终都围绕课文的语言进行思维训练,进行精妙点赏析,大量汲取了小说语言的养分。

总之,问题的设计方法很多,三类问题,有层次,有坡度,孰多孰少,应因文而异,因生而变。问题设计无定法,心中有"本"自然生。在古诗文阅读教学中,我们只要针对学生的实际,从文本核心出发,以批判性思维训练为目标点,问题设计恰当巧妙,引导得法,就一定能取得良好的教学效果。

语言·形象·意义

——高中语文文学赏析策略研究

华东师范大学第一附属中学　张婧婧

对于语言、形象、意义三者关系的研究是一个传统课题。中国古代文论中很早就有言、象、意的相关说法。今天,我们的语文教与学所面对的文本,包含了中国传统文学之外更加宽泛的范围,比方欧美的文学、中国五四运动以后的新文学等。再加之文学欣赏,和语文教学中的文学欣赏,本质上是一回事,但操作起来却又是另一回事。教师自身在进行文学欣赏时,往往会将自己个人的体验、生活的经历以及文学的积累充分调动起来,然后不知不觉中就跨越了学生在欣赏时可能面临的鸿沟,使得这种教学中的文学欣赏不可"复制",学生也难以举一反三,更遑论品味语言的个性化、结构化的特点。本文尝试从个人教学经历中选取一些令人印象深刻的文学赏析情境,勾连语言、形象和意义的关系,探索高中语文文学鉴赏教学的新途径。

一、对于语言、形象、意义的分类研究

空泛地谈文学的语言、形象、意义以及三者之间的关系是令人疲惫的,因为在不同的作品中,它们有不同的表现形式,三者之间的关系错综复杂。有学者将语言、形象、意义分别分为三类:语言分为正方向、负方向与命名;形象分为新形象、旧形象与无形象;意义分为旧意义、新意义与无意义。

此种分类中,语言的正方向指语言表达中规范易懂的含义,负方向指规范语言的言外之意,语言的命名功能则是规范表达的基础,是对世界的归纳和整理。文学新形象包含两种形式:一是很少或从未被人提到的具有新鲜感的形象,一是"陌生化"效果下的常见形象,如托尔斯泰在《霍尔斯托密尔》中以马的眼光来看地主和私有制。旧形象顾名思义,则是常见的文学形象,诸如"杨柳"的形象在中国文学中可以成为"离愁别绪"的代称。文学作品大多借助形象表情达意,但是也必须承认一些作品是没有形象的。无形象,比如玄言诗、说理

诗,如裴多菲的《自由颂》:"生命诚可贵,爱情价更高。若为自由故,二者皆可抛。"这一类就是文学作品中的无形象。旧有的、常见思想感情即作者认为的旧意义,而借助新形象表达的新思维、新感情则为新意义。当读者难以读出作品基本确切的含义或是读者之间的理解非常不同的情况下,文学作品的表达可以称之为"无意义",如某些朦胧诗或外国现代派文学作品。

这种分法,使得三者之间的关系具体化为一系列更小的排列组合所构成的关系,变得更为明确,也更容易入手。这种研究对于高中语文教学中的文学鉴赏很有启发意义,能够帮我们翻越文学性语言个性化和特征化品味的藩篱。

二、基于高中语文教学实践的再思考

文学语言的个性化,首先来源于对语言规范表达的打破。语言的功用是表达和交流,为了使这种交流和表达更加有效,语言必须力求规范、准确,以便被人理解和接受,这就是语言表达的正方向。但是,正如罗素在《人类的知识》中所说的:"你已经成了一个只具有社会性的人,连藏在你心头深处的思想也适合刊载在百科全书上了。但是你却再也没有希望做一个诗人,如果你想谈情说爱,你会发现你说的那种不带一点个人色彩的语言,很难引起你所希望引起的那种感情。你为了传达而牺牲了表达,结果你所传达的最后只能是既抽象而又干燥无味的东西。"作者不想被牺牲的、带有个人色彩的那些表达就是语言的负方向:具体的、个性的、趣味的,它往往是语言表达的真意或深意,它甚至还可以是不规范和不准确的。与基于交流的追求规范和准确的口头表达或一般的书面表达不同的是,文学语言基本上就是语言表达既朝着正方向又朝着负方向运动的不合逻辑而又不可思议的统一。

需要补充的一点是,甚至还有另一种更为极端的做法——彻底跳出语法规范的限制,而只是强调语言的命名功能,这在一些现代派诗歌当中可以看到。当然,摆脱了语法的限制,一定程度上造成了情感表达的无意义,而这种无意义正是艺术家们故意而为之,甚至是一种积极的追求。不容否认,无意义也是意义的一种,这一点接近于音乐、绘画的表现方式。比如令人印象深刻的约翰·凯奇的《4分33秒》①,这是一段著名的无声音乐,表现在乐谱上就是一个不计时长的休止符。表演者并不在钢琴上演奏任何一个音符,作者想要表达的是无声胜有声的意义,这需要鉴赏者调动更多的经验来参与艺术创作,体

---

① 约翰·米尔顿·凯奇(John Milton Cage, 1912—1992),美国先锋派古典音乐作曲家,勋伯格的学生。他最著名的作品是1952年作曲的《4分33秒》,全曲三个乐章,却没有任何音符。

悟没有标答的"意义",这很有魏晋清谈的妙趣,《4分33秒》大约相当于文学语言中的"将毋同"[①]吧。鉴于高中阶段学生面对的文学作品中语言基本可以分为正方向和负方向,这里就暂不讨论语言的命名这一方向与形象、意义之间的关系。

同样的,我们将另两种分类也做类似简化:将形象简化为旧形象和新形象,将意义简化为旧意义与新意义,以使得讨论更为集中。当然,命名式的语言、无形象的形象、无意义的意义可能在文学欣赏中更为感性,需要更多个人生活经验与体验,更加需要艺术直觉的欣赏。但是,前两种语言、形象与意义之间的关系,是高中文学鉴赏教学中能够解决的,也能够为后一种"高阶"的、更加"个性化"的欣赏打下基础,埋下终身学习的种子。

总之,从语言的正负方向出发,借助或新或旧的形象,最后到达或新或旧的意义。语言、形象、意义之间的排列组合所构成的关系,就是本文所要探索的文学鉴赏教学途径。

三、语言、形象、意义三者之间的关系

(一) 举隅一:从形象出发破解语言的正意义与负意义

和以交流为目的的口头表达和一般的书面表达不同的是,文学语言恰恰实现了语言在同一时刻既朝正方向又朝负方向运动的矛盾统一。文学鉴赏的要务,在于体会正方向——规范表达含义之外的负方向,破解这种正负矛盾的方式就是使用形象。

在《胡同文化》的阅读教学中,有这样一处语言表达值得我们关注:我认识一个在国子监当过差,伺候过陆润庠、王垿等祭酒的老人,他说:"哪儿也比不了北京。北京的熬白菜也比别处好吃,……五味神在北京。"

作者为什么要在一个封闭守旧老人的前边特意加上"陆润庠""王垿"这二人,还要特别点明他们"祭酒"的身份呢? 这处语言的正方向表达的意义是这位老人守旧、易于满足,那么语言的负方向是什么呢? 还是得从这个"祭酒"的形象出发。清代的国子监总管全国各类官学,其职责大致等于今天的教育部。国子监祭酒是国子监的负责人之一,其职责约等于今天的教育部部长。陆润庠是怎样的人呢? 状元、书法家、一个坚决的保皇党和守旧派。从他对于派遣留学生一事的评论就可以知道他的守旧和"天朝上国"的优越感:"游学诸生,

---

① 出自鲁迅《中国小说的历史的变迁》:"'将毋同'三字,究竟怎样讲? 有人说是'殆不同'的意思;有人说是'岂不同'的意思——总之,是一种两可、飘渺恍惚之谈罢了。"

于实业等事学成而归者,寥寥可数,而又用非所学。其最多者惟法政一科。法政各国政异,悉就其本国人情风俗以为制。今诸生根柢未深,于前古圣贤经传未曾诵习,道德风尚概未闻知,袭人皮毛,妄言改革;甚且包藏祸心,倡民权革命之说,判国家与君主为两途,布其党徒,潜为谋主。各部院大臣以为朝廷锐意改革变法,非重用学生不足以称上旨,遂乃邪说诐行,遍播中外,久之必致根本动摇,民生涂炭。"

再追问下去,在前文作者提示我们的北京市民们安土重迁的特征和仿佛一个个格子的"胡同阵"这一生活环境密切相关之后,这处好像是多出来的"伺候过国子监祭酒"的表达在暗示我们什么呢? 谁来为民众的守旧买单? 恐怕为一个国家的文化性格买单的不应该是吃虾米皮熬白菜的老百姓,而是这个国家的教育部门,或是这个国家的精英阶层。汪曾祺先生巧妙地将这层意思藏在语言的背后,而只留下"陆润庠"这个形象做引子来表达言外之意,而这言外之意才是作者真正想表达的。这层真意思,恰恰在规范易懂的那层含义之外,这就是汪先生极具个性化的文学语言。

这篇文章中,类似的个性化语言表达还有几处。比如,作者毫不避讳举自己小说《八月骄阳》中的一段对白来说明胡同文化中的"忍"。比如,就在这段对话之前,汪先生又引了老舍先生的《茶馆》,老舍就是《八月骄阳》里的"好人"①。以上是以《胡同文化》为例,引导学生顺着作者故意留下的"祭酒"的形象出发,慢慢剖析,读出语言正方向之外的那层深意,去感受文学语言的正负两个运动方向间的张力的文学鉴赏历程,进而慢慢走近汪曾祺极具个性化的文学语言。

作者借助形象可以把文学语言的正负两个运动方向"矛盾"地统一起来,借以实现个性化的文学语言。鉴赏者可以通过把握形象,细分文学语言中规范表达之外的负方向的含义,感受艺术张力,读出真意,读出深意,读出作者语言的个性之处。

(二)举隅二:运用语言、形象途径破解赏析难题

炼字法是中国文学作品中最经典的文学表现手法之一,也是文学语言鉴赏的大类。炼字法往往借助艺术手法,但是某语文高考中,恰恰出现过一道没有手法的炼字鉴赏题:赏析"莺啼过落花"中"过"字的表达效果②。

---

① 汪曾祺《八月骄阳》:"合着这位老舍他净写卖力气的、耍手艺的、做小买卖的。苦哈哈,苦命人?""那没错!""那他是个好人!""没错!"(载《人民文学》1986 年第 9 期)

② 参看 2013 年全国普通高等学校招生统一考试上海语文试卷。

晚春严少尹与诸公见过

王　维

松菊荒三径,图书共五车。

烹葵邀上客,看竹到贫家。

鹊乳先春草,莺啼**过**落花。

自怜黄发暮,一倍惜年华。

如果我们从手法角度来炼字,恐怕难以展开文学鉴赏,而借助语言表达的"形象",我们可以尝试以下文学鉴赏过程,把握作者使用"过"字的正负表达意义。

"过"字的施动者既可以是莺,也可以是莺啼。是莺在边飞边鸣叫,以致于啼声穿过了落花,还是莺儿站立枝头,它的啼声穿过了落花? 作者为什么看不清? 因为枝繁叶茂,翠叶藏莺。"过"字在这一句中,为读者传达的形象是枝繁叶茂的初夏(暮春)。再辅佐以"落花"这一形象,伤春感时的情感便昭然若揭了:花儿落了,枝叶繁密了,春已尽了。这一联中,作者不明说这种伤春感时的情感,而是借助语言表达的一组形象来追求艺术表达的张力,说出言外之意。尾联中"惜年华"三字,则把这种意图明明白白地表达了出来,作者自己给出了鉴赏的答案。

值得一提的是,很多文学品味高超的优秀作品往往不借助艺术手法来表情达意,而是把功力用在对"形象"的雕琢上,这种雕琢就是文学语言的艺术,就是文学语言表达正负极之间的张力。

(三) 举隅三:运用新形象、新意义的路径破解赏析难题

高中语文的文学鉴赏中,还会遇到一些新难题,诸如卡夫卡的《变形记》。作者借新形象甲虫,表达属于现代人的新意义、新情感。这就是运用文学语言,借助新形象表达新意义的模式。

甲虫是卡夫卡独创的艺术形象,现代性带来的"恐惧""不安"是文学世界中新的情感,"异化"是文学领域的新主题。我们可以带着学生从作者语言表达的逻辑走向背后的不合逻辑,以及甲虫这一形象,慢慢贴近作者的真实情感。例如,格里高尔醒来后担心自己赶不上火车、担心请病假被认定为懒惰的一长段心理活动,从语言表达的正方向看,这是规范而符合逻辑的。那么语言的负方向呢? 一个人醒过来发现自己变成甲虫以后,还在担心迟到、担心别人的眼光,这是不合逻辑的。现代社会中人的"不安""惶恐"以及"异化"的主题就这样被藏在语言的正负表达之间。当然,这也离不开"荒诞"的艺术表现手法,两者殊途同归,都在"雕琢"形象。

（四）与高中常见艺术手法赏析的关系阐述

值得思考的是，本文所探索的语言、形象、意义的赏析途径和高中教学中常常运用的手法角度切入的赏析途径，究竟是什么关系呢？我们来看史铁生《合欢树》中的那个"孩子"。

"孩子"并不是一个新的文学形象，对母亲的怀念与感恩也不是新的情感与意义。作者正是用独特的文学语言——借"孩子"这一文学形象，将这种旧意义表达得更深切、更个性化、更为卓越。在说与不说之间，在语言的正、负运动之间，文学的张力就诞生了。从语言的规范表达这一层面来看，"孩子"的含义不难理解。但是作者表现的这个形象和本文要表达的"我"对母亲的怀念与感恩这一主题看上去是矛盾的，"孩子"的出现是不合逻辑的。如果我们考虑这一表达的负方向呢？这个孩子填补了作者开始叙述的"十岁"以前的空白，也是作者向往而不能实现的成长历程。他不哭不闹，他能健康长大，他能跑去看看那棵合欢树，他的生命历程是幸福的，他不会知道也不用体会作者这样一种与"合欢树"羁绊在一起的悲苦的人生经历。作者内心深处的那种悲苦、那种对于母子二人悲苦命运的感叹，就叠加在了对于母亲的怀念与感恩之上，使得"母爱"这一旧情感表达得卓越之极，这是属于史铁生的个性化的文学语言。

作者塑造这个孩子的形象时，有没有使用手法呢？答案是肯定的，但是他使用的不是常见的文学手法，而是类似于绘画中的背面傅粉，又叫背面铺粉、背面敷粉。本来白描、渲染这些文学鉴赏的术语也都是借鉴绘画的。《金圣叹批评第五才子书水浒传》中就使用过这一术语①，脂砚斋批语中也屡次使用了该词②。背面傅粉本是绘画的一种特殊的技术处理方法。有人认为这种手法就是在作画的绢面上涂一层铅粉，然后作画，从而把画面衬托得更加清晰、鲜明。这种解释中的着色方式恐怕并不符合"背面"二字的意思。画国画时，真的有在宣纸背面着色的手法，这种手法往往为了使得正面画面中的形象更为立体、饱满，尤其是正面要表现的是使用了"白色"类的不太显色的艺术形象。史铁生先生恐怕就是使用了这种艺术手法来表现已经是不太容易表达的"怀念母亲"这一旧意义、旧情感的。表面上看，作者写的是孩子，其实他想说的是

---

① 金圣叹《第五才子书施耐庵〈水浒传〉》卷之三"读第五才子书法"："《水浒传》有许多文法，非他书所曾有……有背面铺粉法。如要衬宋江奸诈，不觉写作李逵真率。要衬石秀尖利，不觉写作杨雄糊涂是也。"

② 《红楼梦》甲戌本第一回眉批总述"书中之秘法"的批语："事则实事，然亦叙得有间架、有曲折、有顺逆、有映衬、有隐有见、有正有闰，以致草蛇灰线、空谷传声、一击两鸣、明修栈道、暗度陈仓、云龙雾雨、两山对峙、烘云托月、背面敷粉、千皴万染诸奇书中之秘法，亦不复少。"

自己。作者想说的是自己,却偏偏不写自己,写那个孩子。孩子是语言的规范表达——正方向,作者的悲叹与无奈是语言规范表达之外的那层真含义、深含义。文学语言的艺术张力,在这种语言表达的正负方向之间再一次被成功地创造了出来。值得强调的是"背面傅粉"中的"背面"和语言表达中的"负"方向,不谋而合,异曲同工。

那么,文学鉴赏中的艺术手法和本文所说的"形象"这两条途径之间究竟是怎样的关系呢?手法不过是为作者塑造形象服务的,可有可无,而形象才是文学表达必备的。很多时候,我们在进行文学赏析时,总是把重心放在对手法的分析上,这种赏析大多数时候也是奏效的,但是一旦遇到手法不显豁,甚至没有手法时,就会使我们的文学鉴赏陷入迷局。正如上文所言,在手法赏析行不通的时候,通过作品语言表达形象的分析进而把握意义,是解开这一赏析迷局的可行途径。

四、结语

富有个性的结构化的语言形式,即文学语言,是基于规范的语言的变式。这种富有个性的结构化,便是在语言表达的正负两个方向之间建筑起来的。只不过,语言的正负运动有时候在同一个维度,有时候又在两个不同的维度,再加之规范的表达语言正方向的永恒存在,文学语言的结构是丰富的,变式也是丰富的。

本文所举的若干文学作品或片段,都是借助文学形象,实现了语言在同一时刻既朝正方向又朝负方向运动的矛盾统一。有的是用新形象表现了新意义,为文学世界贡献了新的表现对象,有的则是用旧形象将旧感情表现得更为深切和卓越。这四次文学鉴赏经历,都是从文学语言表达正负方向的矛盾统一出发,借助或新或旧的形象,最后到达或新或旧的意义。这一赏析途径能克服一些高中语文文学鉴赏中的困境,还能拓展学生关于文学语言个性化与结构化的探讨空间,从而进一步提升他们的学科核心素养。总而言之,语言、形象、意义三者之间的排列组合所构成的关系,就是本文所要尝试探索的文学鉴赏教学途径,也是高中语文手法赏析类鉴赏途径的重要补充形式。

关注语言，提升思辨

——论高中文言文教学中的思维培养

上海市继光高级中学　金文

无论在以往还是如今统编版的高中语文教材中，文言文都占据着一定篇幅和比例，是一种重要的教学文体。在文言文中，"文言""文章""文学"和"文化"一体四面，相辅相成。在《普通高中语文课程标准（2017 年版 2020 年修订）》中设置了"思辨性阅读与表达"这一学习任务群，这一任务群的提出对教师培养学生的思维能力，特别是思辨能力提出了要求。从该任务群对应的教学单元里我们也发现有多篇文言文作品选录其中，比如荀子的《劝学》、韩愈的《师说》等。由此可见，现今的文言文教学不应仅仅限于"一体四面"，还应该以文言文教学作为发展学生思维的手段和途径。

尽管文言是以先秦汉语为基础形成的古代汉语的书面语，但是作为一种语言，文言文的语言和思维的关系始终是不会改变的，应通过逻辑思维质疑探讨语言的含义，审视语言的准确性。同样，对语言理解的校准又能促进批判性思维的形成和发展。因此"语言"和"思维"之间存在着互为表里、相互促进的关系。两者之间的统一关系启示我们，在文言文教学中要牢牢抓住"语言"这个"牛鼻子"，以语言的研读为起点，在引导学生探究语言运用的过程中逐步提升其思辨能力。本文认为，在文言文教学中可以采取以下策略指导学生咀嚼语言、分析语言，感知和学习语言中的思维之力，进而培养其思辨能力。

一、借助逻辑知识，加强思维深度

史传类作品是高中教材中常见的文言文体裁，无论是《左传》《战国策》，还是《史记》《汉书》等，都善于通过人物的语言描写来刻画历史人物，反映历史面貌。以往的文言史传文教学较多地关注语言描写对人物形象的塑造，而对人物语言背后所折射出的逻辑思维关注甚少。史传文中很多人物的话语本身可能很简练，但其背后的逻辑性和说服力却很强大。基于语言与思维密不可分的关系，在语文教学中对史传文中人物语言表达中的逻辑推理形式加以挖掘和探究，可以使文言史传文充当培养和训练学生逻辑思维能力的绝好素材，教师可以运用文中富有逻辑性的人物语言材料来指导学生建构逻辑思路，进而提升思辨能力。

《秦晋殽之战》是《左传》中一篇典型的表现战争的文章。文中并未浓墨重彩地描绘激烈的战争场面，只是寥寥数笔交待了战争的时间、地点和结果，把写作重点落在了战前的各项准备、战后人物的反应及表现等内容上。在行文过程中，《秦晋殽之战》借助不同人物的语言传递出严密的逻辑推理，以简练、深刻、富有概括性的逻辑语言，揭示了影响战争胜负的种种因素——政治、外交、预谋和决策。其中"决策"更是在战争中起到了至关重要的因素，而"决策"的正确与否又是由逻辑推理的正误所决定的。教学时，我以教材中的"蹇叔劝谏""王孙满论秦师""孟明撤兵"和"秦穆公哭师"等四个片段中的人物语言为抓手，从对语料的分析中归纳出人物语言背后的逻辑推理形式，再从前后语料的比较中归结逻辑推理形式的特点和要求，进而引导学生进行自主判断，有逻辑地表达自己的认识。并在此基础上，引导学生运用批判性思维审视和探究作品的思想内容。例如，在教学"蹇叔劝谏"这部分内容时，学生起初对于秦国失败的原因虽有一定的认识，但显得比较表面和粗疏，思维尚停留在文字表面，还未能认识到秦国失败的根本原因之一在于统治者（秦穆公）思维的失当，蹇叔这番劝谏之语的严密推理正反衬出了秦穆公思维的不合理性。为了增强学生的思维深度，教师以问题为导向，带领学生审读蹇叔话语中所蕴含的逻辑推理，体会句子与句子之间缜密的逻辑关系，在此过程中教师还借助部分形式逻辑的相关知识，帮助学生对语言进行思考和判断，进而逐渐看到语言背后的思维方式，认识到秦国战败的更深层次的原因，同时也感受到了本文的写作意图并不在战争本身，而更多聚焦于影响战争走向的种种因素。

推而广之，高中语文教材中的《廉颇蔺相如列传》《鸿门宴》等文言史传文其实在教学中都可以通过分析人物语言背后的逻辑推理形式，来加深学生对文本内容的理解与思考，感受和体会行文背后的逻辑力量，从而实现思辨能力的提高。

二、辨析语辞含义，拓宽思维路径

高中语文教材中有不少对部分文言词句的注释仅仅只是解释了基本含义，有些解释还未必准确甚至有所争议。而这些被"简单"作注的、看似不起眼的词句常常是一篇文章中或提示思路，或指向情感，或关联意蕴的重要语辞，更是发展学生思辨能力的重要突破口。如果教学中轻易放过了这些语句,只是按注释中的解释一笔带过或盲目轻信注释中的解释,无疑会使学生失去一次提升思维能力的宝贵机会。因此,作为教师,在开展文言文教学时,应当回归文本的语辞世界,对这样的关键语辞持有敢于质疑的精神,以此为抓手进行教学问题的设计,引领学生就此展开更加深入的品味和挖掘,激发学生批判性思维的形成。下面以《侍坐》《赤壁赋》等作品的教学为例来对此加以说明。

《论语》中《子路、冉有、曾皙、公西华侍坐》一文,多次出现"哂"这个词语,以表达孔子对几位弟子志向的态度。按照注释,"哂"的意思是"笑",但"笑"的含义却是多种多样的,其传递的态度和情感也有所差异。根据以往的教学经验,学生常会把"哂"理解为"嘲笑",显然这种理解与文章的前后语境以及孔子的教育思想是有出入的。根据文义,是孔子引导学生主动谈论各自的人生志向,而且几位学生的志向都符合儒家思想,所以孔子不可能嘲笑他们,这三个"哂"依次理解为"微微一笑""微笑""笑笑"更为合适。教师如能抓住这三个"哂"字的不同含义来设计教学,引发学生对这个词语在文中的不同内涵加以辨析,那么不但可以使学生对语言的理解更加准确,同时还能在学生的思维中构建儒家的教育理念。反之,学生不但会误以为孔子对学生有所偏见,甚至会对儒家"有教无类"的思想产生不当理解,走入思维误区。

又如,苏轼的《赤壁赋》是入选高中语文教材的经典篇目。在文章的第三段中有一句"知不可乎骤得",关于这个"骤"字,历来有两种不同的解释,一是"屡次",另一种是"忽然,此处指轻易"。对于这样一个有争议的词语释义,也可以为教师所用,提问学生哪个释义更为恰当,启发学生思辨其不同含义背后所表达的内容,这样做既有助于深化对作品旨意的理解,又有利于丰富学生思维的容量,提升学生从不同角度思考和分析问题的能力。认为"屡次"更恰当的学生,需要关注到第一段写泛舟江上如"冯虚御风,遗世独立,羽化登仙",因而第三段写"客"感到生命短暂,哀叹这样的逍遥之乐不可多得,而"轻易"这一解释则无法照应第一段中的"登仙",导致内容的前后脱节。而认为"轻易"更为妥当的学生,则需要认识到上文"挟飞仙以遨游,抱明月而长终"的场景属于"客"的幻想,并未实现;"长终"即"永久","多次永久拥抱明月"语义逻辑不通。且第四段中苏轼关于风、月"取之无禁"的论述,正是对应反驳了"客""自知不可能轻易得到"的看法。无论何种分析,其实都有一定道理,让学生进行辨析的目的也不在于确定孰是孰非,而是希望学生在辨析语辞含义的过程中,其思维能够更趋缜密和完善,对文本内容的体悟也能迈上新的台阶。

类似以上教学实例中举到的"特殊语辞"在高中文言文篇目中还有很多,

比如司马迁《鸿门宴》中对"大王来何操"一句中"操"的教材注释的质疑及思考能促进对人物特点的把握；又如柳宗元《始得西山宴游记》开头第一句话中"恒惴栗"一语含义的不同解释就很值得启发学生去进一步地思考和辨析，进而为更好地把握文旨搭建桥梁。

刘勰的《文心雕龙》有云："是以意授于思，言授于意；密则无际，疏则千里。"这句话道出了语言与思维密不可分、同步提升的关系，这为在高中文言文教学中提升学生的思维能力提供了根本性的原则。希望通过今后的教学实践，能进一步开发出"一体四面"的文言文更多的教学维度，为文言文教学注入更多"思维"的元素。

审问、慎思、明辨

——浅谈高中文言文教学中的批判性思维策略

上海财经大学附属北郊高级中学　周颖

《普通高中语文课程标准(2017 年版 2020 年修订)》将"思维发展与提升"作为语文四大核心素养之一,设置了"思辨性阅读与表达"这一学习任务群,且明确教学过程要注重对学生思维过程和思维方法的引导,注意发展学生的辩证思维和批判性思维,注重培养学生思维的逻辑性,更明确指出"课内阅读篇目中中国古代优秀作品不少于 1/2"。

文言文是我国优秀传统文化的重要载体,在培养学生对文化的理解和传承方面发挥着其他文本不可替代的作用。高中语文教材中经典文言篇目蕴含着丰富的内涵、情感和文化精髓,有着丰富的"思辨"资源值得我们去挖掘。然而,我们的文言文阅读教学往往忽略对学生的思维训练,"重言轻文"或者"重道轻文"现象非常严重,要么逐字逐句讲解,以求整体把握文义得出主题思想等结论,要么不以文本阅读为基础,大谈高深的"主题思想",脱离对文本的理性分析过程而得出"凌空高蹈"的结论。并且,在篇目的教授上往往机械割裂,缺乏整体关照。学生学习文言文思维惰性严重,停留在简单识记的层面上,被动地接受所谓的思想文化,没有自我的分析、推理,质疑,更谈不上对文本的批判性阅读,完全没有理性思维意识与能力的提升。

批判性思维的核心是反思与质疑,这是一种追求合理、公正和创新的现代思维方式。在文言文阅读中引入批判性思维的训练,不仅可使学生突破客观环境的限制,从更新、更合理的视角阅读文言文,还可提升学生的人文素养,培养他们尊重、包容与创新的现代人格。批判性思维力是一种可以训练且必须被训练的思维力。

下面结合教学实践探讨在高中文言文教学中培养学生批判性思维的方法和策略。

一、把握文本核心价值，以文本深读促理性质疑

文言文教学不只是为了教给学生前人的现成知识和结论，更要基于对文本的细读，在语义辨析、对既定结论反思的过程中鼓励学生进行批判性思考，教师需要引导学生在经典文言文相对复杂的情境和深度的探究中基于事实、遵循逻辑地进行合理的质疑与推断。

《前赤壁赋》的写景艺术、水月之喻的巧妙固然有很大的艺术吸引力，但是探讨主客对话的思想张力，以及作者内心矛盾的变化过程更可极大丰富对该作品的理解。中国传统儒释道的思想蕴含其中，具有很大的思维空间，是作品的核心价值所在。"水月之辨"无疑增加了思想的深刻性和丰富性，于是在很多人眼里也就成了苏轼成功融合佛道的例证，但是这是否足以消解前文提出的旷古之悲情，还是值得思考的。所以《前赤壁赋》核心的问题在于引导学生反思在乐与悲的矛盾之间苏轼有无真正消解悲情。

学生初步对文本中写到的景、事、物进行分析后，梳理出作者的情感发展脉络是"乐—悲—乐"。他们结合文本内容也可以分析出作者情绪起伏的原因。夜游赤壁，有澄澈、幽美的景色，饮酒诵诗，产生了自由自在，脱离世俗，欲得道成仙的感受，这一切使作者油然生"乐"。而当他想到功业空成、人生的短暂、个体的渺小的时候，复杂的悲情产生了，而最终作者通过对变与不变的哲理思考，转变了看待问题的角度，实现了对困境的超越，于是又转"悲"为"乐"。

这也是一种比较具有共识性的结论，但这个结论真的完全站得住脚吗？我引导学生在阅读文言文的过程中树立一种独立与怀疑的精神，可以对课文材料有合理的质疑，读深、读透，找到充分的证据，然后进行精细的逻辑推理。

我以"苏轼有没有真正摆脱悲情"激思、引导学生反思自己的分析，"在前两段文字中，作者确实是转乐为悲吗？""在后两段文字中，作者确实是转悲为乐吗？"学生再次在文本细读中发现蛛丝马迹，在文本深读中挖掘隐藏信息，于是他们通过独立思考和集体讨论，从不同角度、多个层面进行思考质疑，提出了自己的观点并论证。

有同学通过反思作者如何融情于景，指出一开始景色虽幽美，却难以掩盖住诗人的伤悲。"白露横江，水光接天"营造的朦胧氛围也是内心迷茫的投射。"纵一苇之所如，凌万顷之茫然"，一叶小舟漂泊在广阔无际的江面上，更让人觉得自己的渺小和孤独，"茫然""不知其所止"透露出对苏轼未知的人生道路的忧愁，紧接着下文的"扣弦而歌"，实际上是作者遭受贬谪后心结的表达，可见这里的景色虽然澄澈优美，实际上却是以乐景衬哀情。

还有同学通过反思探究作者的说理逻辑，指出作者在"变与不变"的说理逻辑上有偷换概念之嫌。客的伤悲在于物之长存与人生短暂的根本问题。而作者论述"盖将自其变者而观之"，是把生命个体等同于生命最小单位，"自其不变者而观之"是把个体的我与作为群体的我们也就是群体生命画了等号。所以说苏子是以转移话题的方式，让人产生了说服客人的假象。苏子与客其实是苏轼内心思想对立的两个方面，所以充其量是作者的自我安慰，没有真正得到内心的愉悦。

文本深读可以促理性质疑，哪怕经典文言文也不是无懈可击、天衣无缝的。《赤壁赋》情与景的关系值得商榷，而通过细读，更能发现苏轼阐述变与不变的哲理的过程中存在明显的逻辑漏洞。学生通过反思，对自己的认知过程调节与修正，也对自己的推理过程进行了检验。在文言文的教学实践中引导学生于文本存疑处发现问题，通过分析材料、寻找漏洞、发现矛盾，在信息考辨中寻求最佳支撑展开推理并完整地建构论证，能有效训练批判性思维。

二、打通篇目，以互文参照比较阅读促异同的探究

经典文言文中适宜思辨性阅读的点很多，以思维提升与发展为导向的文言文教学应在整体关照下精选整合，寻找一组文章中的同一特性，生发出具有思辨价值的教学要点，在比较思维的实践中更好地把握文本的独特性和相关性。

在以往的教学中，我们教授文言文往往习惯于单篇课文的教学设计。而单篇的教学，对教学内容缺乏相应的整合，有时候会限制学生全面而深入地对一个问题展开思考。对于一组课文的学习，首先应该捕捉有价值的问题，统整教学内容，在比较思维的实践中更好地把握文本的相关性和独特性，增加解读的深度。

在教授经典篇目《劝学》和《师说》的过程中，我贯通了这两篇文章的教学，引领学生通过比较在阅读中同中见异、异中见同。两篇文章都涉及了学习这个永恒而熟悉的话题，因此我选择了"两位先贤为什么都提倡学习"这个主问题来统整教学内容，引导学生展开全面的分析和思考。《劝学》和《师说》都是结构严谨、论述细致的议论文，两位作者都针对"为什么要学习"这个问题进行了论述。析理立论的过程中，荀子将比喻论证运用到了极致，而韩愈则用对比论证批判了当时的社会风气，他们对学习意义的理解和阐述并不相同。

联系作者的思想主张和提出观点的背景，学生可以分析得出，荀子认为学习能使人提升、改变、弥补自身的不足，这与他性恶论的思想主张是密不可分

的。而韩愈从师学习的主张是针对当时的成年人特别是士大夫之族不学孔孟之道的社会现状，基于对道失传的深深的焦虑和传道的自觉而生发的。我充分利用了这两篇文章阐述观点的不同方法，引导学生发现材料的内在逻辑关系，由表及里层层分析两位作者阐发观点的不同角度。通过横向比较，学生发现基于针对性的不同，对于学习意义的理解有各自的差异，但是又都肯定了学习对人的人格修养的积极意义。通过引导学生探究荀子和韩愈提倡学习的原因的异同，学生语言的感知力和思维的严密性得以不断提升。在整合性的阅读与表达活动中，思维得到了具体、有效的训练。

在比较阅读中应把握文言文本的独特性和关联性，围绕论说角度立场，论说逻辑和方法，或以论说者的论说风格和思想实质，或以论说背后的社会文化内涵探究等方式关联起来参照。可在互文参照中启发学生理解论据的组织选择，论说角度的主观选择，现实针对性，文化传统间复杂的因果关系，甚至可以通过推理论证指出各观点的合理之处，理性辩驳不合理之处。

比较阅读可以有效培养学生思维的发散性，让他们在文本的互相比较中受到启发，在共通性和差异性的理解中，学生多角度、全面而辩证地看待事物的思维方式会在潜移默化中得到强化。在整合性的阅读与表达活动中，思维得到了具体有效的训练，变得更加开阔、敏捷和深刻。

三、从阅读到表达，以"有人说"促全面反思

思辨的关键在于多元的思考和理性平等的交流。从思辨性阅读到思辨性表达，基于特定的话题，"有人说"可以帮助我们营造一个多元思考的环境，增加一重思考的曲折性，让学生的思想在崎岖不平中渐进，在复杂中逐渐明晰，强化批判性思维的意识和能力。

学生通过深入的解读和分析，认识到荀子和韩愈都认为学习能给人带来人格修养上的提升，他们都关注到了学习的积极意义。这个观点可能被很多人认同，但是到底有没有与之相对或相反的情况，对于学习的价值，有没有其他的判断，如果有，又是基于什么？

所以从思辨性阅读到思辨性表达，我设计了这样一个论题：荀子和韩愈都认为学习能使人得到提升，但现在社会上不乏有人说"学习无用"，对这两种不同的观点，你怎么看？请结合自身学习经历，谈谈你的思考。

此环节营造了一个多元思考的环境，激发学生对学习的意义展开理性思考。从教学实践上来看，学生通过理性而全面的反思，对"学习可以产生对人积极的意义""学习不一定能对人产生积极的意义""学习也可能对人产生负面

的意义"三种情况展开分析和判断。在思维深入的过程中,他们认识到学习的有意义与无意义并非此消彼长,学习能产生积极意义的成立是需要附加条件的,这还涉及个体自己学什么,怎么学,自身的心态和素养是怎样的。他们关注到了课文中作者观点的适用范围,于是对学习意义的思考更加客观而周全。经过全面完整的思考过程得出符合逻辑的结论,给出更理性的表达。这是他们对自身学习经历的反思,他们也在对自我的不断反省和批判中,树立了更加正确的学习观。

"有人说"的存在意味着出现了异样声音,而这种声音与学生正在行进的思考存在反差。这样给学生原本"一马平川"的写作制造了障碍,迫使他们放慢思考速度,反思自己的思考,正视眼前真实存在的不同,让自己的思考不流于偏颇和片面。在古诗文的阅读教学过程中,可以通过这个方法引导学生针对不同的话题与观点,结合时代背景和个人经历,对社会生活的方方面面给予思考,让学生的认知趋于真实公正,思考更加深刻、透彻、全面。

经典文言文文化内涵丰富,极具思辨价值。审问、慎思、明辨是批判性思维的本质要求,文言文阅读不能流于"读读记记背背"的浅层状态,文言文教学的课堂更应该利用优秀的传统文化资源提升和发展学生思维品质。在高中文言文教学中培养学生批判性思维是必要的,我们应该在平时的教学中设计相应的教学活动,通过有效教学策略引领有组织的学习,在长期反复训练中把思辨品质内化为思维习惯。

批判性思维视野下的诗词欣赏

上海市第五十二中学　庞春子

朱光潜曾说过："诗是培养审美趣味的最好的媒介。能欣赏诗,自然能欣赏小说,戏剧及其他种类文学。"而所谓"欣赏",即对文本的优劣得失进行评价。但是,今天的诗词欣赏在鉴别环节往往是缺失的。许多教师对古典诗歌的教学,或是包办代替,对内容形式大加分析,或是没有章法,放任自流,让学生所谓的自我品读,自行领悟。而学生得到的或是对内容肤浅的片面解读,或是偏于僵化的赏析范式,造成其对诗词的阅读和欣赏大多浮于感性层面,即模糊的印象感悟和简单的主题归类,缺少理性的剖析。

谈李白必飘逸豪放,谈杜甫必沉郁顿挫,而诗词本身的情感脉络、幽微情意却少人问津。当然这种"简单明了"的解读方式未必一无是处,它是初学者理解诗词的一条捷径,但是它使读者深陷诗词阐释的套路,对诗词的理解趋于表面化、片面化和单一化。要想实现读者与文本的深度对话,同样离不开理性思维的辅助。在诗词欣赏中贯穿批判性思维的培养,或许可以为诗词欣赏打开一扇新的窗。

一、复义——探寻的乐趣,创新的意识

诗歌的复义、多义是由诗人、诗歌、读者三方面共同形成的。诗人写诗的时候往往运用诸如象征、比喻、双关、通感、隐语、反语、用典等迂回委婉的艺术手法,由此产生了诗歌语言的含蓄、丰富、朦胧等复义性。即部分强调或改变词语的意义,赋予它们以诗的情趣,带上复杂的意味和诗人主观的色彩。而读者在读诗时,他们的想象、联想和情感却又因人因时而有差异,可谓仁者见仁,智者见智。

诗歌的多义带有一定程度的主观性和不确定性。而诗歌的这种特点恰好可以引导学生体验诗人丰富、复杂的情感世界以及心路历程;可以让学生体验

到探寻的乐趣,可以提升学生对古典诗歌的兴趣;还可以让学生结合自己的个人经历、见闻,做出富有个性的阐释,或有创新的见解。

批判性思维强调不盲目接受现成观点,学会思考、质疑、批评、选择。然而在高中古诗词阅读教学的课堂上,学生在解读作品时常常会出现"人云亦云"的现象,质疑、批评很难开展。教材中的古诗词作品皆为公认的名家名篇,在教学中,教师在引导学生解读文本时,常常会以教师教学用书中的解读作为定论,对学生进行观点的灌输,这样很容易让学生接受现成的观点,从而在阅读欣赏其他作品时墨守成规。

一首含意丰富的诗歌,好像一颗多面体的宝石,从不同的角度可以看到光的不同折射和色的不同组合。例如杜甫的《江南逢李龟年》:"岐王宅里寻常见,崔九堂前几度闻。正是江南好风景,落花时节又逢君。"从字面上看落花时节是点名与李龟年相逢的时令,但其中还有更深层次的含义。李龟年当时是红极一时的音乐家,经常出入于王公贵戚之门,如今他流落江南,也许已成为一个流落街头的艺人,这对于李龟年来说是他的"落花时节"。落花时节暗指李龟年不幸的身世,这是内含的第二层意思。杜甫当年在长安虽然不得志,但也曾出入岐王、崔九之门,在那盛世里无论如何也比他后来四处漂泊的生活要好些,何况那时他三十几岁,而写这首诗的时候已经是"老病有孤舟",他自己的情况也大不如以前了,所以"落花时节"又暗指自己的不幸身世,这是第三层意思。此外还有更深的意义,对于唐王朝来说,经过一场"安史之乱",繁荣已经破坏殆尽,也好像是"落花时节"。所以我们必须透过字面的表层义,体会出这几层意义才算真正懂得这首诗。

洪毅然在《美感的心理过程》一书中指出:"审美活动或美感经验乃是一种层层深入的心理过程。"诗歌的复义美也正说明了这一点。因此,在欣赏时要防止僵化、片面、肤浅的解读;要知人论世,注意时代背景,但不能机械应对,要引导学生去想象、体验、品味、感悟和发挥,体会探寻的乐趣。要多角度、多层面地解读,培养学生的个性和创造性,而这正是批判性思维的特征。

二、对比——聚类识其真,求异知其新

比较是一种思维方法,它在思维过程中起着重要的作用。人们通过比较认识事物的本质,为进行抽象和概括提供了可能性,所谓"有比较才有鉴别"。在诗歌教学中运用对比手法,可以对诗歌的内容、语言、特点和诗人的风格体悟品味得更加清晰、更加到位、更加充分。

在教学中,教师应当有意识地引导学生对阅读材料进行多方位多层次的

比较，将诗词放到文学史的背景中去认识，以达到对诗词更深层次的理解，提高学生的欣赏评价能力。比较思维有助于学生形成自己的评价标准，这对提高学生欣赏评价能力非常重要。

历来《诗经》中为人所传颂的隽语"昔我往矣，杨柳依依。今我来思，雨雪霏霏"就是用乐景写哀情，用哀景写乐情造成反差美、对比美。薛道衡的《人日思归》中的"入春才七日，离家已二年。人归落雁后，思发在花前"通过七日与两年的时间对比，通过人与雁，人与花在行为与意念上的对比，迷漫成一片思乡游子情。此外，李白的《越中览古》的今昔对比方式也不同寻常。诗人给我们展示了两幅画面：一幅是战士们个个脱下战袍，换上"锦衣"，向国人炫耀他们的战功；另一幅是宫女们个个打扮成花一般的美人，在宫殿里纵情欢乐。这表明越王勾践已把昔日的苦难和屈辱忘得一干二净，而完全陶醉在胜利的喜悦中。这样做的结果必然是胜利化为乌有——"只今惟有鹧鸪飞"就是证明。

不仅一首诗中可以对比欣赏，同类诗亦可对比。比如同是写愁，有以水喻愁者，李欣云："请量东海水，看取浅深愁。"秦少游云："落红万点愁如海。"李后主云："问君能有几多愁？恰似一江春水向东流。"有以山喻愁的，杜甫说："忧端齐终南，澒洞不可掇。"李群玉在《雨夜呈长官》里说："愁穷重于山，终年压人头。"石孝友《木兰花·送赵判官》："春愁离恨重于山，不信马儿驼得动。"都用山作比喻，显得庄重严肃。但李群玉是写愁穷，故有压人之感。石孝友是写离愁，那重于山的离愁连马儿都驼不动，这就和他的行旅境况联系起来了。还有李清照的"载不动许多愁"将愁搬到了船上，贺铸的"试问闲愁都几许？一川烟草，满城风絮，梅子黄时雨"则是一种闲愁，一种无处不在，无法衡量的闲愁。同样用白发写愁，李白的"白发三千丈，缘愁似个长"不仅使愁有了长度，而且表现出他的浪漫气质和风格，而杜甫的"白头搔更短"则更倾向于写实。

它们的共同特点都是把抽象的愁情具体化、形象化，使之有了重量、体积、长度、大小，可以真切地感受到作者感情的深度。不同点是每种愁都带有诗人自身的情感色彩和个性。

三、空白——想象的能力，创造的体验

中国古代绘画要求在有限的形象之外寄托不尽的意趣，往往在画面上留出大片空白，启发观者自己去想象、补充。包世臣的《安吴论书·述书上》引邓石如的话："字画疏处可以走马，密处不使透风，常计白以当黑，奇趣乃出。"这句话也适合于诗歌的艺术特点，大凡事物的发展总有其前因后果，感情的发展也有它的脉络。然而中国古典诗歌常不是把感情脉络的连续性呈现给读者，

而是从感情的发展脉络中窃取最有启示性的一段,把其他的略去,留给读者自己去联想补充。同时句子之间有较大的跳跃性,句子间留下了较大的空白,这就为读者充分联想、补充和二次创作、二度审美提供了可能。

俗话说"诗无达诂",诗词的语言表达曲折婉转、善于留白,其意蕴的解读往往具有多种可能性,这与批判性思维的开放性不谋而合。面对诗词这一复杂文本,应该以求真质疑的批判精神发现问题,并进行独立思考。当然,对诗词进行多元解读并不意味着可以不着边际地过度阐释,诗词解读应该立足于诗词本身,根据文本的蛛丝马迹,以灵动而缜密的思维,展开合理的想象和创造。

例如卢纶的《塞下曲》:"月黑雁飞高,单于夜遁逃。欲将轻骑逐,大雪满弓刀。"诗写一个大雪之夜,准备集合轻骑兵,去追击溃退的敌人,诗人只写了准备出击的场景,究竟出击没有,追上敌人没有,统统略去了。"欲将轻骑逐,大雪满弓刀",我们可以想象那种艰苦的自然环境,肃穆的战斗气氛和将士们的英雄气概,神龙见首不见尾,并不是没有尾,尾在云中,若隐若现,更有不尽的意味和无穷的魅力。

又如汉乐府诗《江南》:"江南可采莲,莲叶何田田。鱼戏莲叶间,鱼戏莲叶东,鱼戏莲叶西,鱼戏莲叶南,鱼戏莲叶北。"诗的内容很简单,但意味隽永,作者简直是以儿童的天真在观察自然,"鱼戏"四句好像一个孩子伸着小手指东道西一样,他只告诉你鱼儿忽东、忽西、忽南、忽北,镜头是跳跃的,其中的环节全靠读者去联想补充,正是这些跳跃的片段,这种天真的口吻,显出一股活泼的劲,让读者仿佛也回到了自己的儿童时代。你可以想象它是一副笔酣墨饱、灵气生动、意趣无穷的中国画,也可以想象它是一首意境美妙的交响诗,前四句是领唱,后四句是分部合唱。

清代李渔说:"和盘托出,不若使人想象无穷。"叶圣陶也说:"我们鉴赏文艺,最大目的无非是接受美感的经验,得到人生的受用,要达到这个目的,不能够拘泥于文字,必须驱遣我们的想象,才能够通过文字,达到这个目的。"在教学中运用中国古典诗歌的"空白美"这一特点,可以引导学生用自己的知识、经验、情感填补这些空白,召唤学生从自己的"审美视界"出发对诗歌进行"二度创作",让他们做出具有鲜明个性的理解和阐释。只要这种解释能言之成理,持之有据,能自圆其说,我们就应该给以肯定和褒奖,因为任何新颖的想法和观点的产生都是创新思维的结果。

浅谈批判性思维在文言文教学中的运用

——以《侍坐》教学为例

华东师范大学第二附属中学(宝山校区)　施雯

一、批判性思维的概念阐释

批判性思维的起源最早可追溯到 2 500 年前的古希腊思想家苏格拉底。苏格拉底认为,一切知识,均从疑难中产生,愈求进步疑难愈多,疑难愈多进步愈大。而现代批判性思维的代表人物杜威,提出了"反省性思维"(reflective thinking)——批判性思维的探究模型。

国际知名批判性思维教学专家董毓根据美国各州推行的"共同核心标准",立足中国基础教育的实际,在《角逐批判性思维》一文中指出,中国的批判性思维教育应注重培育如下基本习性和能力:①谨慎和谦虚的态度,愿意学习、思考的品质以及文明讨论的习惯;②讲道理、下判断讲理由,有全面收集信息的习惯;③意识到现实问题是复杂的,并能初步分解、分辨主次关系;④懂得清晰、具体和有条理地思考与表达;⑤初步判断信息的可靠性;⑥知道要考察信息是否支持自己和他人的立场、观点;⑦辨别自己和他人观点背后的假设、立场和视角;⑧注意寻求和对比不同观点,比较它们的根据和优缺点。以上这八项品德和素质,是批判性思维的主要特质,也是学术研究的基本标准。

二、对高中生进行批判性思维培养的重要意义

批判性思维是人们通过对外界事物的分析、推理、比较,抓住事物的本质,从而形成自己独特的见解,即旨在质疑探究的独立思维,它具有自我反省的特点。在高中语文课堂上培养学生的批判性思维,即改以教师为主导的、反复强调记忆性思维的教学为以学生为主体的、强化批判性思维的教学模式。通过师生之间的积极互动,有意识地培养高中生的独立思维、质疑探究的习惯,增强其思维的逻辑性、深刻性和批判性。

近十几年来,我们的语文课堂逐渐打破了教师的一言堂模式,变得生动活泼,异常热闹。课堂上讨论的问题相对浅显、答案也并无对错之分,只要每位学生热情参与,这就是一堂"成功"的语文课。这是举着向国外学习先进的批判性思维旗帜的伪批判课堂。学习国外先进的教学模式的确有利于提高我们的教学质量,但是只有合适的才是最好的,要对"舶来品"进行适度改造,让批判性思维的教学方法融入我们日常的语文教学模式才是有益的。

三、批判性思维培养在高中文言文教学中的必要性

高中文言文教学旨在发掘古典文化中的人文精神,学生通过文言文的学习,能够领悟到其中深厚的人文精神,提升思维品质与审美鉴赏能力,进而达到塑造自我,提升核心素养,将中华民族博大精深的经典文化传承下去的目的。但自汉代至近代的历史文化缺少逻辑理性的精神积淀,种种盲目迷信、愚昧偏见、不尊重客观规律,以人治代替法治的丑相弥漫了两千多年,而文言文正是这两种良莠文化特征的集中反映。正如余党绪老师说的:"从当代文化的视角看,《陈情表》在教学中仅仅关注'至性之言,悲恻动人'的那一份孝心,而对专制的罪恶与暴政的无耻少有揭露,那就只是对文本的乃至对传统文化的膜拜,而少了应有的质疑、辨析、评判。"又如教授《古诗为焦仲卿妻作》一文时,教师往往将视角落在对自由爱情的歌颂,对封建家长制的批判的主题上,这似乎有些模式化、简单化了。如将时代的因素考虑进文本,刘兰芝是否还有如此完美的形象? 焦仲卿在两人失败的婚姻中有没有难逃的责任? 教师可以启发学生,层层深入,抽丝剥茧,发掘隐藏在文本中的深意。

在日常文言文教学中,很多都是围着"高考指挥棒"转,因此造成了学生消极应对文言文学习,教师机械教授文言文课程的现象。即课堂只讲授加点字活用现象、通假字、一词多义、古今异义和特殊句式。文言文教学成了文言现象讲授课,思维的训练更是无从谈起。学生只有在阅读中质疑了、批判了,才能对文本形成自己的感悟,才能养成探究性阅读和创造性阅读的习惯,提高阅读质量。文言文的教学是去伪存真,扬善弃恶的过程,是对我国优秀经典文化传承发展的过程。

四、《侍坐》文本解读的多重角度探析

《子路、曾皙、冉有、公西华侍坐》选自《论语·先进》,记录的是孔子和子路、曾皙、冉有、公西华这四个弟子"言志"的一段话。

《侍坐》一文,历来被称作孔子"因材施教"的范例,是孔子尊重学生个性

化、差异化的体现,是我们当下所谓的启发式教学模式。文中孔子没有以长者自居,始终是一个循循善诱的对话者的身份。孔子先是鼓励学生大胆发言、畅所欲言:"以吾一日长乎尔,毋吾以也。"这样学生才无所顾忌地畅谈自己的理想,尤其是以泰然自若的弹琴者形象出现的曾皙,他先以"异乎三子者之撰"表明自己志向与众不同,接着在孔子的进一步引导下,向众人描绘了一幅惠风和畅、国泰民安的景象,之后他还向老师提出了自己的疑问"夫三子者之言何如?"可见在孔子的引导下,学生的主体性得到充分体现,个性也得到全面发挥。但深究文本,我们不免有这样的疑惑:纵观全文,《侍坐》的"夫子哂之"的"哂"字和"夫子喟然叹曰"的"喟然"一词到底体现了孔子积极的仁政入世观还是消极的道家避世观?

主张积极仁政入世观的理由是纵观孔子的一生,他将"礼"与"仁"作为自己的政治思想,积极入世周游列国推行他的治国方针,他主张"为政以德""以礼治国",认为用道德和礼教来治理国家是最高尚的治国之道。在《侍坐》中,孔子对率性的子路以"哂之",这种略带讥诮的笑容可见他对子路的鲁莽刚直有些不满。敦厚谦让的冉有说自己的理政能力"比及三年,可使民足"却对"礼乐"大事"以俟君子",公西华"非曰能之,愿学焉",这两位学生的表现均让崇尚以礼治国的孔子不满。于是他"喟然叹曰",感慨只有曾皙描绘的淳朴民风、太平盛世才是他心目中礼治治国的最高境界。

主张消极避世出世观的理由是孔子69岁结束周游列国,回到鲁国,于73岁去世。《侍坐》所记载的情景发生的时间据推断应该是孔子71岁到72岁之间,也就是孔子去世的前一两年。事实证明孔子周游列国最终是失败的,在当时崇尚霸权的形势下没有哪个诸侯国敢采纳孔子"以礼治国"的主张。当孔子理想破灭以后,他的思想就有可能发生转变,从积极的入世观变为消极的隐退,只求暮春郊游时的寄情山水、怡然自得、与世无争、顺其自然的道家避世心态。曾皙的洒脱、飘逸恰恰吻合了晚年时孔子的心态,于是他喟然叹曰:"吾与点也。"

曾皙是谁?他为何不是孔子最喜欢的学生?在《侍坐》中,他的表现是老师的得意门生还是无礼之徒?

在于丹的《〈论语〉心得》中这样写曾皙:"原来刚才他一直在专心致志地弹着瑟,听到老师问自己,他让瑟声逐渐逐渐缓和下来,缓和到最后一声,'铿尔'。曾皙不慌不忙,'舍瑟而作',毕恭毕敬站起身来对答老师的问话。"宋代大理学家朱熹对此有一个比较权威的解读。他说:"曾皙的理想看起来不过是'即其所居之位,乐其日用之常,初无舍己为人之意',好像他做的都是些日常小事,没有什么舍己为人的大理想。但是曾皙的内心是完满充盈的,他以自身人格的完善为前提,以万物各得其所为理想,这就比另外那三个人想从事一个具体的职业,在那个职业上做出成绩要高出一个层次,这就是孔夫子说过的'君子不器'。"可见曾皙是一位为人随和、情趣高雅、有很高礼乐修养的学生。孔子本人也有很高的音乐造诣,曾皙的表现恰恰迎合了孔子认为只有音乐才能完善人格修养和实现社会大治的观点,最终得到了"吾与点也"这句评价。

但我们都知道,孔子最钟爱的学生是颜回,在问志如此重要的场合,没有颜回的参与,只能说明颜回当时已经去世。于是可以推断出四位学生的年龄:子路年龄最大,仅小孔子 10 岁;曾皙是孔子学生曾参的父亲,比子路小;接着便是冉有、公西华。因而,文章的标题"子路、曾皙、冉有、公西华侍坐"中的这一排序完全符合儒家由长及幼的礼仪,而文中四位弟子发言的顺序并没有按照由长及幼的礼仪顺序:先是子路"率尔而对曰",接着是冉有和公西华,曾皙并没有按照礼仪顺序述志。并且我们知道在《礼记·表记》中:"子曰:君子不失足于人,不失色于人,不失口于人。是故君子貌足畏也,色足惮也,言足信也。"可见孔子要求弟子的举手投足、神色言谈都不失礼于人。曾皙在老师问志时,却只顾着自己弹琴,仿佛没有听见老师的提问,实则在察言观色,观察老师对其他几位学生述志的态度。作为最后发言的学生,他先以"异乎三子者之撰"表明自己与众不同,接着巧妙地回避了自己的从政理想,向老师描绘了一幅"智者乐山、仁者乐水"的和谐画面。不仅如此,在师兄弟们都离开之后,他明明知道老师的态度却还追着老师点评其他三人所述的志向,一副颇有心计、小人得志的面容出现在读者眼前。孔子最后的评志,并没有助长曾皙得志后膨胀的气焰,可见,孔子对曾皙的人品并不赞同。

《侍坐》一文的阐述解析,历来是以宋代理学大师朱熹的观点为主流思想。但结合背景,探究人物性格,我们可以引导学生层层深入,找出疑点,并论证自己的观点。

五、探求《侍坐》一文批判性思维教学的方式

在高中语文的教学过程中,对学生进行批判性思维的强化训练,要求教师不仅仅是向学生传授已有的知识,更要向学生传授获得知识的有效途径,还要教导学生敢于对既有知识大胆进行批判、质疑,甚至运用可靠的证据来修正或推翻原有的结论。

《侍坐》一文可以引导学生做以下工作。

(1)初步设疑。由教师抛出一个主问题,引导学生围绕主问题展开思考,

对《侍坐》的文本解读进行多方考虑。学生在主问题的引领下,会发现更多与主问题相关联的分支,对分支问题进行大胆的质疑、批判,寻找立论依据,用可靠的证据来证明自己的观点。

(2)探究背景。由教师介绍必读书目和选读书目,请学生自行查阅资料,支撑自己提出的观点。查找背景也是学生广泛涉猎、潜心阅读的过程。对于文史典籍的阅读,学生在一开始会有畏难情绪,这时需要教师耐心指导,引导学生借助工具书自行解决。

(3)分组讨论。集合小组成员的力量,相互协作,对问题进行反复论证。语文课堂的小组讨论,必须关注学生的知识和能力基础,从学生实际出发,做好调控工作,采取灵活方式,这样才不会流于形式,才能真正达到高效,学生才能真正成为学习的主人,才能真正培养学生的创新思维和创新品质。

(4)分角色饰演。朗读是阅读教学中最重要的训练,分角色饰演正是朗读的延伸。《侍坐》一文人物性格特征明显,语言生动,非常适合学生分角色饰演。学生在扮演角色的过程中,加入了他们对人物性格的把握、揣度,有利于对主旨解读的深入。

(5)文本细读与整体感知。语文课堂教学既需要文本细读,也需要整体感知。西方人在解读文学作品时,重视逻辑分析和语法分析,采用分析、演绎、归纳、综合等方法。而中国人则比较重视整体、直觉、意象、意境。因此我们既要引导学生用逻辑的思维反思建构自己的思维模式,在课堂上为学生提供各种运用批判性知识的特定情境,使学生意识到思辨性思维对文本解读的意义,也要用整体感知的方式,引导学生"悟"出真谛。

六、批判性思维教学对教师的要求

批判性思维打破固有的思维定势,跳出陈旧思路的局限,是进行创造性精神活动的重要途径。批判性思维教学颠覆了教师一言堂的模式,挑战了教师的权威。教师不仅要向学生传授已有的知识,更要向学生传授获得知识的有效途径,还要教导学生敢于对既有知识大胆进行批判、质疑,这就对教师提出了更高的要求。作为教师我们应该做到如下几点。

第一,积累。阅读必须成为语文老师的生活常态。因为批判性思维教学改变了教师的备课内容。以往教师的备课量较小,只要备教材、备文本,对文本主题给出权威的解读即可。而今我们在备课时要周密地设想出一切可能,对学生的认知能力也要有全面了解。因此,语文教师自身的文学积淀十分重要,同时还要提高自我的辩证思维能力。

第二,掌握思维培养方法。基本的思维方法有归纳、演绎、判断、比较、分类、筛选、综合等。作为教师首先要掌握这些思维方法,接着要教会学生认知,最终要教会学生合理运用这些思维方法。这样学生在解读文本时,才能构建自我完善的思维模式。

第三,关注国内外的批判性教学成果。批判性思维教学不能闭门造车。作为语文教师,我们要不断向成熟的思维开发模式学习,关注国内外关于批判性教学的成果。批判性思维既体现了思维技能水平,也凸显了现代人文精神。时不我待,教师只有与时俱进,将批判性思维渗透在日常教学的点滴中,才会收获斐然的成绩。

大单元设计背景下史论散文批判性阅读教学策略

——以"史海纵横须有据"教学为例

上海市鲁迅中学　钱炜临

一、大单元设计背景下史论散文批判性阅读的概念与意义

大单元作为一种教学理念,是由素养目标、课时、情境、任务、知识点等按照某种需求和规范组织起来的学习单元,是一个有结构的整体。史论散文是评价历史事件、人物的散文。批判性阅读是在语文阅读教学中运用"批判性思维"进行的一种阅读方式,要"以批判性的态度阅读理性的文本"。

中国传统文化中蕴含着丰富的批判性思维素材与思想,先秦诸子如老子、庄子的著述中就充满了朴素辩证主义和思辨理念。西风东渐后,我国学界对"批判性思维"也多有论述。在文言文教学中引入批判性思维,可以借鉴西方"批判性思维"的养成经验,以更好地响应新课标提出的学生思维品质的发展要求,同时也能更好地继承和发展中国传统文化。批判性思维的培养,可以依托"思辨性阅读与表达"等学习任务群开展教学活动,符合语文核心素养"思维的发展与提升"的学科培养目标。

综上,我将大单元设计背景下的史论散文批判性阅读的内涵描述为依托大单元教学,让学生用批判性思维审视史论散文,从而形成自己的理性认识。

二、大单元设计背景下的史论散文批判性阅读教学要旨

大单元设计背景下的史论散文批判性阅读教学旨在引导学生学会质疑。批判性阅读的要点在质疑。史论散文的核心在"评价",这就意味着作者的论证带有主观色彩,未必是"事实"。学生对史论散文不能"尽信书"般地"全盘接受"。批判性阅读中的质疑,是让学生面对具有主观色彩的他人观点,论证时保持审慎的态度,其意义并不在怀疑一切,否定一切,以得出"独树一帜"的结

论,而是在"独立思考的基础上,有根据地作出肯定或否定质疑的决定",以表达自己理性的声音。

三、大单元设计背景下的史论散文批判性阅读教学路径与实施

我认为大单元设计背景下的史论散文批判性阅读教学路径可以分"分析→质疑→实证→反思→表达"五步进行。分析,即全面解读文本,把握作者的观点、态度,理解作者的论证方法和论证逻辑。质疑,即在解读文本的基础上,对话文本,提出自己的疑问。实证,即寻找依据来证明自己的思考,从而得出自己的初步判断。反思,即审视回顾自己的思维过程是否有背离文本之处,收获学习经验。表达,即有理有据地表达自己的看法和批判性思考过程。以《史海纵横须有据》的单元教学为例,这里的"依据",即"根据、凭借"。史论文中的依据,也就是作者所用史实、所举事例、所引话语等。

在统编教材中,《阿房宫赋》《六国论》《过秦论》都事关六国与秦的兴灭,其中《阿房宫赋》《过秦论》主要探究秦灭亡的原因,《六国论》主要探究六国灭亡的原因。《阿房宫赋》《六国论》隶属统编教材必修下册第六单元"理性的声音",《过秦论》隶属统编教材选修中册第三单元。故,我将这三篇历史背景接近的课文作为一个大单元,聚焦"探究依据"这一批判性思维因子,进行"史海纵横须有据"的大单元教学来引导学生依据而论,关注论证过程,提升批判性思维品质。结合本课实际,我从以下四方面实施五步教学路径。

(一)创设情境,确定任务

新课标认为,语文学科核心素养是学生在真实的语言运用情境中表现出来的。由此,我认为情境就是一座桥梁,联结学生和文本,要让学生在情境中明确任务,与文本展开对话。

本单元的学习主题是"探究依据"这一批判性因子。据此,我创设了以下情境:小明在阅读了《阿房宫赋》《六国论》《过秦论》等文章后,发现文中所述历史与史实不符(作者所举事例不能论证其观点)。于是,小明产生了困惑,经典名篇也这样"漏洞百出"吗?请你写一封信,从史论散文证据的适切性或真实性角度入手,为小明解惑。以此情境,就确立了本单元的学习主任务——从史论散文依据的适切性或真实性角度来回答小明的疑惑。

(二)梳理文本,分析依据

学生进入这一情境后,首先要梳理文本,分析依据。根据大单元设计背景下的史论散文批判性阅读教学路径,"分析"这一步需要学生细读文本,把握单元内各个文本作者的观点,梳理论证思路,找到作者用来支撑观点的依据。有

什么依据,说了什么内容,支撑哪个观点? 用了多少依据,多个依据相互之间有无关联、有何关联? ……用这些问题来帮助学生分析证据,初步理解作者所用依据。

例如,在《阿房宫赋》中,杜牧的观点是秦亡于"爱纷奢",其中从多角度展现奢华阿房宫的第一段即杜牧论述的依据。在《过秦论》中,贾谊的观点是秦亡于"仁义不施而攻守之势异也",其中"秦有余力而制其弊,追亡逐北,伏尸百万,流血漂橹;因利乘便,宰割天下,分裂山河"等句即为依据。读通文本,是对依据展开质疑的基础。

(三) 质疑依据,体察实证

质疑依据,根据情境,学生可以从证据的适切性和真实性展开。生疑后,通过文本阅读、史实查证、比较分析等方法来体察论证自己的思考。

1. 依据的适切性

史论散文适切性主要考察证据是否证明作者的观点。以贾谊《过秦论》为例,其观点"仁义不施而攻守之势异也"是说秦不施行仁义,因而攻和守的形势变化了。难道由此推断贾谊认为秦因施行仁义而攻取了天下?

通过对前三段证据的分析,秦在攻取天下阶段,在内政上"内立法度,务耕织,修守战之具";在军事上"南取汉中,西举巴蜀,东割膏腴之地,北收要害之郡"等,举国变法,展开军事备战,又征战四方,宰割天下,这些无不体现出秦之实力。在外交上,"外连衡而斗诸侯"等体现出秦之谋略。仁义,即仁爱与正义。秦所立法度是严刑峻法,秦夺天下是靠强大的实力和深远的谋略,这与施行仁义是有出入的,且秦代代"因遗策,蒙故业"。据此,我们可以得出结论,秦并不是因施行仁义而攻取了天下,贾谊所用依据似乎并没有证明他的观点。

当我们发现依据与论点不匹配时,先不要急着认为作者的论证过程不严谨、不周密。我们可以再回到观点依据本身进行分析,反思自己在体察实证过程中是否还有不足之处。如观点句中的"而"字只能解释为"因而"吗? 解释为"但是",理解成"攻天下和守天下的形势不一样了,但是秦还是不施行仁义,所以二世而亡"时,这些依据依然适切观点。

此外,在实证过程中,我们也可以扩大阅读范围,找到更多佐证。例如,在贾谊的《过秦论》中写到"夫兼并者高诈力,安危者贵顺权,此言取与守不同术也"。也就是指在兼并的时候(攻天下)要重视诡诈(谋略)和实力;安定国家的时候(守天下)要重视顺时权变。借用清代方苞之言,贾谊之意应是"秦始终仁义不施,而成败异势者,以攻守之势异也"。据此解释,这些证据也适切观点,如观点中能体现"始终"之意则更恰当。

2. 依据的真实性

史论散文证据的真实性主要体现在是否符合史实上。杜牧的《阿房宫赋》与司马迁的《史记·秦始皇本纪》就有多处不符合史实。例如，杜牧描述阿房宫"覆压三百余里，隔离天日"，而在司马迁记载"先作前殿阿房"可见，阿房宫并不是如紫禁城一样的宫殿群，只是一宫之前殿，虽然"东西五百步，南北五十丈，上可以坐万人，下可以建五丈旗"，但并非能够"一日之内，一宫之间，而气候不齐"的奢侈皇宫。杜牧称阿房宫中望幸焉的女子"有不见者，三十六年"，但据司马迁所载阿房宫是始皇三十五年建造，"三十七年……始皇出游"。同年"七月丙寅，始皇崩於沙丘平台"。可见，"三十六年"之说不符合史实。另，"取之尽锱铢，用之如泥沙"等句也查无实据，《史记》中更多的是对其暴政的记载。

这些差异，就值得学生去质疑、辨识、思考。实际上，考察证据是否符合史实，并不是要学生去发现文章的史学价值，而是更好地理解其文学价值。作者为什么选用这些依据？是否真的不知道史实？为什么明知道不符合史实还要如是写？史论散文虽然具有一定的史学价值，但其根本还是文学作品。在记录和评论历史事件、人物的时候，不可避免会着"作者"之眼。作为读者，可借助一些当时的史书典籍，与文本进行对读，发现依据与史实的差异，从而探究作者选用证据的真实目的。

"覆压三百余里，隔离天日"，极言宫之广之大之高。"有不见者，三十六年"，未得见君王的时间如此久，予人极大震撼。"取之尽锱铢，用之如泥沙"可想象百姓被搜刮的惨境。这些证据虽不符合史实，但适切作者"秦爱纷奢"的观点，铺陈出奢侈的阿房宫，给予人强烈的冲击感，由一宫之奢华而让读者窥探到整个大秦王朝的穷奢极欲。这些依据也为文末议论张本，在行文结构和艺术表达方面颇有意义。

除了呈现艺术效果，一些不符合史实的依据是为了凸显写作目的。例如，苏洵在《六国论》中所用之据，皆为证明"弊在赂秦"，但其实秦的远交近攻之策，注定离秦近的弱国先灭，并非"不赂者以赂者丧"。通过知人论世，可知苏洵此举实为针砭时弊，告诫北宋统治者不要重蹈六国之灭覆辙。通过这些依据的分析，我们看到的是作者意深义高的写作目的。

（四）反思论证，依据表达

对刚才考量文本证据的思考过程和学习过程做一个梳理和反思，而后着笔完成给学生的回信，将批判性思维活动由阅读转向写作，既是学生对学习经验的总结，也是教师对学生学习成效的学习测评。对学生而言，梳理和反思主要应注意以下三点。

第一，我们需要观察自己整个批判性阅读过程是否有理有据，自己所用之依据是否具有适切性和真实性，经过这样的独立思考后，我们才能肯定正确的部分，否定谬误的部分，补充不足的部分，理性地表达自己的思考。

第二，由于我们是在史论散文大单元中进行批判性思维活动，我们在反思的过程中还要观察，自己在批判性阅读过程中有没有注意到不同文本之间的关联，它们的共性是什么？差异是什么？各自的特点是什么？……

第三，对自己思维过程中的所得所失也需要梳理和反思，以获取批判性阅读学习经验。就教师层面而言，在学生完成了学习活动之后，可以进行评价反馈。如通过对小明的回信发现学生习作的亮点、困境和潜能，检视学生批判性思维的倾向与能力情况，评估教学目标的达成情况。

我在批阅学生回信时，发现学生的回信有亮点：有情境意识，有明确的观点，能够联系文本，依据而论。可见，通过学习，学生具备了一定的批判性思维的倾向与能力。但从回信中我也发现学生多为单篇举例，对三篇文本之间的联系关注不多。而后，我调整教学，借助单元学习资源，进行跟踪学习测评，帮助学生在大单元背景下提升自己的批判性思维能力。

在本单元教学中，我采用了分步反思，跟进测评的方式。我认为也可以根据不同的课型，采用总体反思，即完成所有的教学活动后进行梳理和反思的方法。

四、结语

"史海纵横须有据"所选的文本，所论历史背景接近，虽皆为经典名篇，但内容瑕瑜互见，值得开展批判性阅读教学。大单元设计背景下的史论散文批判性阅读教学的核心在质疑，聚焦一个批判性思维因子，通过单元教学，引导学生以批判性思维视角学习史论散文。我期待通过一系列大单元设计背景下的史论散文批判性阅读教学，让学生获得的学习经验迁移到自己阅读、写作、日常生活中去，从而改善自己的思维倾向并提升思维能力。

附：

批判性思维在作文教学中的运用

——如何进行有效的思维推进

华东师范大学第一附属中学　王贝宁

众所周知,作文的思考是按照"是什么→为什么→怎么做"循序渐进地展开,对于"是什么"学生大多能把握,但是分析"为什么"时却感觉难以为继,似乎永远只能从一个层面分析,且是并列的,那么到底如何进行思维的推进呢?我认为,作文思维的推进,可以是对材料的观点进行质疑后的补充,在一步步的追问下,不断形成新的认识;可以是对所运用的素材的质疑,从另一个角度论证观点。这里要强调的是,批判性思维绝不是盲目批判否定,而是在质疑的基础上使思维一步步推进。

一、对材料所呈现的观点进行质疑

以某个作文题为例:很多时候,我们追求的其实只是一种鲜亮的平庸,无关乎卓越。对此你有怎样的思考和感悟。

拿到一则材料通常首先从关键词入手,这则材料的关键词是:平庸,鲜亮的平庸,卓越。分析这些概念的内涵:什么是平庸? 平凡而庸常,无突出之处,庸庸碌碌,无所作为,其实大部分都是如此。什么是鲜亮的平庸? 鲜亮是指外在的,体面的,比如显赫的家世、地位、辉煌的业绩等,看上去很光彩;但是只是乍看之下的华彩,表面的漂亮,无法掩饰内在的腐朽、庸俗,甚至肮脏。结合现实来看,一些流量明星、网红等昙花一现之人事,内在空虚苍白,无非是鲜亮的平庸。什么是卓越? 有价值,有意义,有贡献,影响深远的,这些并非金钱可以衡量的,比如科学家、思想家、时代的先驱者、开拓者等。

其次,由材料分析原因,为什么我们追求的只是鲜亮的平庸而无关乎卓越呢? 就个人原因有害怕平凡,不甘平凡,担心自己泯然于众人,虚荣、攀比。而客观原因有社会上对金钱、物质过分宣扬的不良风气。鲁迅的《未有天才之前》说道：没有好的土壤，是不会培养出好花的。因而，社会若不能营造良好的氛围，又如何能培养出真正卓越的人才呢？另外，社会的评价标准异化也是原因之一。鲜花、掌声、标签和头衔，这些从来不能决定你是否卓越，可是现在标准被异化了，我们判断一个人卓越的标准往往就是这些。学而优则仕、胜者王败者寇的思想影响我们对卓越的理解。

但是，停留在原因的分析，并不能促进思路的推进，如何对这则材料进行批判性思维呢？在分析原因后得出我们应该追求真正的卓越。由此质疑自己的观点：追求卓越，就不要鲜亮的外在了吗？物质上的成功和优秀就不是卓越了？如果像原因分析的那样，社会环境不利于培养卓越，难道所有人都是只追求鲜亮的平庸无关乎卓越？在这样的追问之下，我们会深入思考，其实卓越不等于摒弃鲜亮的外在，也不只是成功的标志，而应是源自内心的坚定信念与品格，是能不为外在的非议羁绊追求真理的脚步。真正的卓越不依附世俗的价值观，源自内心所拥有的高尚理念与品格，不为外在的标签和目光所困，能挣脱自身狭隘的枷锁。不因名利权势而屈从，不因个人得失而放弃追求。这样，我们的思考就围绕：什么是鲜亮的平庸——为什么会追求鲜亮的平庸？为什么这样的追求与卓越无关？——为何我们不愿意追求卓越呢？——既然如此，我们难道就没有在卓越之路上孜孜以求的人了吗？——难道外在鲜亮的就不是卓越？——什么才是真正的卓越？一个接一个地追问，后一层对前一层不断完善和补充，由此最终形成自己的观点。

二、对所运用的素材进行质疑

以 2020 年春考作文为例：有人说，没有事实的看法是空洞的，没有看法的事实是无力的。对此你有怎样的思考？

这则材料是讲事实和看法的关系。在审题准确的前提下，我们需要做实对材料的理解。什么是事实？什么是看法？什么是空洞？什么是无力？为什么没有事实的看法是空洞的？为什么没有看法的事实是无力的？通过分析原因，我们对材料的观点先进行肯定。接着，针对观点质疑：没有事实的看法就一定是空洞的？没有看法的事实就一定是无力的？有事实，看法就不空洞了？有看法，事实就不无力了？这一步步的质疑把思维推向深入，由此思考看法和事实怎样才不空洞不无力。

在论证的过程中，有学生用到"想象"这一方面的素材。关于想象，有时候我们会理解成"空想"，空想社会主义者的看法脱离事实，的确无力。但都是如此吗？未必。人类经常会有天马行空的想象，而伟大的发现、了不起的成就往往在这些天马行空、奇思妙想的想象中诞生。无论是莱特兄弟对天空的想象，还是卡尔·本茨对人类可以走得更远更快的向往，这些想象在当时也许并不能突然实现，其间经过了无数次失败和漫长的实验，但我们又怎能否定这些稀奇古怪的想法呢？苏格拉底、柏拉图等伟大思想家超前的思想，超越时代，曲高和寡，只是暂时证明不了而已，又怎能否定他们的这些没有事实依据的看法呢？很多人对世界的看法有时候是玄言玄想，但不代表其无力。李白的《梦游天姥吟留别》，吴承恩的《西游记》，前者想象的天姥山仙境如梦似幻，是李白眼中黑暗现实的鲜明对比；后者妖魔鬼怪神仙佛祖的世界是人间的映射，这些想象看似凭空但其本身包含着对现实世界的思考，因此并不无力。

又如，历史大事年表。这只是以时间为序，客观记录人类有史以来的繁复事件。对于这则素材，我们既可以论证"没有看法的事实是无力的"，因为数字、年代、事件只是客观存在，不发表看法，但也可以论证"没有看法的事实并不无力"。

素材的运用没有固定的角度，根据不同的材料和论点，可以有多种角度，批判性思维不固定在对某个素材单个角度的论证上，而是打破思维定势，突破已有的格局，让文章变得与众不同。

三、批判性思维在日常教学中的落实

作文在于阅读积累，在于勤加练习。思维的训练同样需要持久而有效的方法。

第一，积累。没有积累就没有丰厚的底蕴。不妨让学生每周积累二三个社会现象或社会热点，然后进行片段式写作，每个素材要求一句话概括，然后分析素材，至少写三个观点。搜集素材能培养学生关注社会、关注自己身边事。一句话概括素材是为了培养学生表述简洁凝练而非以叙代议。每个素材经过分析提炼三个观点，可训练对观点的不同表达。我们的语文教材就是最好的素材来源，对每一册书每一篇课文进行系统的整理、思考，何愁没有素材？

第二，头脑风暴。针对一个材料可以让学生尽情提出自己的观点，并在众多观点中辨析哪一个更好。这个方法主要用来训练审题的准确，每个人对观点的表述会有所不同，细微的不同也会影响审题，所以要在辨析中讨论，彼此激发思维，发掘学生的潜力。

第三，辩论。可以是课堂小型的辩论，也可以教会学生与自己辩论。每写

一个观点,养成质疑的习惯:这个观点对吗? 完全对吗? 有不足吗? 不足之处是什么? 在怎样的条件下观点可以成立? 素材的运用也可以采取这个方法,人云亦云就一定对吗? 这个素材还有别的角度吗? 可以反其道而行之吗?

以思维导图提升议论文写作力的研究

——审题立意能力的提升

华东师范大学第一附属中学　阮静

议论文教学的弊端由来已久：模式化、碎片化……其无序性、低效性也历来为人所诟病。如何改进？我和众多的一线语文教师一样，也做过诸多尝试，专家也屡屡支招，但实际收效不佳。其根本原因我认为在于两点：一是长期以来忽略了议论文写作问题产生的根源在于学生思维品质的匮乏；二是一直没有寻得有效的能帮助指导学生提升思维品质的方法和工具。头痛医头，脚痛医脚，治标不治本。今天研究材料作文，明天研究话题作文，高考风向一变，又转而研究材料作文，或想出个所谓新材料作文；或谈审题立意重要，或谈素材积累关键，或谈谋篇布局方法，虽言之凿凿，却依然未能解燃眉之急，根本之困。

上面所谈诸般努力，我都曾亲自实践，也都多少有"以其昏昏，使人昭昭"之感，直到我接触到英国人东尼·博赞的"思维导图丛书"，在深入阅读并思考后，忽有豁然开朗之感，遂尝试在作文教学中运用"思维导图"指导学生的议论文写作，从审题立意到素材积累，从思维开拓到思路布局，从日常作文到考场构思，都取得了令人满意的效果。

《普通高中语文课程标准（2017 年版 2020 年修订）》在语文"学科核心素养"中，把"思维发展与提升"作为其中的重要一点，并指出"思维发展与提升是指学生在语文学习过程中，通过语言运用，……促进深刻性、敏捷性、灵活性、批判性和独创性等思维品质的提升"。在"课程目标"的第 5 点更指出"发展逻辑思维"，要求学生"能够辨识、分析、比较、归纳和概括基本的语言现象和文学现象，并能有理有据地表达自己的观点和阐述自己的发现"。

故而，我认为基于"教—学—考"三者有机衔接，形成育人合力的原则，有效地运用思维导图，可以在高中议论文写作教学和训练中切实提高学生的思维品质和议论文写作力。

一、议论文写作中审题立意的重要性

写作,是一种创造性脑力劳动过程。而议论文写作,就是通过议论的语言、严谨的构思,表达自己经过深入思考后对事物、世界独到认识和理解的写作过程。理性的判断、严谨的逻辑、强有力的说服力是衡量议论文的重要标准。诚如夏丏尊、叶圣陶二位先生在《国文百八课》中所言"议论文能使敌论者信服,体现其说理的透彻,让读者感受到论证的力量",这是议论文写作中不变的法则。在课程标准"学习任务群6 思辨性阅读与表达"中所明确指出的"发展实证、推理、批判与发现的能力,增强思维的逻辑性和深刻性,认清事物的本质,辨别是非、善恶、美丑,提高理性思维水平",就是对学生"思维品质"的发展和提升提出的明确要求。

这是语文教学、写作教学的一大难点。因为大千世界,纷繁复杂,需要我们审视和思考的现象和问题又是千变万化的。表现在议论文写作中,就需要作者在开始写作之前,对材料和题目进行细致、充分的审视;确定思考的方向,明确思考的核心概念方可准确表达出自己的判断和思考,立意作文。这就是体现写作者思维品质的第一个环节——审题立意。变化的世界,变化的题目需要作者有充分的审题立意能力。

高中生议论文写作中准确审题是思考和写作的第一步,也是在思维品质上拉开差距的第一步。上海高考试卷作文评分标准每一类的差距首先表现在审题上——一类卷"能准确理解材料",二类卷"理解材料基本准确",三类卷"尚能理解材料",四类卷"偏离材料"。虽用语简单,但其义明确。然而在每年上海教育考试院编写的当年《上海市高考作文评析》"前言"中又一再强调"作文材料语言通俗,表述清晰,易于理解""降低了审题难度"……那又是否说明,审题要求降低意味着审题不那么重要? 审题能力的欠缺对写作的影响不大? 答案显然是否定的。

海明威在他提出的著名的"冰山理论"中表示:"小说创作犹如海上壮阔的冰山,露出水面的部分只有八分之一,水下的八分之七需要读者去补充想象。"我认为,在议论文写作中材料给出的部分作为思维起点的材料就相当于这"八分之一",需要作者由此出发去拓展和深入的写作空间则相当于那水下的"八分之七"。两者存在的关系使它们共同构筑起一座"壮阔的冰山"。对作为八分之一的材料的准确研读、分析和理解是写作的起点,也是深入思考、探究发现的宝藏,八分之七是在此基础上的拓展、深入和补充。两者都对作者的思维品质提出了很高的要求,前者更多要求思维的细致和准确,缜密和严谨,后者

更多要求思维的发散和集中，深入和独到。

因而充分借助"思维导图"这种有效的可视化的思维训练工具，提供支架，可以指导学生提升思维品质，进而提升自己的议论文写作力，把露出水面的八分之一和存在于自己大脑思考中的八分之七充分结合，也构筑起自己的"壮阔冰山"。

二、以思维导图清晰审题作为写作题目的"八分之一"

英国学者东尼·博赞提出的"思维导图"是根据人类大脑的工作机理——想象和联想所创。"思维导图"就是"运用图像和网络般的联想"的一种可视化的图形思维工具，发散性和逻辑性是其最重要的特点，它将我们并未察觉和理顺的思维通过线条、图像、色彩使其清晰化、条理化并展开"网络般"的联想，从而在一个目的或行为上获得充分的拓展和创造空间，使人脑的思维在面对具体问题时能充分发散展开和有效整合。

如前文所说，议论文主要的特点也是遵循一定的逻辑思维展开有效的理性思考，以充分证明自己的观点和判断来说服读者。在这一点上两者的共性为运用"思维导图"提升学生的议论文写作提供了充分依据，也是我想以此为工具和方法来打破高中议论文写作和教学的瓶颈，培养学生思维品质，提升学生议论文写作力的重要原因。

审题不设置障碍，却在议论文写作中屡屡成为学生的短板，其原因就在于我们没有真正教会学生审什么，如何审，审题如何真正使自己思维的触角充分展开。而在审题中有效运用思维导图可以使学生真正感受到思考的乐趣，发现思考的空间。

以一道作文题为例：城市是人群聚集的地方，却让不少人感到孤独。对此你怎么看？请写一篇800字的文章，谈谈你的思考。

作文材料一目了然，但为了正确理解题目，我们首先需要切割文字信息，明确材料的核心内容。材料有两个分句，前半句是界定城市的一个主要特征：人群聚集的地方；后半句是强调生活在其中的人的主观感受：孤独。其次需要将信息归类，并判读文字主从、关联，以及文字间的关系。这则材料的信息以关联词"却"断开，显然后半句是强调突出的内容，而前半句的客观环境特征和后面的个人主观感受形成了强烈反差。接着，在前面分析的基础上找出写作方向：人群聚居为何会有这种孤独感？其产生原因何在？这种孤独感的存在意味着什么？有什么影响？是必然的吗？是需要的吗？……最后将分类后的信息画成"思维导图"，在画图的同时可再次审视材料，并进一步展开广泛、深入的发散思考(见图 1)。

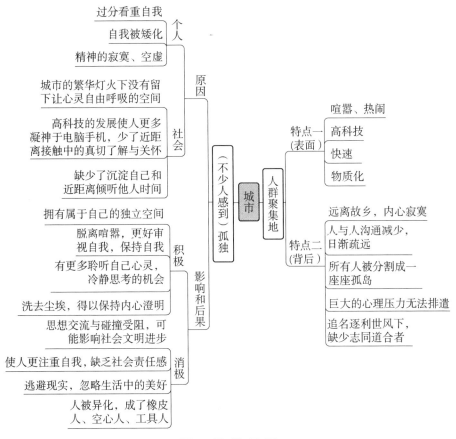

图 1 思 维 导 图

东京大学教授上田正仁在《思考力》一书中说："在完全理解信息之前一定要集中精力进行研读,具体步骤是研读→分析→理解→存入大脑。"议论文写作中的有效思考一定是建立在对材料信息的研读→分析→理解的基础上的,并由此"发现藏于其中的问题的种子",这样才能真正打开"八分之七"的广阔思考空间,进而找到出口,使思维豁然开朗,做到严谨思辨。

同样在《思考力》这本书中还有这样一句话:"通过有意识的训练,思考力是可以被锤炼出来的。"詹姆斯·莫塞尔也曾说"任何更好的思想在本质上是不可习得和不能被传授的观念只不过是一个懒惰的谬论"。

作为教师,在作文教学中如果要真正落实语文学科核心素养所要求的"思维发展与提升",促进学生逻辑思维和批判性思维能力的提升,就应该在每次作文训练中,不仅教给学生这个题目怎么写,也只说你不该怎么做,还应该强调去做什么,教授思考的原则和技巧。如此,在有效的方法指导下,在教师提供的"思维导图"这一有利支架的不断运用中,学生的思维品质才能得到切实有效的提升。

上海高考评析类试题的反馈与期待

华东师范大学第一附属中学　吴莹珩

评析类试题一般遵循"先析后评"的顺序,"分析"部分就是对需要评价的观点、句子乃至文本作出完整概括,或者找准艺术形式的切入点进行赏析;"评价"部分就是在分析、赏析的基础上,根据题意指向做出思想意义、表现形式方面的拓展评价。因为评析题属于综合应用中较高的能力层级,学生在整体把握、概括分析、艺术赏析等方面都能达到一定标准的情况下,才能为后面的评价作铺垫,这前后两步环环相扣。

一、学生答题过程中的偏差

学生主观上存在错误理解题干信息、片面理解选文思想情感,既不清楚怎么挖掘当下意义,也不知道如何评析艺术形式等阅读方面的困难。如果继续深究下去,会发现评析类试题也存在着选文解读的多元、评判标准有待完善等诸多客观情况。

(一) 主观原因

第一,片面理解文本内容。解答评析类试题中"评析文中观点"和"评析思想意义"这两类,首先要做到从作品的实际出发,思想情感既不能以偏概全,也不能故意拔高。以 A、B 两位学生为例,在 2017 年春考选文《白兰瓜》和同年秋考选文《相思》两篇评析题的答题过程中,都是片面理解文本内容而导致了失分。

A 学生的答案:

B学生的答案：

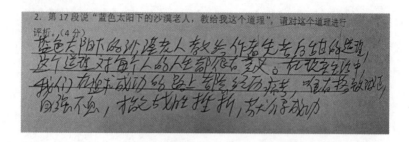

《白兰瓜》的评析题，要求从文末的一句话"蓝色太阳下的沙漠老人，教给我这个道理"出发进行评析，意在提示考生"这个道理"可以在这句话前后有所体现，在选文最后一段中有比较明确的指示，绝大多数学生能抓住关键句，只要细细琢磨"真谛""石子""涟漪""最初的所在"等词的内蕴，再结合主要内容通盘考虑即可准确概括。然而个别学生只把重点放在文中对"蓝色太阳下的沙漠老人"的描写上，而错误地概括为从老人的言行看到的是"对自家特产的自信"（A学生）以及"教会人们先苦后甜"（B学生）的道理。

这种对文本理解的偏差在《相思》一文的评析题中更加凸显。

A学生的答案：

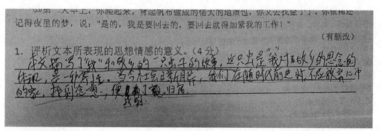

B学生的答案：

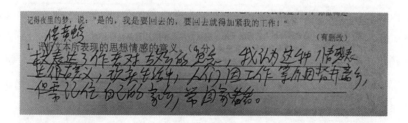

不同于《白兰瓜》要求从一句话隐含的道理进行评析，《相思》要求着眼于全文所表现的思想情感的意义展开评析，而且这篇散文以独特的叙述视角描

写了一位地质工作者为国效力,但心系故乡,怀念亲人。脉络清晰,抒情意味浓郁。有些学生在概括选文思想时情感过于单薄,没有抓住重点,最终偏离了主干道。

A学生首先把最基本的叙述人称弄错,其次"黄蛉"是贯穿全文的线索,是为了串起主人公与家乡的联系而设,并非是"我"与虫子的故事;B学生把主人公误认为是作者自己,也仅概括为"作者对家乡的思念",完全忽略了文章内容,显然都犯了片面理解的阅读错误。另外,这两位学生在挖掘现实意义时也是大而失当,要么只提到"不应放弃心中的家,找到归宿",要么呼吁人们"牢记家乡",丝毫没有感受到文本中的家国情怀——这种为国效力的豪情与对故乡深沉的思念既矛盾又统一,在文本中是水乳交融的。这在语文教材诸如王昌龄的《从军行》《诗经·采薇》等篇目中均有充分体现。学生的阅读理解非常单薄,或者说在考场中对选文的情感定位还是走僵化的老路,甚至没有注意到主人公是长年扎根祖国大西北、为国家勘测金矿的地质工作者这一特殊身份——评价的对象本身就是错误的,失分就可想而知了。

第二,错误挖掘"思想意义"。作品的思想意义,其实就是其历史意义、现实意义和社会意义的综合体现。散文的思想意义就是从作品实际内容出发,联系当下社会实际,针对某些现象、某种风气、某个群体、某类心态的特点(一般有不足或缺陷)而呼吁倡导,使得作品的精神内蕴能在当下发挥"有补于世"的作用。比如,2013年春考第15题要求评析小说《蠢人》的思想意义。该小说深刻揭示了"假权威"如何产生,也讽刺了人们盲目认同他人的人性弱点,其历史意义在于揭示了屠格涅夫当时所处的俄国社会的不正常现象与一些人的猥琐心态,其现实意义在于"假权威"在当今仍能招摇撞骗,显示出人们的这种毫无主见、盲目迷信、肤浅卑劣的集体心态,批判提供其滋生土壤的社会,以此显示小说《蠢人》所突显的思想,亦能警醒当下的众人。

评价散文的思想意义可以遵循以上的思路进行,而有些学生给出的评价答案要么粗浅空洞,要么与概括的道理同义反复,要么没有现实针对性,这些问题频频出现,说明很多学生对这类题型不适应,感到无话可说,也无从下笔。因此《白兰瓜》的评析答案中会出现"这个道理具有相当的现实意义""具有鼓励人们坚持追求真正事物的现实意义""我认为在当今浮华的社会,这种追根溯源的精神值得肯定"等空洞之语;《相思》的评析题中会出现"有助于各地人民团结一心,共建美好家园""呼吁当今人们要有这种坚守的品质""告诉人们要积极为国贡献,歌颂这些伟大的人们"等单薄的答案,这些表述显示了学生完全不清楚评价意义的边界在哪里,除了没能正确理解选文的思想情感外,还将评价作品的思想意义混同于写作意图的揭示。

再以 C 学生同时在以上两文中的答案为例：

看得出这位学生很想在评析部分表达自我想法，实则却游离了选文的主要内容。他对《白兰瓜》思想情感定位于"真理因不易寻得而显得倍加珍贵"，由此而产生的现实意义的评析也针对众所周知的社会热点，但最终分析重点偏到了"要领悟真谛就必须真正赋予实践（行动）"，跟原文所表达的"真谛（真理）必须到源头去寻找，不要被那些涟漪所迷惑"是不一样的。本文现实意义的评析完全可以针对当今社会面对信息过剩后的冷静选择、做学问时寻根究底的钻研精神等角度深入阐释。该学生的答案失之于宽泛，表现在《相思》一文中更加明显：只抓住"思念"这一普遍情感就开始"漫谈"，大讲特讲自己对"思念"的感受。他误以为只要把这个话题放到当今社会这个语境去谈就是"现实意义"了，如此一来就偏离了重心。阅读是写作的基础，以上三位学生在阅读理解中暴露的问题，也给他们的写作造成影响，如此在他们的写作中同样会出现审题不严谨，论证不严密，穿靴戴帽等弱点，形成连锁反应。

（二）客观原因

第一，选文解读存在多元。现在的高中阅读教学，教师一讲到底、满堂灌的教学形态已渐渐止息，学生的主体性慢慢突显。不过，虽然课堂上会组织学生展开讨论，但最终仍要落实到教师预设的答案上。出现这种状况，与高考的评价有着莫大的关系。即使进入21世纪，在全国多数高考试卷的阅读试题逐渐转为主、客观题结合的进步势头下，其本质上仍然用"一元"来统摄"多元"，其实就是"唯一的标准答案"的变相表现形式，这在高考语文试卷中也屡见不鲜。

然而，学生对语文教材篇目和高考阅读选文的理解往往是多元的，教师的任务就是在与学生平等对话的过程中，有目的、有计划地进行指导。对语文教材中的文学作品要鼓励多元解读，考试也应逐步体现这种精神，努力让学生展示"独特的诠释过程"。虽然试卷中的选文与课文的功能完全不同，但也承担着引导考生拓展思维的任务。评析类试题之所以能在文学类作品中较充分地体现其测试价值，原因也在于包括古文与散文在内的这些文学类作品，除了有比较清晰的解读边界外，还有进一步拓展的空间，每个人都可以有不同的诠释方式。高考卷上文学类作品的情感主旨不能太直白而被一眼望穿，文本难度要适合高中生的思维水平，要有一定的陌生感（比如2015年的小说《雪天》曾被反映早已出现在初中阅读文本中），文章脉络尽量清晰显豁，还要拒绝那种故作高深的空旷之作，加上入选文段一般要经过命题者的删改，或多或少会出现段落衔接得不流畅，删去的那些看似细枝末节的情节往往对主旨情感的理解起到关键的作用，最后可能会影响到评析的走向。

例如2018年秋考选文《错位之思》，是一篇风格沉稳，很见文字功力的散文。写母亲而不止于记人，从成长过程中感受到的种种"错位"，引出作者独特的生活感悟，也引起读者情感上的共鸣，让人掩卷沉思。但在高考的文本中删掉了一段由"我"和队长的冲突所引发的感慨，删去此段，全文的主线完全变成了"母亲与我"，而所有的"错位"之举皆由母亲开始，经过她的"言传身教"，慢慢让"我"也感悟到了生活真谛之所在。但是，原文中的这段恰是记叙了儿时的"我"主动向队长宣战，而被迫从母亲胯下观察世态人情，这种"错位"的视角却给"我"难以磨灭的深刻印象：上蹿下跳的人原来不那么威武，面红耳赤的争吵原来不那么惊心，原本人与人交往中的那股无明业火，顿觉不值得发作了——这是"我"儿时亲身经历的，而非来自母亲的关于"错位"的经验。这段独属于"我"的经历恰恰丰富了从"顺应"到"顺生"，最后进入"乐生"境地的过程，让读者深切感受到了俗世中的佛门禅意。

评析《错位之思》的思想意义，某学生在答题中是这样诠释的：

如果把此答案仅看作是现实意义或社会价值的评析部分的话，该学生已经能够较准确地理解选文的内蕴，虽然诠释的过程没有特别的社会针对性，但把作者"顺生乐生"的态度作为人世间的普遍情感，用自己的语言重新演绎一番，我认为也是可以的。

当然，越是意蕴丰厚的作品，阐释的空间就越大。散文《错位之思》以其写实而深沉的笔调，引导读者重新认识劳动、感悟生命的意义。文末有"空阔之上，也无一丝云，就蓝得无边无际""母亲——不老的山谷……渺小如蚁，几近虚无""苍鹰之小、人力之微，是无声的天启""懂得敬畏，懂得内敛"等语句，其实也在引导学生重新思考人与自然的关联，有学生是这样阐述现实意义的：

初看此答案肯定觉得有问题，因为从"人对自然的敬畏""人定胜天""尊重自然规律"等可以看到该学生的理解偏离了主题。但是与该生交流之后，发觉他笔下理解的"自然"并非特指与人类社会相对的"大自然"，更多的是一种行为上的"自然而然"，他想表达的是人在成长过程中遇到的种种错位。这种"错位"是人想刻意保持之前的状态而不得所造成的，那么人生于世，想刻意留住青春、囿于安逸、任性而为都是类似于"人定胜天"的做法，结果却背道而驰，因此顺生乐生其实就是内心遵从了自然规律之后的安适。该学生的这层理解很有见地，只是在表述过程中用词不当而造成歧义,导致失分,这也是文学作品可多元解读的一个例证。

第二,评判标准有待完善。对评析类试题答案的判定,也经历了不断验证与磨合的过程。从一开始的"有析无评"和"析评一体",逐渐变得泾渭分明:2012 年秋考卷里评析《冬阳·童年·骆驼队》的标题的答案中,明确区分了赏析部分和评价部分;2008 年和 2013 年春考中对统治阶级的音乐理念及《蠢人》进行思想意义的评析,其参考答案中添加了具体的评分说明;2016 年和 2018 年秋考卷里,针对语言特点和思想意义的评析题,都出现了肯定与否定两类答案示例。这样的改进很好地把学生的"评析能力"从众多常见的题干概念中独立出来,与同属综合能力的"赏析""探究""想象"三者真正区分开,作为有规律、成系统的题型类别立足于高考训练中,也成为语文学科中清晰的学习水平界定的标准之一。

在赋分上,表现形式的评析一般占 1 分,思想意义的评析一般占 2 分,但都是以基本无误的文学鉴赏与文本概括为基础,评分安排基本合理。尤其是 2013 年春考评析《蠢人》的思想意义,由于此题满分为 8 分,评析 5 分,语言 2 分,所以给出了详细内容与语言两项评分细则(见表 1、表 2)。

表 1 2013 年春考小说评析题评分量表·评分项 1:内容

分值	等级描述	答题模式
5—6 分	思想理解深刻全面,评价合理据应答完整性区分	应答中包含①②③及④或⑤
3—4 分	思想理解正确,评价基本合理据评价合理程度区分	应答中包含①或②或③及④或⑤
1—2 分	思想粗浅理解,评价空洞据评价、理解合理程度区分	应答中包含某一项
0 分	未作答,或所答与题目无关或小说思想理解错误	非上述模式

表 2 2013 年春考小说评析题评分量表·评分项 2:语言

2 分	语言流畅、简洁
1 分	语言较繁琐,偶有语病
0 分	未作答,或所答内容与试题要求无关

设定"等级描述"的同时,命题者还给出六个"答题模式",按序号依次是①"批判不正常现象";②"揭露本质";③"讽刺弱点";④"产生这一现象的社会土壤";⑤"无主见并盲目从众的人们"。

自 2013 年之后,上海高考卷中对评析类试题的评判标准逐步建立并趋于完善,答案的制订从学生实际出发,全面兼顾,进而也影响到秋考的赋分变化:单就评价部分的分值来看,从 2016 年《湖殇》的语言特点 1 分,到 2017 年《相思》的思想意义 2 分,进而到 2018 年《错位之思》的思想意义 3 分(此三题的满分都是 4 分),可见命题者也在努力尝试给予考生更多的自我评价和诠释的空间,以便更有效地拉开差距,提高试题的区分度。

当然不足之处还是存在的,比如针对作品表现形式的评析部分,往往流于形式,与赏析题的结语差不多;针对某些意蕴丰厚的作品,其思想意义的评析部分,赋分仍然相对较少,施展的空间受限,不利于学生各层次个性化阐释的体现等。如何让评析类试题最大限度地发挥其测试价值,值得广大一线教师不断研究与探索。

二、教师教学过程中的期待

学生评析能力的发展,契合了新一轮课程标准中培养"学科核心素养"的课改精神。从目前的教学实际看,高中的语文课堂普遍缺乏的是实证、推理、批判、发现以及与"评析"休戚相关的能力训练。处于这一阶段的学生尤其需要夯实这方面的基础,尽可能地避免思维无逻辑、思想不深刻,乃至习惯说套话、没有自己的独立思考、丧失表达的欲望等情况的出现。我们平时提到的"审美"的"审",除了主观的感受与倾向外,还包括审察、审慎、鉴别等一系列的理性活动,古人有"仰观宇宙之大,俯察品类之盛",调动日常经验对作品的思想意义和艺术技巧进行评析,无疑属于高阶思维的活动。因此,研究评析类试题,是为了更好地为教师的教学提供有参考价值的指导与建议,在实际的高三教学中,广大教师也敏锐地捕捉到了该题型的命题趋向,并由此希望在评价能力的答题评判,以及与日常教学关联等方面,表达一些诉求与期待。

(一)命题趋向多元

上海语文高考评析类试题的选文主要集中在散文、小说、文言作品等文学类作品中,然而针对社科文,《考试手册》中也有关于"评价能力"的明确要求。

综合

Ⅲ.1　评价文章所运用的材料、方法的逻辑性。

Ⅲ.2　评价文章内容、观点的意义和价值。

虽然《考试手册》中一贯有这样的表述，但实际上针对社科文进行评析的考查并不多见，具体如表3所示。

表3　2005—2018年上海语文高考社科文评析题

年份	篇名	文体	评价对象	分值	本阅读题总分
2010春	留存工业文明的记忆	说明文	作者观点	4	16
2011春	荒原——永恒的魅力	议论文	文中观点	4	16
2018春	艺术美的特殊价值	议论文	材料的逻辑性	4	16

从2005年到2018年，上海语文高考针对社科文考查评价能力的共有3次，都体现在春考卷中。前两次主要针对作者与文中的观点进行评析；2018年针对议论文中运用材料、方法的逻辑性进行考查，说明上海语文高考越来越重视借助评析类试题来考查论说文的结构、论题与观点论据间的关系、论证方法的作用及其特有的严谨准确的语言特点。

值得一提的是，2018年春考卷的这道评析题，虽然题干上没有"评价""评析"的明确指向，实则也是要求学生对"文本中的论证是否充分"进行判断、分析，进而做出自己的评价。能入选高考卷的社科文本，一般都是逻辑严谨、论证清晰的，考生囿于过往的做题经验，认为是命题者的故布疑阵，按照惯常的考场套路，认为那些看似缺乏严密的逻辑性，也许是作者巧妙安排的结果。其实，命题者是希望考生抛开陈见，摒弃成规，大胆表达自己的临场判断的。比如本题从文本的行文到参考答案，都显示了全文的第⑦段并未直接有效地论证艺术美在推动社会前进方面的特殊价值，全段只用了一个单薄的引证，阐述的重点是"艺术美对个人品质的提升作用"，可见作者并未针对分论点展开有效论述，因此仅这一个引证是不充分的，逻辑是不严密的。再从去年的阅卷标准来看，考生如果持赞同态度的话，即便表述再好，也最多只得一分。

虽然命题的出发点很好，也让学生意识到独立思考的重要性，但由于对文本选择的要求相当高，这类试题要依托文本，可遇不可求（除非在入选时命题者作某些删改）。而这道试题的命制灵感应该来源于2016年秋考中对《湖殇》语言运用特点的评析。评析《湖殇》的语言特点，与《考试手册》中"评价作品使用的手法"能力要求相一致，与评析观点思想有本质的区别，也是学生答题的软肋，失分的重灾区。由于艺术欣赏存在较强的主观性，无论是否赞同，只要理由充分皆可得分,也是个人审美情趣与审美倾向的体现,与社科文中逻辑论证是否充分这类非此即彼的答案有很大区别。这也是评析类题型较多附着于文学类文本的重要原因之一,但 2018 年春考在社科文中考查评析能力却给了我们一个非常重要的信号。

以上重点论述的是评析类试题在上海高考语文卷中的发展与定型,主要着眼于选文为文学类作品的评析题,而随着新课标对学生思辨力要求的提升,评析类试题逐渐有了跟社科实用文靠拢的趋势。《教学基本要求》中关于议论文、说明文的评析能力具体表述为:评析作者的观点,阐述论题的意义;评析论证或说明表达的逻辑性;评析材料叙述中的价值取向等。2018 年春考第 7 题要求考生判断某段是否论证充分并说明理由,接着 2019 届上海各区县的十六套一模卷中体现出评析的趋势(见表 4),评析类试题在社科文(即现代文一)后出现的比例占了总数的 25%。

表 4　2019 届上海高三语文各区县一模卷中社科文的评析题(部分)

区县	题号	评析类试题	分值
崇明区	7	第⑧段认为借助上文内容"意象呈现为什么能够达成审美救赎? 应该说,也就一目了然了",你认为论证是否充分? 请做出判断并说明理由	5
普陀区	7	在第⑧—⑪段中,呈现了凯利对未来乐观的预期,请对凯利的这种观点作评析	4
徐汇区	7	本文针对公众质疑进行回应,其阐释是否达到效果? 请做出判断并说明理由	5
浦东新区	7	结合本文内容,谈谈你是如何看待作者所说的"第六种自由"的	4

评析类试题在文本类型上的逐渐转向也预示着教学中对学生逻辑思维训练的迫切性,力求做到通过日常的语文课堂,正确地辨识、分析、比较、归纳和概括,并有理有据地表达自己的观点和阐述自己的发现,运用批判性思维审视作品,探究和发现语言现象和文学现象,提高语言运用的能力,增强思维的深刻性、敏捷性、灵活性、独创性等。可见,在上海高考卷中,评析类试题基本在各类阅读文本中做到了全覆盖。

(二) 评判科学合理

单就考试而言,如果要做到最大可能地保证公平性与人性化,在评卷制度上要尽力弥补命制者与批阅者之间的鸿沟。近两年,无论是春考还是秋考,上海教育考试院规定参与命题的教师要全程参与阅卷过程,掌握并调控标准答案与学生多样性答案的评分,这样不仅使命题意图得到最大限度地呈现,也全面涵盖了考生在考场答题时的诸多不确定性——这无疑是试卷评判的一个进步。

一直以来,有不少语文专家和学者呼吁把比格斯的"SOLO"评价理论运用到语文的阅读教学与考试批阅中,这种"可观察的学习成果结构"是试图把学生对某个问题解决的学习结果划分为前结构、单点结构、多点结构、关联结构以及抽象拓展结构五个由低到高的层次。"SOLO"评价理论在中学阶段的历史、英语,甚至数学的学科评价中已经有了较广泛的应用,且取得不俗的效果。高中语文的写作中运用此理论比较多,在相对复杂的母语阅读教学里,如何充分发挥该理论的优势,对学生作个性化的诊断与评估,将之融入日常的教学,也成为奋战在一线的教师根据具体学情必须认真思考的问题。如果"SOLO"评价理论能参与到高考语文的评价中,与评分细则、评分量表、答案示例等一起互相协作、各展所长,让高考语文长期以来的"采点给分"向"采意、采点相结合"的评判制度转变,让主观题、开放题更好地发挥区分作用,无疑是惠及考生值得尝试的做法。

(三)阅读教学的推动

"汝果欲学诗,功夫在诗外",研究高考评析类试题,是为了透视其中的历史变化过程;揣摩命题意图,是为了更好地反思现实的教学现状;研究"应试"技巧,是为了真正摆脱应试带来的机械训练与束缚,其最终目的是与平时的课堂教学"无缝对接",真正促进教师的教学智慧,切实提高学生的阅读能力。

这种"诗外功夫",即当今高中生整体的阅读状况却处于比较尴尬的境地。一方面,新课标出台后,对于高中生应达到的阅读能力和思维水平有了明确规定,课程内容中的"学习任务群"从不同层面规定了高中语文阅读的教学。但另一方面,由于网络的影响,学生从小接受的社会阅读与学校提倡的经典阅读很难形成融会贯通,包括我在内的很多一线教师感到即便是实验性示范性学校的学生,整体的阅读水准也在逐年下降,学生个体之间水平呈两极分化的趋势。具体表现在一部分学生课堂上回答问题质量不高、漫谈游说无度、考试中思路步骤混乱以及语言表达不畅等方面,可谓是"身处丰饶之中,却逐渐饥饿至死"。

基于学生的阅读状况,教师能做的是让日常的阅读教学更系统化。具体来说,就是尽可能地有一个全局观,即高一高二的课堂讲解与高三的考场检验融为一体,让平时的单篇学习与考题训练有一个内在的思维体系的呼应,而非仅表现在知识点的机械重复上。注重课内外相结合,注重课本与生活相结合,有意识地多注入一点批判性思维、创造性思维的训练。这是一条怎么也绕不过去的路,每位教师都有责任发挥教学智慧,踏实地走好每一步。

作文立意的校准评估与理性重建

——"比喻义"作文题立意中批判性思维的实践运用

复旦大学第二附属学校　张隽

在社会学概念里,人类语言系统有别于其他种群语言系统的特质,在于独有的社会属性,即通过语言载体投射出心理动机和行为理性。在作文教学中,文章立意是思维可视化、思维模型建构的基本形式。在这个过程中,需要运用批判性思维对我们的立意过程进行不断的评估和校准,以求达到最深刻的中心主旨。什么是批判性思维?归结起来,就是审慎地运用推理去断定一个断言是否为真。值得注意的是,批判性思维往往不是指断言的真假本身,而是指对我们面临的断言进行评估的过程。

一、解析批判性思维在"比喻义"作文中的意义

批判性思维既是思维方式,又是对思维再思考的过程。它包括分析、评估和创造性思维三个阶段,三者紧密联系、相互依存,对主体的思维方式进行优化。对于"比喻义"作文题,运用批判性思维的校准评估功能可提升立意高度,甚至对思维习惯和能力的培养也有一定作用。

(一)"比喻义"作文的概念、特征

一直以来,"比喻义"作文题在全国和上海初中各类语文试卷中均有出现,这类题目在立意上具有一定难度。何为"比喻义"?一般是词语通过比喻用法产生的稳定语义。比喻义一般是借助词语的字面义或本义所指的某种形象特征,去指称与这种形象特征有类似点的另一种事物而形成的含义,人们约定俗成地将比喻义固定在用于比喻的词语上。

表1　2018—2022年上海中考一模典型的"比喻义"作文题

年份	出　　处	题目名称
2018	崇明一模	风景在路上
	静安一模	打开另一扇门
	闵行一模	成长路上，一直有阳光
2019	上海市初三语文质量测试（C）卷	那天，我找到了快乐的钥匙
	杨浦一模	再小的帆，也要起航
2020	普陀一模	做点减法，更好
2021	浦东一模	迎风而立
	青浦一模	最好的礼物
	金山一模	芬芳润心田
2022	闵行一模	有路，就不会遥远

结合比喻义的概念，纵观表1中的作文题，它们有一些共同特征。作文题的核心词在语言使用过程中有丰富而相对固定的内涵和外延。但这些作文题又有二级结构，这个结构依靠核心词与其他限制修饰词组合成新的搭配，两个层级之间的过渡形成了一个立体空间。学生在审题时需要借助批判性思维由感性认识拓展到理性认识，从而使立意新颖深刻。

（二）学生立意的思维误区

对于这类作文题，学生常见误区主要有对于核心词比喻义的理解停留在问题本身，表现出单一性和浮浅化。造成这一现象的原因在于学生思路的狭窄和刻板，这直接影响了学生选材时的创造力。还有一些学生能借助"比喻义"词生成一系列主旨，但由于缺乏分析、综合和评估的能力，无法在众多的延伸意义中进行甄别和深化，以至于中心缺乏新意。如何解决这一思维障碍？我认为可以借助批判性思维的评估功能，从不同的角度来评估论点和论据，带领学生进行立意与选材的写作练习。而且，这样做的意义不仅限于立意范畴，对学生思维能力和解决问题能力的培养也是非常重要的。正如1991年美国《国家教育目标报告》所言："培养学生对学术领域问题和现实生活问题的批判思考能力不仅是教育的重要目标，这对于当前复杂多变的世界，培养会思考的公民和有能力的劳动者，意义深远。"

二、借用批判性思维寻求"比喻义"作文的立意机制

运用批判性思维进行作文立意,需从"比喻义"作文题中比喻核心词的构词和使用原理出发,把握比喻思维与批判性思维的逻辑交汇点,寻求立意机制。

(一)了解比喻的思维特征

明喻是借用本体和喻体之间的直观相似特征进行发散式联想,更多凸显表达作者所体会到的感官直觉,比如事物的色彩、图案、声音、气味等物理属性,这类喻体是形象思维的产物,可以在头脑里形成物理结构的神经网络。在暗喻中,区别于本体喻体的相似性特征,更多表现的是相合相容关系,它在头脑中形成多维分支链的延伸态势,更加的立体和含蓄。厘清比喻词的含义,从现象到本质不断推进,能更好地表达主体的情感和思维的深度。

(二)分析批判性思维方法

常用的比喻反映了我们思维的状态,学生在审题时可以从作文题中具有比喻义的词汇本义表达入手,运用相关性联想初步立意,针对观点和立意,打破禁锢、推陈出新,借助批判性思维进行自我校准和深化。

英国哲学家、批判理性主义的创始人卡尔·波普尔认为"科学知识的进步在于通过严格的批判性检验,不断地消除和纠正错误,才使得我们从错误中学习变得可能"。但即使是这样的一幅科学知识增长的图景也还不是最好的,更好的提法是"把科学设想为从问题到问题的不断进步——从问题到愈来愈深刻的问题"。更具体一些就是"科学知识的增长永远始于问题,终于问题——愈来愈深化的问题,愈来愈能启发新问题的问题"。用批判理性主义把这个过程"理性重建"为著名的四阶段图式(见图1),即"提出问题→尝试性解决→反思、质疑、排除错误→新的问题"。

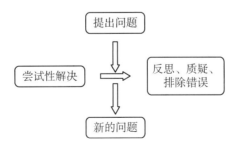

图 1 卡尔·波普尔四阶段图式

三、运用批判性思维设计"比喻义"作文的立意路径

以 2018 年闵行一模作文题"成长路上,一直有阳光"为例,运用批判性思维进行立意。

(一) 初步立意,确定素材

学生面对作文题,对核心词的发散性联想是一种本能的思维活动,此时,对于词语本义的形象化描述是学生思维开渠的重要手法。通过平行种类的联想绘图,在大脑里形成词语的形象图,形成思维的逸动。对于"阳光"一词,大部分学生会立即想到家人对自己生活细节的照顾、老师的谆谆教诲、朋友间的关心等画面,初步立意是感恩、珍惜。

(二) 批判思维,思辨质疑

当丰富的联想图作为背景在头脑里形成后,可以在分析综合的基础上,对既有信息进行"跨类转移或跨位变换",从事物的本质入手重新审视题目的隐喻义,实现从基础概念到内涵的深度挖掘。借用反思、质疑进行排除,可以结合选材与主旨进行往返的假设推理和论证,这也是自我校准的过程。感恩珍惜是我们作文的常见主题,如何发掘新意,需要借用批判性思维的相关性标准质疑、反思和推演。首先,"阳光"一定是外在的吗? 可否从简单的反射光到自我发光? 第二层推导:逆境中长大的孩子是否学得更扎实? 更有生存能力? 在这种环境中不丧失信心和爱心的孩子,是否更能取得成就? 可否反其道而行之,突出"逆商"对成长的重要意义? 第三层推导:"光"是单向还是双向的? 可否表达既点亮了自己,又照亮了别人? 在不断的校准和评估中,我们的立意得到了新的深化。

(三) 综合分析,回归原题

从感性到理性的思维跳跃,似乎完成了审题的全过程。但事实并非如此,应该在思路的拓展和深化之后再次回归原问题,从题目的本源出发,从命题者的意图出发,在限制词的基础上明确文章的主旨。对于"成长路上,一直有阳光"的初步立意,在经过校准和深化后,我们再次回到原题中的关键词"一直",在文中除了凸显"阳光"持续存在,还可以表现在不同的成长时期具有不同的内涵,表现出成长的阶梯状。下面以表 1 中的作文题为例做简要分析(见表 2)。

表 2　运用批判思维立意训练举隅

题目名称	提出问题，初步立意	批判思维，思辨质疑	综合分析，回归原题
风景在路上	以风起云涌，山长水阔，大漠孤烟等自然风景为主，表达对自然的赞叹；表现温暖、宽容和谐的社会风气，倡导仁厚与和谐……	路上看到的风景是实景还是虚景？实景和虚景的详略比例如何把握？"路上"的范畴如何定位？	突出从自然风景到生命感怀的交融：在＿＿＿＿风景下静阅万卷诗书，洞察世态温情，书写青云之志……
打开另一扇门	采用了更有效的方法解决了学习的难点处理了生活中的矛盾重点表现智慧、感谢、欣喜等主题……	这是选择逃避吗？如何在文本中表现直面问题的勇气？这扇门背后的路若更崎岖，如何表现认识的梯度？对打开门，做了怎样的蓄势准备、时机选择和策略预案？	"另"字在文中形成情节冲突和跌宕，文中可以体现徘徊、抉择和决绝，体现文本张力。需要从源头思考，表现坚持、渐进迭代解决问题的韧劲：突破成长的焦虑；欣喜没落文化的回归；守候心灵自由的春天；……
那天，我找到了快乐的钥匙	考试成绩优异，很开心；参与活动有趣，生活很精彩；突破困难，获得成功，感到很欣慰；重点表现内心的开怀与满足……	钥匙重要还是找到钥匙的方法重要？钥匙，自身打开了哪扇门？找到钥匙是起点还是终点？	"找到"，包含探索和追求，体现主人公情感变化和思想境界的提升。从找到钥匙的瞬间快乐，到掌握随时快乐起来的思维方法，营造快乐氛围的方法：随喜，做到知行合一；读懂幸福的定义；理解奋斗的内涵；超越失败的不甘；……
再小的帆，也要起航	战胜坎坷的经历；奋斗成功的故事；不能胜任的限制；重点表现突破和超越的决绝与自信……	进行可行性分析：目的地和方向在哪里？如何达成这个目标？	"再小"表现了主体力量的微薄，借助具体事件彰显主人公不屈不挠的人格精神。起航本身不重要，设定目标，终身学习，达成目标才重要。甚至于过程中还要修正目标：祖辈精神的一脉相承；坚定风雨兼程的方向；执着攀登梦想的阶梯；……

（续表）

题目名称	提出问题，初步立意	批判思维，思辨质疑	综合分析，回归原题
做点减法，更好	减轻学习压力；减少物质享受；去除烦琐的生活环节；重点表现对原有状态的反驳与背离，求变求新……	为何做减法？减去后又需要增加什么？减法相比加法的意义何在？锁定目标达成过程中最重要的事项；不要走到逃避、删减目标的误区，避免过打折的人生	"更"字深化了主题，不能一味退让、避世和无所作为，应该由表象过渡到精神追求。前提是做减法，目的很重要；推崇极简的生活；憧憬心灵的静谧；追求朴实的情趣；……

"比喻义"的作文题在立意上有难度，但从比喻的思维特征出发，找寻逻辑规律，我们会发现还是有方法可遵循的。此外，在作文教学中，要借助形象思维和逻辑思维支架的搭建，运用联想、分析、综合、推理、印证的批判性思维进行评估和校准，促进学生习作立意的深化。再者，批判性思维的三个维度，分析、评估和创造性是评估思考质量的标准，经常以此标准对学生进行适切的训练，让学生不断审视和优化思维并养成良好的思维习惯，正是我们需要关注的。

参 考 文 献

［1］约翰·杜威.我们如何思维[M].伍中友,译.北京:新华出版社,2014.

［2］斯蒂芬·D.布鲁克菲尔德.批判性思维教与学[M].钮跃增,译.北京:中国人民大学出版社,2017.

［3］刘学锴.唐诗选注评鉴上[M].郑州:中州古籍出版社,2013.

［4］杨伯峻.论语译注[M].北京:中华书局,2004.

［5］黄晖.论衡校释[M].北京:中华书局,1990.

［6］杜道生.论语新注新译[M].北京:中华书局,2011.

［7］秦小静.新课标下高中语文读写结合教学策略研究[D].苏州:苏州大学.2016.

［8］齐梅梅.中学语文劝学类文言文教学策略研究[D].西安:陕西师范大学.2019.

［9］麦克泰格,威金斯.让教师学会提问[M].俎媛媛,译.北京:中国轻工业出版社,2015.

［10］布鲁克·诺埃尔·摩尔,理查德·帕克.批判性思维[M].朱素梅,译.北京:机械工业出版社,2016.

［11］文森特·赖安·拉吉罗.思考的艺术[M].马昕,译.北京:机械工业出版社,2016.

［12］理查德·保罗,琳达·埃尔德.批判性思维工具[M].焦方芳,译.北京:机械工业出版社,2016.

［13］东尼·博赞.思维导图大脑使用说明书[M].张鼎昆,徐克茹,译.北京:外语教学与研究出版社,2005.

［14］上田正仁.思考力:潮爆东京大学的思维公开课[M].陈雪冰,译.北京:中信出版社,2015.

［15］文森特·赖安·拉吉罗.思考的艺术[M].金盛华,李红霞,邹红,译.北京:机械工业出版社,2013.

［16］周宏.高考作文:立意比审题更重要[N].文汇报,2010-12-10

［17］李诗滢.思维导图在高中议论文写作教学中的运用研究[D].成都:四川师范大学,2018.

［18］罗素.人类的知识[M].张金言,译.北京:商务印书馆,1983.

［19］赵尔巽,等.清史稿·陆润庠传[M].北京:中华书局,1977.

［20］富强.语言、形象、意义及其关系[J].学术界,2000(2):83-93.

［21］范飚.解读文本如何援引课外资源:以汪曾祺《胡同文化》为例[J].语文建设,2016

(28):34 - 35,53.

[22] 肖模艳.现代汉语比喻造词研究[D].厦门:厦门大学,2008.

[23] 李建会,李亚明.科学哲学读本[M].北京:金城出版社,2014.

[24] 于丹.《论语》心得[M].北京:中华书局,2006.

[25] 余党绪.文言文教学中的传统文化理解和现代人格的养成[J].上海师范大学学报,2009(2):51 - 56.

[26] 董毓.角逐批判性思维[J].人民教育,2015(9):13 - 19.

[27] 董楚平.《论语·侍坐》真实性献疑[J].浙江社会科学,2009(3):77 - 80.

[28] 赵静宇.高考语文与批判性思维考查[J].当代教育科学,2015(6):51 - 53,57.

[29] 黄国庆.试析《侍坐章》中的曾皙[J].课文教学与研究,2007(9):51.

[30] 马小华.没有"答案"的课堂——《子路、曾皙、冉有、公西华侍坐》教学片段[J].现代语文,2007(6):38 - 39.

[31] 余党绪.祛魅与祛蔽:批判性思维与中学语文思辨性读写[M].北京:中国人民大学出版社,2016.

[32] 范飚.反思论证过程[M].上海:上海教育出版社,2020.

[33] 欧阳林.批判性思维与中学语文学习[M].北京:中国人民大学出版社,2017.

[34] 成映璇,钟正平.思辨性阅读教学实施策略:以《过秦论》为例[J].宁夏师范学院学报,2019(11):73 - 75,81.

后　记
成长,永远在路上

一个人从呱呱坠地起,便肩负着一个责任,那就是成长,成长几乎是人生的主旋律。一名教师从职初教师起步,发展为经验型教师,然后走向专家型教师、名特教师,也是一个成长的过程,需要长期的历练。

从 2009 年我主持第一期"李支舜语文名师培养基地",到 2022 年 7 月完成第四期"李支舜语文学科培训基地",先后四期,培养学员 56 人,其中特级教师 3 人,正高级教师 2 人,学科带头人 8 人,骨干教师 16 人。

基地以语文学科课程论、教学论为理论基础,以学科教学专题研究为载体,采取专家引领与同伴互助相结合,以激活资源;内功磨练与开放交流相结合,以提升品质;实践反思与成果展示相结合,以扩大辐射。倡导学员参与"读三种书(通识性、本体性、实践性)、做两样事(上好一堂课、写好一篇文)、成一家言(有思想的人)"活动;增学养,促教养,提素养;强专业固本体,强课堂明规律,强研究上层次;做到读书有"底气",教学有"才气",思考有"灵气";力争成为擅钻研、有思想、有影响的教师。

基地把建设名师队伍的工作重点放在培养上,重点是"选苗子""压担子""引路子""架梯子""搭台子""树牌子",使基地学员多出成果,早出人才,为区域教育作出贡献,这是基地的"初心"。

知识靠积累,思想靠积淀,精神靠修养,文化靠内化。学科素养是基础,教学素养是关键,学养、教养应该并重。

"学养"是指在学科学习和实践活动中养成的具有该学科特征的基础知识、基本技能、基本品质和基本经验的综合。而"教养"则是指教师设计、实施和驾驭课堂教学的能力,是学科教师对教学过程拥有的体验与思维模式。简单来说,所谓学养和教养问题,分别指的就是一个教师的学科功底和教学能力,即教学内容和教学方法、教什么和怎么教的问题。因此,良好的学养和教养是一种功夫,一种境界,一种气度。

"批判性思维在中学古诗文阅读教学中的实践运用"课题为中国教师发展基金会独立重点课题"中学生批判性思维培养与思辨读写教学实践研究"的子课题。"思维发展与提升"是语文学科的核心素养之一,在促使学生学习语言知识、掌握语言运用规范的同时,要有意识地增强学生的文化积淀和批判性思维的训练,在提高辨别能力的基础上提升文化品位,形成正确的价值观和健全的人格。做好这一点有助于学生区分精华与糟粕,继承民族的文化遗产;有助于提高学生的人文修养。这是新课标新教材需要重点落实的语文"学习任务群"之一应达到的目标。

本书凸现古诗文教学对弘扬民族优秀文化、培育民族精神、提高学生人文素养的重要意义。培养学生具有阅读浅易古诗文的能力,是语文新课标的要求,也是文言文教学基本任务。在古诗文教学中要解决两个问题:一是古诗文教学内容的确定与批判性思维的关系;二是古诗文教学的新模式新方法的探究与实践。

本书的研究思路是研究和引进西方批判性思维理论与实践经验→根据语文教学的实际寻找本土化的路径与方法→创生符合汉语教学规律的语文批判性思维教学的理论与方法。具体做法是依托团队力量,引进国外批判性思维的研究成果,整理传统文化中批判性思维的相关论述与案例资料;在这个过程中,依托批判性思维方面的专家力量,做好团队的学术培训,梳理现代语文教学改革的成败之处,思考批判性思维切入语文教学的内容、路径与方法,并在此基础上制订课题开展的战略以及周密的工作计划。培养批判性思维教学的"种子教师",开展适当范围的实验教学,并在实践基础上形成大量案例,以作案例研究。在实验学校开展论文、案例的征集与评选,开展教学交流、研讨,扩大批判性思维的社会影响,充分发挥其对教育的引导与辐射作用。

本书收录的"教学设计""实践案例""研究文论"是基地学员在古诗文教学中的一些研究成果,也是作为一名教师在专业成长路上留下的一段足迹。

印痕略浅,但记忆犹深!

成长,永远在路上!

编者

辛丑岁末